ESSAIS ORIENTAUX

MACON, IMPRIMERIE TYP. ET LITH. PROTAT FRÈRES.

ESSAIS ORIENTAUX

PAR

JAMES DARMESTETER

L'Orientalisme en France. — Le Dieu suprême des Aryens.
Les Cosmogonies aryennes. — Prolégomènes de l'histoire des religions.
Mélanges de mythologie et de linguistique.
La Légende d'Alexandre. — Coup d'œil sur l'histoire
du peuple juif.

PARIS
LIBRAIRIE CENTRALE DES BEAUX-ARTS
A. LÉVY, ÉDITEUR
13, RUE LAFAYETTE (PRÈS L'OPÉRA)
—
1883
Tous droits réservés.

A

MONSIEUR ERNEST RENAN

AU MAITRE

DES ÉTUDES RELIGIEUSES EN FRANCE

HOMMAGE RESPECTUEUX

I

DE LA PART DE LA FRANCE

DANS LES

GRANDES DÉCOUVERTES DE L'ORIENTALISME MODERNE

Quelques années avant la guerre de 1870, au moment où l'Allemagne ramassait toutes ses forces dans l'attente d'un effort suprême dont elle sentait approcher l'instant, l'Académie des sciences de Munich entreprit, sous les auspices du roi de Bavière, une histoire générale des sciences en Allemagne. Les auteurs ne semblent pas avoir échappé aux dangers du genre : c'est un chant de gloire, — un peu lourd parfois, — en vingt volumes ; chaque page respire un orgueil de conquérant. L'Allemagne se couronnait d'avance dans ses savants, avant de saisir la couronne impériale par le fer et le feu ; et telle page écrite en 1869 sur l'hégémonie intellectuelle du peuple allemand, qui n'éveillait à cette date qu'un sourire indulgent, prend un sens nouveau et tragique, relue à la lumière de l'année suivante. L'on ne peut nier qu'il n'y eût dans cette entreprise une pensée haute et forte, et ceux qui la dirigeaient sentaient bien qu'une nation de quarante millions d'âmes, qui serait réellement à la tête de la science, serait par cela même à la tête du monde.

La France pourrait, elle aussi et sans peine, par le simple récit de ce qu'elle a fait pour la science, s'élever un monument durable et non sans éclat. Cette histoire n'a pas encore été faite d'ensemble, et pour l'écrire mieux vaut peut-être attendre une vingtaine d'années encore, quand le puissant effort qui se produit ici depuis quelques années dans toutes les branches de la science aura porté ses fruits et donné à la période nouvelle son caractère propre. Je n'essaye point dans les pages qui suivent un chapitre de cette histoire : je veux seulement mettre en lumière une partie de notre œuvre scientifique qui n'a pas été appréciée à sa juste valeur ni à l'étranger ni chez nous même : je veux parler de la part qui revient à la France dans cet ensemble de grandes découvertes qui, depuis un peu plus d'un siècle, ont élargi le domaine des études orientales d'une façon si inattendue et si merveilleuse.

On sait quelles étaient les limites étroites de ce domaine au commencement du siècle dernier. Il comprenait l'étude des trois langues dites « langues orientales » par excellence : l'hébreu, l'arabe et le turc. Quelques-uns y ajoutaient le chinois. Un seul et même homme pouvait alors, avec une certaine puissance de travail, embrasser l'ensemble des études orientales, sans en être écrasé : tel fut le savant anglais Thomas Hyde, qui est le type parfait de l'orientaliste de cette période paisible. En 1758, la découverte du Zend-Avesta par Anquetil-Duperron ouvre l'ère des grandes trouvailles, et une série d'exhumations fait entrer dans la science, des langues, des littératures, des religions, des civilisations dont quelques-unes inconnues même de nom aux orientalistes d'autrefois. Les cadres anciens éclatent sans faire place à des cadres nouveaux ; car, derrière les révélations du jour, nous sentons des inconnus qui débordent et n'attendent que le hasard d'un coup de pioche ou d'un voyageur qui passe pour faire invasion dans la science.

On s'imagine généralement dans le public que l'orientalisme est une création essentiellement allemande et le nom d'orientaliste éveille tout d'abord l'image d'un Privat-Docent de Gœttingue qui vient copier des manuscrits sanscrits à la Bibliothèque nationale ou des papyrus au Louvre. Il y a là une confusion : le public lettré, qui n'a pas des idées bien nettes sur toutes ces choses, ne distingue pas trop entre l'orientalisme et la grammaire comparée, laquelle est en effet une science tout allemande d'origine, bien que depuis une quinzaine d'années, d'ailleurs, elle ait cessé d'être exclusivement allemande et qu'il se soit formé une école française qui a sa méthode, son style et ses doctrines propres. Il est juste pourtant de dire que, dans cette impression du public français, il y a quelque fond de vérité. Si l'on rangeait d'un côté tous les orientalistes de l'Allemagne moderne et de l'autre tous ceux du reste de l'Europe, en y joignant ceux de l'Inde anglaise et des États-Unis, c'est encore du côté des Allemands que seraient les gros bataillons. Prenez un de ces catalogues des publications scientifiques courantes que les grandes maisons de librairie publient chaque mois à Leipzig ou Berlin : ce sont, à chaque pas, des publications de textes arabes, sanscrits, pâlis, chinois ; des traductions, des commentaires ; des lexiques, des index ; des dissertations sur la date de tel roi égyptien ; des polémiques acerbes sur l'antiquité de tel morceau de poterie trouvé en Moab, sur la lecture d'un idéogramme assyrien, sur la transcription d'un caractère de l'alphabet zend, et des *Beitræge* et des *Nachtræge* à n'en plus finir; puis, de temps en temps, des synthèses en trois ou quatre mille pages in-octavo, petit texte, résumant, sans en omettre un seul, tous les faits connus de l'histoire de tel peuple ancien.

L'Allemagne est le grand laboratoire des études orientales, et, si du jour au lendemain ses savants se mettaient en grève, la plupart des branches de l'orientalisme, du coup, tomberaient en langueur; d'aucun autre pays on n'en pourrait dire autant. Cela tient à beaucoup de causes: d'abord, à une curiosité générale parmi le public qui sait que dans la vie intellectuelle d'une nation les sciences historiques valent autant que les sciences dites exactes; puis, à une organisation plus large de l'enseignement qui reste ouvert à toute science nouvelle, sans qu'il soit besoin de décrets d'en haut; enfin, à des traditions de discipline intellectuelle qui font de chaque étudiant des *séminaires* un instrument docile sous la main du maître, qui lui fixe sa tâche et sa manœuvre, suivant les besoins présents de la recherche, et utilise pour l'avancement de la science les vocations les plus modestes et les plus humbles intelligences.

Cependant, malgré cette supériorité évidente et incontestée de l'Allemagne, si nous avons la curiosité de nous demander d'où sont venues les découvertes décisives qui ont constitué l'orientalisme moderne, et quelles sont les mains qui ont fourni à la science la matière nouvelle sur laquelle elle opère à présent, ce sont presque partout des noms français que nous trouvons à l'origine. Les grandes civilisations dont la résurrection a fait la gloire de la science moderne sont, dans l'ordre des découvertes qui les ont révélées ou éclairées, celles de la Perse ancienne, de l'Inde ancienne, de l'Égypte, de l'Assyrie et du Cambodge.

La Perse ancienne, l'Égypte, l'Assyrie et le Cambodge ont été révélés au monde par des Français : si l'Inde ancienne a été retrouvée par l'Angleterre, dans l'œuvre de restauration, c'est un Français, Burnouf, qui a laissé la trace la plus profonde.

CHAPITRE I.

PERSE

Au milieu du siècle dernier, on ne connaissait de la Perse ancienne que ce qu'en conte Hérodote : les écrivains byzantins et musulmans ne nous renseignent que sur les périodes postérieures qui répondent au moyen âge, et cela d'une façon incomplète et superficielle. D'ailleurs, on ne peut connaître un peuple que par des documents qui émanent immédiatement de lui : les témoignages étrangers, si sincères qu'ils puissent être, ne nous faisant arriver aux faits que par l'intermédiaire d'un esprit différent, les déforment toujours, et ne nous fournissent jamais l'impression de la réalité telle que les monuments directs la révèlent. Cependant, dès le commencement de la Renaissance, la Perse ancienne attira vivement la curiosité : le grand attrait de la Perse était sa religion, cette fameuse religion de Zoroastre et des Mages, qui avait laissé dans l'antiquité un tel renom de profondeur, de sagesse et de mystère. Le premier travail sur cette religion est dû à l'illustre et malheureux Brisson, dont la carrière politique et la destinée tragique ont trop fait oublier le mérite comme érudit. Dans un livre publié un an avant sa mort, en 1590, il rassembla avec une exactitude parfaite toutes les données des auteurs classiques sur les croyances et les pratiques des anciens Perses [1]. Un siècle plus tard, en 1700, à la suite des progrès faits dans l'intervalle dans l'étude de l'arabe et du persan, parut un ouvrage qui sembla alors le dernier mot de la science : c'est le livre où le savant anglais Thomas Hyde dresse le tableau systématique de la religion des anciens Perses et des Mèdes [2], en combinant avec les données des classiques celles des historiens musulmans et celles de quelques textes persans de date moderne, compilation sans critique, mais d'une remarquable érudition et qui, à présent encore, n'est pas sans utilité.

Bien que l'on sût déjà, par les voyageurs et les missionnaires du dix-septième siècle, que la vieille religion de la Perse n'avait pas encore entièrement disparu devant la conquête arabe, et que Zoroastre avait conservé quelques sectateurs fidèles, les *Guèbres* ou *Parsis*, dans un coin du Kirman et dans le Guzerate ; bien que l'on sût que ces derniers représentants du magisme possédaient encore les textes sacrés de leur vieille religion, et que le missionnaire français Gabriel du Chinon eût eu ces livres en mains [3], personne ne songeait à aller s'instruire à la source et à demander aux héritiers des Mages le secret de la religion de leurs ancêtres. En 1718, un Anglais, George Boucher, commerçant à Surate, avait reçu des Parsis de cette place un exemplaire de leur principal livre, le *Ven-*

1. *De regio Persarum principatu, libri tres*, Paris.
2. *Veterum Persarum et Parthorum et Medorum religionis historia*, Oxford, 1700.
3. *Relations nouvelles du Levant*, Lyon, 1671.

didad Sadé, contenant, dit une note latine sur la garde du manuscrit, « les lois sacrées, les rites et la liturgie de Zoroastre. » Le précieux manuscrit, donné à la Bibliothèque d'Oxford, resta lettre close, et l'on se contenta de le fixer à une chaîne de fer au mur de la Bodléenne : c'était la grande curiosité que l'on montrait aux étrangers de passage. Quelques années plus tard, un Écossais, Fraser, conseiller à la cour de Bombay, se rendit chez les Parses, pour se procurer leurs livres et en étudier le sens à leur école : il réussit mal dans le premier objet et échoua complétement dans l'autre : les Guèbres lui vendirent fort cher deux manuscrits et lui refusèrent leurs leçons.

Pendant ce temps, les dissertations sur le magisme s'entassaient dans les Mémoires des Académies : le livre de Hyde en faisait tous les frais. Un abbé Foucher, qui est encore connu aujourd'hui de quelques-uns pour avoir eu le malheur de s'attirer quelques lettres de Voltaire, traçait tout au long, avec une merveilleuse abondance d'érudition, les huit périodes de la religion perse depuis Abraham et Nemrod, et racontait l'histoire des deux Zoroastres. Au moment où l'abbé Foucher lisait ses Mémoires à l'Institut, Anquetil-Duperron revenait de l'Inde, rapportant le Zend-Avesta.

En 1754, Anquetil-Duperron, alors âgé de vingt ans, élève à l'École des langues orientales, avait vu par hasard chez le sinologue Leroux Deshauterayes, quatre feuillets calqués sur le Vendidad d'Oxford, qui avaient été envoyés quelques années auparavant à Étienne Fourmont, l'oncle et le maître de Deshauterayes. Anquetil résolut sur le champ de donner à son pays et les livres de Zoroastre et la première traduction de ces livres, et d'aller chercher l'un et l'autre au centre même du Parsisme. Il avait le choix entre le Kirman et l'Inde : il choisit l'Inde, voulant profiter du même voyage pour rapporter les Védas, apprendre le sanscrit à Bénarès et conquérir la langue et la religion de l'Inde ancienne en même temps que celles de la Perse. L'abbé Barthélemy et le comte de Caylus l'encouragent, lui promettent une mission du gouvernement : la mission tarde, il perd patience, et s'engage à l'insu de ses parents comme simple soldat au service de la Compagnie des Indes. Le tableau que Fléchier a tracé du soldat au dix-septième siècle est encore flatté en comparaison de ce qu'étaient les volontaires de la Compagnie : c'était le rebut des aventuriers qu'elle enrôlait pour les colonies. Le chef du recrutement essaye de faire revenir Anquetil sur sa détermination, son frère en larmes le supplie ; mais sa résolution est arrêtée, et le 5 novembre 1754, en compagnie des nouveaux camarades qu'il s'est donnés, il part, avant le jour, sous les ordres d'un bas officier des Invalides, au son d'un tambour mal monté, en route pour Lorient. Il emportait avec lui deux chemises, deux mouchoirs, une paire de bas, une Bible et Montaigne. L'union de ces deux livres montre en lui le premier souffle de l'esprit nouveau : il a le libre scepticisme d'un enfant du dix-huitième siècle, et il a déjà du dix-neuvième les larges sympathies de l'intelligence et la foi idéale dans les grandes choses du passé.

Anquetil arriva à Pondichéry le 10 août 1755 : c'était au plus fort de la guerre de Sept ans, il lui fallut trois années pour arriver à Surate : la guerre, les maladies, le dénûment, les marches et les contre-marches dans un pays inconnu, à travers tous les dangers et tous les pièges de l'homme et de la nature, les longues misères qui épuisent, les coups subits qui abattent, les contre-temps qui énervent, tout ce qui aurait brisé une nature moins forte et lassé une constance moins ardente, passent sur lui sans l'arrêter et sans l'entamer. Le voici enfin chez les Parses de Surate, le 28 avril 1758. De nouvelles difficultés commencent, plus redoutables pour son objet que les premières; ce sont celles-là mêmes qui ont fait échouer Fraser avant lui : la défiance et la malveillance des Parses. Ce n'est qu'à la faveur des divisions qui régnaient parmi eux qu'il réussit à leur arracher leurs livres et leur science. Surate venait alors de se partager entre deux sectes qui subsistent encore aujourd'hui. Un docteur parse, un *Destour*, comme on dit chez les Guèbres, ayant reçu quelques notions d'astronomie d'un Destour du Kirman, venait de s'aviser que le calendrier suivi par ses coreligionnaires était en retard d'un mois sur le soleil, les Parses de l'Inde n'ayant pas reçu la réforme du calendrier, introduite en Perse au moyen âge. L'équinoxe d'automne tombait donc aux environs du 21 octobre au lieu du 21 septembre, d'où il suivait que toutes les fêtes tombaient à faux et que les prières où le nom du mois est mentionné perdaient toute efficacité. Là-dessus, un schisme éclate : les réformateurs veulent que l'équinoxe soit au 21 septembre, les orthodoxes protestent au nom des coutumes de leurs pères. Les orthodoxes l'emportent, l'équinoxe reste au 21 octobre, et les réformateurs sont chassés. Le chef des orthodoxes était un nommé Mansherji, homme d'affaires des Hollandais qui avaient un comptoir à Surate : Anquetil s'adresse au chef des réformateurs, un Destour Darab, qui, après de longues hésitations, consent à lui donner des leçons de zend et de pehlvi, afin de s'assurer l'appui des Français contre son rival. Les leçons n'étaient pas données de bien bonne grâce ni de bien bonne foi : Anquetil menace de passer à Mansherji et aux orthodoxes, et les roupies françaises achèvent la conversion.

Anquetil resta trois ans à Surate, étudiant de près les

mœurs, les usages, les rites des Parses et recueillant les matériaux qu'il comptait mettre en œuvre en Europe. La guerre l'empêcha de remplir la seconde partie de son programme et d'aller étudier le sanscrit et les Védas à Bénarès; il s'embarqua enfin de Surate, le 15 mars 1761, et après être allé à Oxford comparer ses manuscrits avec ceux de la Bodléenne et constater l'identité des textes, il rentrait à Paris le 14 mars 1762, à six heures du soir, et déposait, le lendemain 15 mars, à la Bibliothèque du roi, cent quatre-vingts manuscrits zend, pehlvis, persans et sanscrits. Il passa les dix années suivantes à élaborer les matériaux qu'il avait rassemblés et, en 1771, paraissait enfin la traduction complète du Zend-Avesta, accompagnée d'un exposé des coutumes et des rites des Parses[1].

Il faut lire cette odyssée d'Anquetil dans la relation que lui-même en a tracée en tête de son Zend-Avesta : point de roman qui saisisse comme ce récit sans art, dans sa prose naïve et traînante : les annales de la science offrent peu d'exemples aussi beaux de foi, d'enthousiasme et d'héroïsme. Le reste de sa carrière fut d'ailleurs, en grandeur morale, à la hauteur de ses débuts; détaché du monde, plongé au milieu de ses chers manuscrits, qui avaient bien droit à son amour, puisqu'il avait pour eux vingt fois risqué sa vie, repoussant les places, les honneurs, les pensions qui viennent le chercher, il arrive à la vieillesse dans une misère fière et tranquille. Vers la fin de sa carrière, sa pensée se reporte vers ces Brahmanes qu'il a entrevus dans l'Inde et dont il aurait voulu être l'élève. C'est avec eux, en compagnie de leurs philosophes,

---

[1]. *Zend-Avesta, ouvrage de Zoroastre, contenant les Idées Théologiques, Physiques et Morales de ce Législateur......* Traduit en François sur l'Original Zend, Par M. Anquetil Du Perron, 3 vol. in-4°, Paris, 1771.

qu'il passe les orages de la Terreur et de toute la révolution, occupé à traduire en latin, d'après une version persane qu'il avait rapportée de l'Inde, les mystérieuses Upanishads. C'est à eux qu'il dédie son œuvre, leur parlant comme un des leurs, et il l'est en vérité par la hauteur de pensée et la force de renoncement. « Ne dédaignez pas, ô sages, cette œuvre d'un homme qui est de votre famille. Ecoutez, je vous prie, quel est mon genre de vie : ma nourriture consiste en pain, un peu de lait, de fromage et d'eau de puits, et me revient à quatre sous de Gaule, ce qui est un douzième de roupie anglaise ; l'usage du feu en hiver, des matelas et des draps sur le lit, m'est chose inconnue..... Sans revenu, sans traitement, sans charge, assez valide pour mon âge et mes labeurs passés, je vis du fruit de mes travaux littéraires ; sans femme, sans enfants, sans domestiques, privé et affranchi de tous les biens et de tous les liens du monde, seul, absolument libre, quoique aimant tous les hommes et surtout les gens de bien ; dans cet état, faisant une dure guerre aux sens, surmontant toutes les séductions du monde, ou du moins les méprisant, d'un cœur allègre, aspirant d'un continuel effort vers l'Etre suprême et parfait, j'attends en tranquillité d'âme cette dissolution du corps dont je ne suis pas bien éloigné. » Cependant le Brahmane n'a pas encore pu tuer en lui le citoyen : à soixante-dix ans, après s'être enterré cinquante ans dans ces manuscrits et dans ces civilisations mortes, les ardeurs de vingt ans brûlent encore dans son cœur à la vue des crimes et des fautes qui compromettent le sort de sa patrie, et de son commentaire hérissé des Upanishads, entre deux notes latines sur l'*Atman*, l'âme suprême, jaillissent des pages indignées sur les folies de tous les partis, sur les crimes de la Révolution, la fourbe des jésuites, l'ineptie du Directoire, les fautes de la campagne d'Égypte, et sur l'empire colonial de la France sacrifié et perdu sans retour.

La publication du Zend-Avesta fit évènement : l'Europe savante se divisa ; l'Angleterre déclara les textes zends apocryphes. Anquetil avait eu le malheur ou le mauvais goût de décocher quelques épigrammes à l'adresse du savant Thomas Hyde et de quelques professeurs d'Oxford, tort réparé d'avance par la noble dédicace où il consacrait l'œuvre entière aux peuples de France et d'Angleterre, réunis dans un même hommage, huit années à peine après la guerre de Sept ans. Un jeune étudiant d'Oxford, William Jones, plus tard célèbre comme l'un des fondateurs de la philologie sanscrite, prit feu et l'Avesta paya pour Anquetil. La nouveauté étrange des idées et le style peu attrayant dont Anquetil les avait revêtues prêtaient aisément à la satire et Jones ne se fit pas faute d'en profiter. Dans une lettre écrite dans le français le plus pur et avec une verve d'ironie digne d'un élève de Voltaire, il appliqua à l'Avesta les procédés de critique et d'exposition que le maître appliquait à la Bible. En fait, toute son argumentation revenait à dire que le Zend-Avesta n'était pas à la hauteur des idées du siècle et que les auteurs n'avaient pas lu l'Encyclopédie ; Zoroastre ne pouvait écrire de pareilles sottises et c'est sans doute la rapsodie de quelque Guèbre moderne. « Tout le collège des Guèbres aurait beau nous l'assurer, nous ne croirons jamais que le charlatan le moins habile ait pu écrire les fadaises dont vos deux volumes sont remplis.... Ou Zoroastre n'avait pas le sens commun, ou il n'écrivit pas le livre que vous lui attribuez : s'il n'avait pas le sens commun il fallait le laisser dans la foule ou dans l'obscurité ; s'il n'écrivit pas ce livre, il était impudent de le publier sous son nom. Ainsi ou vous avez insulté le goût du public en lui présentant des sottises, ou vous l'avez trompé en lui débitant des faussetés, et de chaque côté vous méritez ses mépris. » William Jones, d'ailleurs, en parfait encyclopédiste, pensé qu'une œuvre ne vaut qu'autant qu'elle contribue au bonheur de l'humanité, ce qui doit être le but de la véritable littérature : « Supposons que ce recueil de galimatias contienne réellement les lois et la religion des anciens Perses, était-ce la peine d'aller si loin pour nous en instruire ? S'il était possible de recouvrer tous les livres de Lycurgue, de Zaleucus, de Charondas, et s'ils ne contenaient rien de nouveau et d'intéressant, leur antiquité ne les ferait pas valoir; ils ne serviraient qu'à satisfaire la ridicule curiosité de quelques fainéants. » Et il conclut superbement : « Sied-il à un homme né dans ce siècle de s'infatuer de fables indiennes? L'Europe éclairée n'avait pas besoin de votre Zende Vesta. » Par un juste retour des choses d'ici-bas, William Jones devait plus tard s'infatuer d'étrange façon de fables orientales et, après avoir ouvert sa carrière en contestant l'authenticité de l'Avesta, il devait la terminer en acceptant, comme le document le plus ancien et le plus précieux de l'histoire, un livre écrit dans un dialecte forgé, le *Desatir*, qui contient les paroles textuelles des prophètes qui ont précédé Zoroastre de plusieurs milliards de siècles et qui prédit la découverte du tabac et l'usage de la pipe. La science aussi a sa Némésis.

Anquetil ne répondit pas, mais la polémique continua autour de lui et après lui. En Angleterre, tout le public savant avait marché à la suite de William Jones et, pendant plus de soixante ans, tint pour article de foi que le Zend-Avesta était un apocryphe de date récente. Ces attaques avaient trouvé peu d'écho en Allemagne; il y avait bien là un savant, nommé Meiners, qui avait relevé contre les textes publiés par Anquetil un grief grave : c'est qu'ils parlaient de choses dont on n'avait jamais entendu parler jusque-là et qu'ils apprenaient du nouveau ; mais l'Allemagne, en général, fut peu sensible à cet argument ; le livre d'Anquetil, traduit dès son apparition[1], fit autorité et les théologiens en faisaient usage couramment, pour l'interprétation des passages de la Bible relatifs à la Perse.

Cependant la découverte d'Anquetil ne produisait pas les fruits qu'on aurait attendus. En 1793, il est vrai, Silvestre de Sacy avait déchiffré les inscriptions pehlvies des rois Sassanides, en s'aidant d'un glossaire pehlvi publié par Anquetil dans son grand ouvrage, et il l'avait fait avec une telle supériorité de critique et de méthode que les progrès de la science en près d'un siècle n'ont pas apporté une seule correction notable à ses conclusions. L'œuvre d'Anquetil s'affirmait ainsi mieux que par des discussions théoriques — par des découvertes. Mais ce ne fut là qu'un fait isolé, parce que nul ne songeait à étudier directement les textes qu'Anquetil avait traduits. L'exactitude de sa version était admise *à priori*; qui aurait pu comprendre le zend si l'élève des Parses ne le comprenait pas ? L'étude de sa traduction remplaçait donc celle de l'original ; on construisait sur cette base des systèmes historiques, philosophiques, mythologiques ; la connaissance immédiate des faits qui seule est instructive et féconde, était laissée de côté et l'on piétinait sur place dans d'interminables polémiques, interrompues par instant par de vagues et nébuleuses généralisations. La découverte d'Anquetil menaçait de rester stérile, quand enfin parut Burnouf, le second créateur des études zendes.

---

[1]. KLEUKER, *Zend-Avesta..... nach dem Französichen des Herrn Anquetil Du Perron*, 3 vol. in-4°, Rigga, 1776.

C'est accidentellement que Burnouf fut amené à étudier ces textes. Il était avant tout sanscritiste, et nous verrons plus loin ce qu'il a fait sur le domaine indien qui fut le premier et le dernier théâtre de son génie. En 1825, déjà célèbre par ses études sur la langue sacrée des Bouddhistes de Ceylan, il se trouvait engagé dans une série de recherches sur le point d'origine des langues et de la civilisation de l'Inde, et, dans cette vue, il essayait de déterminer l'extension exacte des langues aryennes dans la péninsule. Après avoir établi la limite qui les sépare, au sud, des idiomes non aryens, il lui restait à vérifier si du côté du nord-ouest une barrière analogue avait borné le domaine du sanscrit, ou si c'est hors de l'Inde qu'il faut chercher l'origine de la langue et de la civilisation brahmanique. Il fut amené par là à étudier la langue zende qu'il était naturel de regarder comme la langue de la Perse ancienne; mais quand il essaya de lire et d'interpréter les textes à la lumière de la traduction d'Anquetil, il s'aperçut avec surprise que cette traduction était d'un faible secours pour entrer dans l'intelligence directe de ces textes et la connaissance scientifique de la langue. Un examen suivi de l'œuvre d'Anquetil lui révéla bientôt la double cause de ses erreurs : il avait manqué à Anquetil, pour donner une traduction fidèle de l'Avesta, deux instruments indispensables. D'une part, ses maîtres parsis eux-mêmes ne connaissaient plus le zend et connaissaient mal le pehlvi, c'est-à-dire la langue dans laquelle, au moyen âge, les docteurs de la loi avaient traduit et commenté le livre sacré, pour fixer le sens qui était en voie de se perdre; par suite, la tradition qu'Anquetil recevait de leur bouche, étant inexacte en elle-même, faussait son œuvre dès le principe. D'autre part, il lui manquait le tout puissant instrument qui, dans notre siècle, a renouvelé l'étude des langues et créé les lois du déchiffrement : la grammaire comparée n'existait pas encore ; il ne connaissait pas le sanscrit, — aucun Européen ne le connaissait, — de sorte qu'il n'avait aucune ressource pour suppléer aux lacunes de l'enseignement de ses maîtres et en rectifier les erreurs. A l'heure où il écrivait, et dans les conditions où la philologie était alors, il était difficile et peut-être impossible de faire mieux qu'il ne fît ; il était emprisonné dans la tradition fautive de ses maîtres, sans nulle issue pour en sortir. Il était d'ailleurs préoccupé avant tout, comme tout son siècle, des idées et du fond ; il n'avait pas encore appris cette leçon, que la science n'a bien comprise que depuis soixante ans et sous le coup de découvertes réitérées, que la connaissance du fond est inséparable de celle de la forme et toujours incomplète et incertaine sans elle ; il lui suffisait d'avoir le sens d'ensemble, les grandes lignes du système, et pendant soixante ans, l'Europe savante s'en contenta comme lui. Il fallait le coup d'œil du génie pour reconnaître le mal et pour trouver le remède.

Burnouf, rejetant le témoignage de la tradition parsie dans la forme imparfaite et douteuse où il la trouvait dans Anquetil, en découvrit une forme beaucoup plus ancienne et plus pure dans les manuscrits mêmes qu'il avait rapportés ; c'était une traduction sanscrite de l'un des livres sacrés des Parses, le *Yasna*, traduction faite, il y a quatre siècles, par les Parses du Guzerate, d'après la vieille traduction pehlvie, dont le sens menaçait de se perdre à son tour. Par l'intermédiaire de cette traduction, Burnouf remontait donc de l'interprétation des Parses du dix-huitième siècle à celle du moyen âge et pouvait s'appuyer sur la tradition d'une époque où la religion était encore florissante et la science théologique en pleine vigueur. Les renseignements fournis par cette tradition plus sûre et plus authentique, il les contrôle, les confirme ou les rectifie, d'une part, par la comparaison des passages parallèles ; d'autre part, par les données de la grammaire comparée. Il exposa les résultats de ses travaux dans le fameux *Commentaire sur le Yasna*, qui fut une double révélation et qui a fait époque ailleurs encore que sur le domaine strict des études iraniennes ; en effet, ce n'est point seulement parce qu'il répandait la lumière à flots sur un sujet si vaste et si obscur ; parce qu'il restituait le vocabulaire, la grammaire, la syntaxe d'une langue perdue ; qu'il rétablissait du même coup l'histoire religieuse d'un peuple, et en un mot, organisait d'une façon définitive toute une branche de la science ; ce n'est pas pour toutes ces causes que ce livre fait date dans l'histoire scientifique du siècle ; c'est aussi et surtout parce qu'il donnait un exemple pour toutes les branches de la philologie et de l'histoire ; c'est parce qu'il montrait, par un modèle inimité jusqu'ici, comment l'on doit s'y prendre pour déchiffrer une langue inconnue et faire l'histoire des idées religieuses : c'est le manuel de la découverte.

Il est impossible de donner à qui n'a pas étudié ce livre une idée exacte de la nouveauté et de l'originalité toute puissante de la méthode inaugurée par Burnouf, comme de l'aisance souveraine avec laquelle il l'a maniée et fécondée. Il faut se remettre en face du chaos même où il avait à jeter le *fiat lux* ; en face de tous ces textes mal établis et incohérents, avec leurs variantes discordantes à l'infini ; en face de tous ces mots inconnus et aux formes incertaines, de toutes ces traditions contradictoires avec leurs fausses clartés et leurs lueurs vagues, plus décevantes que la nuit pleine : et quand l'on a abandonné la tâche de désespoir, suivre le maître dans sa marche à travers l'inconnu, réduisant les variantes en groupes, établissant le texte avant de le comprendre même, rangeant les termes de sa traduction sanscrite en face du texte inconnu et déterminant, par la comparaison des passages analogues où le même mot zend revient, le terme sanscrit qui le traduit; passant de l'explication du mot à celle de la forme, dégageant ainsi, pas à pas, la grammaire en même temps que le vocabulaire; puis allant du sens et de la forme à l'étymologie du mot, retrouvant ses parents en sanscrit ou dans les langues d'Europe, grec, latin, germanique, et souvent même, par un de ces renversements de rôles qui sont la marque du triomphe et de l'affermissement définitif des sciences nouvelles, expliquant par ce zend qu'il vient de retrouver telle forme grecque ou latine, et jetant la lumière sur les langues classiques du fond des ténèbres de cet inconnu d'hier.

Cela fait, il ne lui suffit pas de retrouver le sens vrai, il lui faut encore expliquer le sens faux; il lui faut rendre compte des troubles qui se sont produits dans la tradition; quand il y a désaccord entre la science et l'interprétation des Parses, la science n'aura complètement démontré le bien fondé de sa doctrine que quand elle nous aura appris comment s'est produite l'erreur de la tradition. Alors seulement l'histoire du sens est complète, puisqu'on l'a suivie dans son développement et dans sa déformation; l'histoire des oublis et des erreurs fait partie intégrante de l'histoire des idées. Ceci conduit Burnouf de l'histoire des mots à celle des choses. Comme il a retrouvé l'origine dernière des mots, il recherche enfin l'origine dernière des idées, et en même temps qu'il constitue la grammaire comparée du sanscrit et du zend, il esquisse la mythologie comparée de l'Iran et de l'Inde, de l'Avesta et des Védas. Tous les rapprochements décisifs sur lesquels est édifiée cette branche de la mythologie comparée, — la plus sûre et destinée à être une des plus fécondes de toutes, parce que les deux ordres de mythes qu'elle considère sont à la fois plus étroitement liés dans leur origine et plus nettement séparés dans leur développement que ce n'est le cas avec les autres branches de la mythologie aryenne, — tous ces rapprochements sont déjà indiqués ou pressentis dans l'œuvre de Burnouf.

Les découvertes appellent les découvertes et, en levant le sceau de l'Avesta, Burnouf levait du même coup le sceau de ces inscriptions cunéiformes de Persépolis qui étaient depuis deux siècles l'étonnement des voyageurs et le tourment des savants. On soupçonnait qu'elles émanaient des grands rois Achéménides, Darius, Xerxès, Artaxerxès et qu'elles nous conservaient sous leurs caractères mystérieux les paroles mêmes de ces princes dont Hérodote nous avait dit l'histoire. C'est un savant allemand, Grotefend, qui, au commencement du siècle, avait jeté cette hypothèse par une intuition de génie que la science, pendant près de quarante ans, avait été aussi impuissante à justifier qu'à condamner. Observant au début de plusieurs inscriptions le retour d'une formule identique où un seul terme variait, il avait supposé que cette formule invariable contenait les titres royaux et que les termes variables étaient les noms des différents rois dont les différentes inscriptions émanaient; en comptant les lettres de ces termes variables et essayant les noms des divers rois perses de l'antiquité, il était enfin arrivé à la conclusion que ces noms étaient ceux des premiers princes Achéménides; il avait lu les noms d'Achéménès, d'Hystaspe, de Darius, de Xerxès et avait tiré de là un alphabet partiel. Mais il s'était arrêté là et la science après lui; on ne pouvait pénétrer dans le cœur même de la langue dont on ne connaissait point la nature. Burnouf se dit que la langue des rois de Perse ne pouvait différer essentiellement de la langue des livres sacrés de la Perse, et qu'étant maître du zend, il avait des intelligences dans la place. S'attaquant alors au problème avec toutes les données accumulées par la création de la grammaire comparée et par ses propres découvertes, il le résolut enfin, confirma la merveilleuse intuition de Grotefend et « en donnant le premier déchiffrement scientifique des inscriptions cunéiformes s'éleva un monument plus durable que les annales gravées sur le rocher de Persépolis[1]. »

Il est difficile de donner ici une idée de la marche que suivit Burnouf. Disons seulement que, par un heureux hasard, il se trouva que les inscriptions qu'il étudiait contenaient une liste de noms propres, la liste des provinces formant l'empire perse sous Darius. Burnouf, au cours du déchiffrement, devina cette circonstance; il essaya, en conséquence, pour les signes dont la prononciation était encore inconnue, les valeurs qui se prêtaient le mieux à une lecture géographique; et il vit le voile se soulever et sortir du rocher, un à un, tous ces noms si familiers à la mémoire par les souvenirs classiques, la Médie, la Susiane, la Parthie, la Bactriane, la Sogdiane, la Cappadoce, les trente satrapies de Darius, Roi des rois. Les valeurs fournies par les noms propres appliquées au reste de l'inscription donnèrent un texte qui diffère du zend moins que l'espagnol ne diffère de l'italien; le vieux perse, la langue des rois contemporains d'Hérodote, était retrouvé. Du même coup, la voie était frayée au déchiffrement de l'assyrien, les inscriptions des rois perses étant accompagnées d'une traduction dans la langue de leurs sujets de Babylone. Telle fut l'impulsion donnée par le *Commen-*

[1] Max Müller.

taire sur le Yasna, et c'est ainsi que la vie et la lumière s'en échappaient dans toutes les avenues de la science.

Le *Commentaire sur le Yasna* ne comprend que le premier des soixante-dix chapitres du *Yasna*, c'est-à-dire une partie infiniment petite de l'Avesta; mais les nombreux extraits des autres textes, que la comparaison des passages parallèles amenait sous son étude, étendaient la portée de ses découvertes bien au delà de ce cercle restreint, qu'il élargit encore dans des études de détail poursuivies jusqu'à l'époque de sa mort. Il avait d'ailleurs fait la chose importante, il avait marqué la méthode. Sa mort prématurée n'en fut pas moins un malheur pour le développement des études qu'il avait créées, parce que l'exemple qu'il avait donné ne fut pas suffisamment compris et imité par ses successeurs. Esprit assez large pour s'élever au dessus des systèmes et embrasser la réalité entière dans toute sa complexité, il avait su concilier, avec une mesure et une précision sans égales, les deux instruments qui lui avaient servi à constituer la science, la tradition et l'étymologie. A sa mort, un schisme se produisit : les deux forces, maniées ensemble par sa main puissante pour un but commun, entrèrent en rivalité et deux écoles exclusives et hostiles se disputèrent le champ de bataille de l'Avesta. Dans l'une, la tradition fut maîtresse, les liens intimes de la pensée iranienne et de la pensée indienne furent perdus de vue, et, par suite, l'intelligence historique des choses fut compromise ; dans l'autre, l'Avesta devint comme un feuillet détaché des Védas, le zend fut interprété à coup de dictionnaire sanscrit, les combinaisons de l'imagination étymologisante décidèrent du sens des mots et des idées et se substituèrent aux leçons de la réalité vivante et de l'histoire.

Ces deux écoles se sont partagé l'Allemagne depuis la mort

de Burnouf, et, après trente ans de polémique, la conciliation ne semble pas encore faite. A lire certaines traductions des mêmes passages données par les deux écoles, la critique s'est parfois demandé si c'est le même texte qui est traduit des deux parts. Les deux écoles ne s'accordent qu'en un point : c'est à se réclamer l'une et l'autre de Burnouf, et les seuls textes sur lesquels elles tombent d'accord sont en général ceux auxquels le maître a touché. Burnouf est comme un de ces grands princes qui ont su de leur vivant imposer l'ordre et la loi aux partis hostiles, dont la disparition est le signal de la guerre civile, mais dont chaque parti invoque encore le nom au milieu de la mêlée. L'unité aurait pu se maintenir si Burnouf avait eu des disciples en France ; mais il mourut sans laisser d'héritier sur le domaine iranien ; son héritage passa tout entier à l'Allemagne, et la France, se contentant de la gloire d'avoir à citer les noms d'Anquetil et de Burnouf, se désintéressa de cette science doublement française, créée, à deux reprises, par l'héroïsme de l'un et le génie de l'autre.

CHAPITRE II.

INDE.

1789 est une grande date : c'est en cette année que parut en Europe la première traduction de Sakuntala, le chef-d'œuvre du drame indien. De cette publication, due à l'ancien adversaire d'Anquetil, William Jones, date le mouvement enthousiaste qui jeta l'Europe savante du côté de l'Inde. On crut entrevoir une littérature sœur de la littérature hellénique, par le génie et la grandeur de ses poètes autant que par la langue. Le génie poétique de l'Europe s'inclina devant cette révélation de l'Orient :

« Veux-tu, disait Gœthe, embrasser en un seul nom fleur du printemps et fruit de l'automne? tout ce qui charme et qui enchante, tout ce qui rassasie et nourrit? Veux-tu en un seul nom embrasser le ciel et la terre? Je prononce ton nom, ô Sakuntala, et tout est dit [1] ».

L'on est, à la longue et à contre-cœur, revenu de ces

---

[1]. Willst du die Blüthe des frühen, die Früchte des spiteren Jahres,
    Willst du, was reizt und entzückt, willst du was stätigt und nährt,
Willst du den Himmel, die Erde mit einem Namen begreifen :
    Nenn'ich Sakontala dich, und so ist alles gesagt.

illusions de la première heure ; à mesure que l'on a mieux connu les poètes et les écrivains de l'Inde, le prestige s'est dissipé ; qui chercherait au delà de l'Himalaya les frères d'Homère et de Sophocle y perdrait décidément sa peine. L'Europe, pendant quelque cinquante ans, a de confiance admiré dans l'Inde la poésie qu'elle y portait de son propre fonds. Le Virgile de l'Inde, Kalidasa, est un Marivaux gracieux et un maître en fait de *concetti*, à faire envie à un poète du temps de Julie d'Angennes. Toute la littérature dramatique et lyrique, telle qu'elle se présente à nous, est une littérature de décadence, aussi morte qu'une littérature peut l'être ; c'est l'œuvre de pédants habiles à manier le vers, dont la suprême ambition est d'enfermer deux ou trois sens dans l'enceinte d'une ligne, et pour qui le calembour et l'énigme sont les éléments essentiels de tout poème digne de ce nom, s'ils sont rehaussés de temps en temps d'allusions mystiques aux charmes de la bien-aimée et aux attributs transcendants de Krichna ou de Siva. L'épopée, plus naturelle et plus vivante, offrira quelques oasis de poésie fraîche et naïve, perdues dans un désert interminable de bavardage et d'ennui, et Valmiki est un Homère dont les sommeils sont bien longs.

De déception en déception, les lettrés de l'orientalisme avaient reporté tout le trésor de leurs espérances sur les Védas et cette poésie dite primitive, ce premier chant de l'humanité naissante s'éveillant en face de la nature ; l'illusion ici a été plus persistante, mais s'en va à la fin à son tour. Il y a dans les Védas beaucoup d'aurore, de soleil, de lumière, et l'aurore, le soleil, la lumière sont de si belles choses que leur nom à lui seul est toute une poésie ; on a donc lu la nature dans les Védas, elle n'y est pas. Dans le millier d'hymnes dont se compose le Rig, quand on a détaché quelques hymnes pleins de vie et de fraîcheur, les seuls que l'on cite et qui sont la joie du traducteur, — un hymne fameux à l'aurore, aussi brillant qu'elle, un hymne métaphysique qui est un des plus beaux monuments que la poésie philosophique ait laissés dans le monde [1], — il ne reste plus qu'un amas de formules liturgiques, un rabâchage de litanies, et ce qui est pis et que l'on n'aurait jamais soupçonné d'abord, une rhétorique raffinée de théologiens subtils, aussi amoureux d'allusions, de jeux de mots, d'énigmes mystiques que les pires *Pandits* des époques récentes; cette poésie naturaliste, cette poésie primitive de l'humanité, a déjà toutes les prétentions, tout l'artificiel, tout le creux des littératures de décadence [2].

Ce n'est point que les Aryas de l'Inde aient été moins bien doués pour la poésie que leurs frères d'Europe; mais cette poésie de l'Inde, il faut la retrouver et la deviner sous la forme artificielle et hiératique qui la recouvre déjà dans ses documents les plus anciens. Un lettré, qui étudierait en même temps l'Inde en savant, pourra en dégager pour lui-même un trésor de sensations et d'images et y flottera en pleine poésie; mais une grande et belle littérature à offrir au lecteur européen, il n'en trouvera pas. L'intérêt réel des études indiennes est ailleurs; il est dans la transparence merveilleuse de la langue et des traditions de l'Inde, qui ont présenté à l'Europe le premier miroir où elle ait pu reconnaître la structure de ses langues et la forme première de ses croyances; il est dans la richesse et la variété de son développement linguistique, religieux, philosophique, qui sont la meilleure école où le savant puisse apprendre

---

[1]. Voir la traduction de cet hymne à la fin de l'*Essai sur les Cosmogonies aryennes*.

[2]. Voir le livre de M. Bergaigne sur la *Religion védique* et ses études sur la *Rhétorique du Rig Véda*.

comment se forment et se transforment les langues, les Panthéons et les philosophies; il est dans les flots de lumière qu'elle jette sur le passé de l'humanité aryenne et sur le présent religieux de la plus grande partie de l'Asie. Mais si c'est par l'enthousiasme littéraire que les études indiennes furent intronisées en Europe, cette erreur, qui à présent fait sourire, devait être infiniment féconde, et comme il arrive souvent, l'espérance s'était trompée d'objet, mais non de réalité. On trouva un autre monde que celui qu'on cherchait, mais parce qu'on avait cherché; l'Inde ne donna pas les trésors qu'on lui demandait, elle en donna qu'on n'avait point soupçonnés.

La création des études indiennes est une gloire anglaise; à la suite de la conquête matérielle du pays, était venue immédiatement la conquête scientifique; à la suite de Clive et de Hastings, étaient venus des vainqueurs plus nobles, William Jones, Wilkins et le grand Colebrooke. Pendant longtemps, Calcutta fut le centre unique des études indiennes; l'orientalisme se faisait sur place; d'ailleurs la guerre européenne l'y tenait bloqué; de temps en temps arrivait en Europe le bruit de quelque grande découverte, de trésors trouvés en fouillant dans cette vieille et étrange littérature; des lexiques de Virgile et d'Homère, des dieux de Rome et d'Athènes, retrouvés au bord du Gange.

C'est Napoléon qui, sans s'en douter, par un acte d'arbitraire brutal, introduisit les études indiennes en France. En 1802, à la rupture de la paix d'Amiens, il avait déclaré prisonniers de guerre tous les Anglais qui se trouvaient alors sur le territoire français; dans le nombre se trouva, par un heureux hasard, un membre de la Société asiatique de Calcutta, de passage à Paris, Alexander Hamilton. Hamilton employa ses loisirs forcés à étudier la belle collection de manuscrits sanscrits qui avait été rapportée de l'Inde au milieu du dernier siècle par le missionnaire Pons [1]. Il en rédigea le catalogue avec le conservateur des manuscrits orientaux Lenglès, qu'il initia aux études nouvelles, et la Bibliothèque nationale devint un centre qui attira du continent tous les adeptes de l'orientalisme. C'est là que Frédéric Schlegel, l'éloquent et brumeux hiérophante de la sagesse orientale, venait méditer son fameux manifeste sur la *Langue et la Sagesse des Indiens*, qui, par la naïveté d'enthousiasme, la profondeur de certaines échappées, la puissance d'espérance et d'illusion, n'a guère d'équivalent dans l'histoire littéraire que le manifeste de Du Bellay et de la Pléiade. C'est là qu'à la veille de Leipzig, venait un pauvre étudiant de Mayence, Franz Bopp, jeter en silence les bases de la grammaire comparée. C'est là que se formait le premier apôtre français de l'indianisme, Léopold de Chézy, nature enthousiaste et ardente, d'imagination romantique et d'exaltation maladive ; Chézy portait dans l'étude d'un poème sanscrit quelque chose des sentiments de respect et d'amour d'un savant de la Renaissance, commentant Virgile ou Homère, et en donnant la première édition européenne de Sakuntala, il reproduisait en épigraphe le quatrain de Gœthe et ajoutait : « Malheur au cœur sec qui, après la lecture de cette composition divine, ne partagerait pas l'enthousiasme de Gœthe, et ne palpiterait pas, rempli des plus douces émotions ! » En 1814, Chézy fut chargé d'un cours de sanscrit au Collège de France ; c'était le premier qui fût établi en Europe et il attira bientôt à Paris une élite d'étudiants de tous les pays du continent. Disons que l'ordonnance qui institua ce cours est une des premières qu'ait rendues la Restauration ; trop heureuse si elle n'en eût jamais

---

1. Bréal, *Introduction à la Grammaire comparée de Bopp*.

rendu d'autres[1]! Mais, pour cela, il lui sera beaucoup pardonné! En 1822 se fondait la Société asiatique de Paris, la première société vouée à l'étude de l'Orient qui ait été fondée sur le continent, qui pendant longtemps fut l'autorité la plus haute dans toute cette branche de l'érudition et vit venir à elle toutes les forces de l'orientalisme européen. Un des plus larges esprits d'érudit que l'Allemagne ait produits, Jules Mohl, venu à Paris vers cette époque pour suivre les cours du Collège de France, fut tellement fasciné par l'éclat et la puissance de la science française de ce temps, qu'il se fixa à Paris, comme étant la capitale de l'orientalisme; c'est de Paris, et comme secrétaire de la Société asiatique française, qu'il écrivit ces fameux rapports qui faisaient loi dans toute l'Europe; qui, vingt-sept ans durant, furent attendus chaque année avec émotion par les orientalistes de tous les pays et de toutes les branches, et dont la collection forme l'histoire parfaite des études orientales dans leur période la plus féconde, ce que M. Renan a appelé « leur âge héroïque [2]. »

Toute cette première génération d'orientalistes est littéraire avant tout et quelquefois mystique. Mais deux hommes vont ouvrir la période scientifique proprement dite, à coups de découvertes; ce sont Bopp et Burnouf. En 1816, Bopp, alors âgé de vingt-cinq ans, publie cette courte brochure sur la conjugaison du sanscrit, comparée à celle du latin, du grec et du persan, dont l'Allemagne célébra en 1866 le cinquantième anniversaire, comme un jour de fête nationale. Il constituait cette science de la grammaire comparée, dont le fait fondamental, à savoir

---

1. Une autre ordonnance de la même date instituait la chaire de chinois d'Abel Rémusat.

2. *Vingt-sept ans d'histoire des études orientales*, 2 vol. in-8°. Paris, 1880.

l'affinité indéniable du sanscrit et des langues classiques, reconnu dès 1767 par le jésuite français Cœurdoux, proclamé en 1786 par William Jones et l'école anglaise de Calcutta, n'était cependant resté jusque-là qu'une curiosité historique. Personne ne s'avisait qu'il y avait là la matière d'une science entière, d'une science dont l'importance allait grandir sans cesse, et qui, placée aux confins des deux grands domaines, le mouvement et la pensée, tenant aux sciences naturelles par son élément matériel, le son, aux sciences morales par son objet dernier, l'expression de l'idée, plonge par ses racines dans l'histoire naturelle, et s'épanouit par sa fleur en pleine psychologie, semblable à ce *médiateur plastique* que cherchait l'ancienne métaphysique. La grammaire comparée, à peine créée, s'implanta en Allemagne et s'y développa dans tous les sens, grâce à cette admirable organisation des Universités allemandes qui lance immédiatement une armée de travailleurs dans tous les débouchés nouveaux qui s'ouvrent à la science ; elle s'y développa si bien que bientôt chacune des branches qui composent la famille aryenne faisait l'objet d'une science spéciale, toute organisée et en pleine activité. Pendant près de cinquante ans, l'Allemagne garda le monopole de ces études ; c'est à son école que les peuples de langue romane et de langue celtique ont dû apprendre l'histoire de leurs idiomes, et il y a quinze ans à peine que la grammaire comparée a repassé les bords du Rhin, apportée en France par un élève de Bopp et un élève de Diez [1].

Bopp est le philologue par excellence, Burnouf est l'orientaliste idéal. Aux origines, la grammaire comparée n'était qu'une branche de l'orientalisme entendu au sens large du mot, c'est-à-dire conçu comme l'étude de l'Orient

[1] MM. Bréal et Gaston Paris.

tout entier dans son histoire religieuse, politique, littéraire, artistique, autant que dans son histoire linguistique. Elle s'en détacha bientôt, par le fait même de ses progrès. Mais si elle est indépendante de l'orientalisme, celui-ci ne peut se passer d'elle, et elle demeure son instrument nécessaire. La tâche de l'orientaliste est infiniment plus complexe et plus vaste que celle du philologue, puisqu'elle la suppose ; pour lui, l'œuvre des Bopp n'est que le préliminaire à l'œuvre des Burnouf, et, dans la perspective de la science, vue dans son ensemble, le point de vue de Burnouf est infiniment plus haut et plus large que celui de Bopp, puisqu'il embrasse la vie entière au lieu d'une fonction isolée. Nul savant du siècle, comme Burnouf, n'a réuni à un tel degré les facultés diverses nécessaires à l'orientaliste complet; le sens philologique et le sens historique, l'instinct profond des relations cachées qui relient les phénomènes les plus divers d'aspect et des forces vives et indépendantes qui s'agitent sous les similitudes apparentes. Nul orientaliste non plus n'a embrassé un domaine plus vaste, et partout où il a porté la main, il a marqué son passage par des découvertes fondamentales qui ont créé des sciences nouvelles.

On a vu plus haut comment il déchiffra le Zend-Avesta et les inscriptions cunéiformes et jeta les bases de l'histoire linguistique et religieuse de la Perse ancienne. Ces grandes découvertes ne remplirent que la moitié de sa carrière : les débuts et la fin furent tout entiers consacrés à l'Inde ; c'est l'histoire de ses langues et de ses religions qui fut toujours l'objet dernier de sa poursuite, et même quand il sortait de ce domaine, c'est avec les ressources qu'il y avait ramassées qu'il explorait et fécondait les champs nouveaux qu'il abordait. Sa vocation fut précoce et en partie héréditaire. Son père, l'auteur de la célèbre grammaire grecque, s'était mis au courant des méthodes de la philologie nouvelle; il avait essayé timidement d'en introduire les résultats les plus certains dans l'enseignement classique, et il ne tint pas à lui que cette réforme essentielle, qui ne s'est accomplie que de nos jours, n'entrât dans les faits à l'instant même; l'enseignement ne serait pas à l'heure présente de cinquante ans en retard sur la science. Eugène Burnouf, grâce à son père, fut dès l'abord en plein dans l'esprit nouveau, et ce qui était goût chez le père devint instinct et génie chez le fils. Burnouf se destinait au droit; mais sa vocation se fit jour à travers les mailles de la procédure, et bien qu'il eût porté dans l'étude du Code le même esprit de méthode et de rigueur scientifique qu'il devait plus tard porter dans ses travaux de philologue et que sa thèse de licence ait laissé des souvenirs à l'Ecole de droit, son cœur était ailleurs, bien loin du Digeste, aux bords de l'Indus et du Gange. Un jour, l'avoué chez qui il travaillait le surprit avec indignation étudiant, au lieu de grossoyer, un grimoire en caractères inconnus qui faisait tort à celui de la profession; c'était le *Nalus*, édité par Bopp, ou le récit des aventures du roi de Nichada, qui perdit au jeu son royaume, sa fortune et ne conserva que sa femme, la belle Damayanti. Le jeune clerc, mis en demeure d'opter entre Damayanti et l'avoué, opta pour Damayanti et se donna à elle tout entier.

Elève de Chézy, qu'il devait bientôt remplacer au Collège de France, Burnouf ne tarda pas à produire des travaux originaux et où se révélait le créateur. La Bibliothèque nationale possédait une collection de manuscrits écrits en pâli, la langue sacrée des Bouddhistes de Ceylan et de la presqu'île transgangétique, Birman, Siam, Cambodge, Annam. Ils avaient été rapportés de Siam, vers la fin du xviie siècle, par l'ambassadeur que Louis XIV avait envoyé dans le pays, en 1687, Laloubère. Au commencement de ce siècle, quand l'on commença à connaître le Bouddhisme et son immense extension en Asie, on comprit l'importance qu'il y aurait à déchiffrer la langue dans laquelle étaient conçus les livres sacrés d'un si grand nombre de ses adhérents. On savait vaguement que le pâli était parent du sanscrit, sans que l'on connût exactement le genre de rapport qui existait entre les deux langues et sans que l'on fût en état d'analyser et de comprendre un texte étendu. Burnouf, s'associant à un jeune étudiant danois venu à Paris pour étudier les langues orientales, Christian Lassen, plus tard l'illustre auteur de l'Histoire ancienne de l'Inde, publia en 1826, deux années après sa thèse de droit, un *Essai sur le pâli*, où le problème était résolu. Il montrait que le pâli dérive régulièrement du sanscrit, de la même façon que l'italien, par exemple, dérive du latin; il établit les lois phonétiques suivant lesquelles les sons sanscrits se transforment dans la langue dérivée et les modifications que subissent les formes grammaticales; c'était la première application de la grammaire historique dans le domaine des langues de l'Inde. Enfin, il posait et abordait cette question d'une importance capitale, car elle est liée avec l'histoire même de l'origine du Bouddhisme : à quelle partie de l'Inde appartenait le dialecte qui, transporté par la propagande, s'est éteint dans la presqu'île indienne et s'est immobilisé dans les textes sacrés de Ceylan et de l'Indo-Chine? Ce premier essai était encore bien incomplet, sans doute, et le sujet était loin d'être épuisé; il ne l'est pas encore aujourd'hui; mais quelle que soit la part qui puisse y revenir à Lassen, on y retrouve déjà toutes les qualités personnelles qui font le génie propre de Burnouf : la vue claire des questions, la précision des réponses, la logique serrée, le sentiment profond de la vie qui va droit aux rapports réels, la sagacité qui va aux rapports cachés. Cet essai, si important pour l'histoire linguistique de l'Inde, puisqu'il établissait le premier anneau de la longue chaîne qui rattache le vieil idiome des Védas aux dialectes de l'Inde moderne, ne l'était pas moins pour l'histoire religieuse, puisqu'il ouvrait à la science la source d'où sort un des grands embranchements de la religion qui compte le plus d'adhérents dans le monde. Ce n'est que vingt ans plus tard, quand les hasards de la science eurent ramené Burnouf à l'étude du Bouddhisme, qu'il put comprendre lui-même toute la valeur de ce premier travail, et il se trouva qu'il s'était préparé à une des grandes découvertes de l'histoire religieuse par ce modeste essai de débutant.

En 1832, le jeune orientaliste, âgé de trente et un ans à peine, était appelé au double honneur de remplacer Champollion à l'Institut et Chézy au Collège de France. Son discours d'ouverture, publié en 1833 dans la *Revue des Deux Mondes*, marque le chemin que l'esprit scientifique avait fait en France. Ce n'est plus l'extase de l'artiste annonçant au monde l'apparition d'une forme nouvelle de la beauté et ravi d'ouvrir de nouvelles sources d'admiration ; c'est un tableau net et précis de la littérature indienne dans toutes ses branches, un exposé sobre et lumineux des idées nouvelles que la connaissance de la langue ancienne de l'Inde fournit sur la constitution des langues classiques, des questions qu'elle soulève sur les origines de la race indo-européenne, des instruments qu'elle nous met en main pour refaire une histoire avant l'histoire : « l'Indianisme — comme eût dit un des premiers et des plus illustres auditeurs de Burnouf, Littré — était entré dans la période positive. »

C'est au cours de ses recherches sur les origines de la

civilisation indienne qu'il fut amené, comme on l'a dit plus haut, à découvrir les titres les plus anciens de la civilisation de l'Iran. Cette grande œuvre n'était dans sa pensée qu'un incident dans la carrière qu'il s'était tracée : c'était l'Inde qui restait le but suprême de ses efforts, parce que là était le foyer de lumière qui devait éclairer le passé du reste du monde aryen. Il attaqua l'Inde par deux extrémités à la fois, par le Brahmanisme, et le Védisme. Il publia et traduisit le Bhagavata Pourana, le plus étendu des Pouranas, ces encyclopédies religieuses où les brahmanes ont rassemblé toutes leurs légendes sur la naissance et les renaissances du monde et sur la succession des dynasties mythiques et légendaires. L'on a souvent exprimé le regret que Burnouf ait consumé tant d'années précieuses de sa carrière d'inventeur dans ce labeur immense qu'il n'a pu terminer et que d'autres auraient pu accomplir à sa place. Le travail, en effet, n'offrait point de ces difficultés de déchiffrement et de ces promesses de découvertes qui tentent le génie, et quelque utile et nécessaire qu'il fût à la science, le temps d'un Burnouf valait mieux. La perfection même de l'exécution, les vues profondes jetées en passant dans les notes ou dans les introductions, et où l'on sent le frémissement du génie supérieur à sa tâche et s'échappant à toute occasion vers des objets plus hauts, ne font qu'augmenter le regret qu'il se soit emprisonné si longtemps dans une tâche inférieure. Un élève de Burnouf, M. Barthélemy Saint-Hilaire, a révélé le secret de cette étrangeté, et l'explication fait le plus grand honneur à la conscience scientifique de Burnouf. A un moment où le plus pressant était de faire connaître les faits, c'est-à-dire de publier les textes, il crut qu'il était de son devoir de publier une des œuvres capitales du Brahmanisme ; or, les plus belles étaient prises : Schlegel publiait le

Ramayana, Bopp annonçait une traduction du Mahabarata, Rosen entreprenait une édition du Rig Véda : en fait, de ces trois grandes entreprises, la première seule devait aboutir : mais Burnouf ne voulut pas empiéter sur des domaines déjà occupés, et comme une traduction des Pouranas était un des desiderata de la science, il se dévoua à une œuvre ingrate, qui était au dessous de lui : la science aussi a ses dévouements d'humilité.

L'œuvre à laquelle Burnouf semblait prédestiné était l'édition et la traduction des Védas : le Rig était son sujet favori à son cours du Collège de France : il sentait que là était la racine de tout le développement religieux de l'Inde et la clef de la mythologie comparée. Ceux qui ont entendu ce cours ont gardé un long souvenir de l'originalité puissante et créatrice qui jetait là sa graine au vent de l'enseignement : chacun des vers de ces vieux hymnes, dont la forme et parfois le fond sont ce qu'il y a de plus vieux dans la parole et la pensée aryenne, éclairci par lui, jetait des rayons de lumière dans toutes les directions, sur la langue et sur les dieux de l'Inde moderne, de la Perse ancienne, de Rome et d'Athènes : c'était à chaque vers un voyage de découverte ; on remontait aux sources du verbe et du génie aryen, puis l'on en redescendait tous les affluents tour à tour : « c'était un enchantement, » écrivait M. Mohl. Nulle œuvre directe n'est restée de ces révélations : çà et là seulement, quelques pages dans l'Introduction au Pourana, et dans ses *Études zendes*, des rapprochements lumineux entre l'Avesta et les Védas, montrent au lecteur que Burnouf, en 1840, était maître des Védas encore inédits et les comprenait aussi bien qu'on a pu le faire trente ans plus tard. Ses découvertes, d'ailleurs, ne furent pas toutes perdues : recueillies au sortir de ses lèvres par ses auditeurs de

France et d'Allemagne, dont quelques-uns allaient bientôt être des maîtres, elles entraient par eux dans la science. Les deux maîtres de la science védique, M. Roth et M. Max Müller, furent ses élèves directs, et c'est à lui que ce dernier reporte l'impulsion puissante donnée à cette branche de la philologie sanscrite dans la seconde moitié du siècle. A la mort de Rosen, ce fut sous l'inspiration et avec les conseils de Burnouf que M. Max Müller entreprit son édition du Rig Véda : l'éminent orientaliste d'Oxford en garda toujours un souvenir reconnaissant au savant français, et, à la nouvelle de sa mort, c'est de sa plume que vint l'hommage le plus éclatant et le plus éloquent qui ait encore été rendu à la mémoire d'Eugène Burnouf.

Au milieu de la publication du Pourana, Burnouf fut tout à coup ramené des origines de la religion indienne à une de ses formes les plus récentes et se vit rappelé aux études où il avait ouvert sa carrière et où il allait la terminer. Dans les trente premières années du siècle, les documents de toute sorte et de toute source qui s'étaient accumulés sur le Bouddhisme avaient révélé l'immensité du domaine envahi par cette religion. Comme jadis les Cimbres, parcourant l'Europe d'un bout à l'autre, avaient rencontré aux deux extrémités le nom et la grandeur de Rome, ainsi de nos jours, les barbares d'Occident, parcourant les côtes et traversant les terres du continent asiatique, avaient, sur toute l'étendue de leur parcours, rencontré le Bouddha et son église. Dans les forêts de Ceylan et dans les steppes de la Sibérie, sur les plateaux neigeux du Tibet et dans les îles du Japon, du Népal aux bouches du fleuve Amour, parmi les populations raffinées de la Chine et parmi les peuplades sauvages qui errent le long de l'Aral, partout « la roue de la loi » avait profondément enfoncé son sillon; partout les peuples montraient au voyageur l'empreinte sacrée du pied de Sakyamouni. Quelle était cette religion et quels étaient ses dogmes? Comment s'était-elle formée et propagée? De quelle source avait jailli ce « fleuve de la loi » qui s'épandait à travers les quatre *dvîpas?*

Les savants européens étaient à l'œuvre de tout côté, attaquant le Bouddhisme les uns par le Nord, les autres par le Sud, de droite et de gauche. Abel Rémusat s'était établi en Chine et là écoutait ce que les pèlerins des premiers siècles de notre ère, visitant les lieux consacrés par la présence de Bouddha, lui racontaient des origines et des dogmes de leur religion; un Allemand, Schmidt, interrogeait les Mongols; deux Anglais, Turnour et Hodgson, fouillaient l'Inde à ses deux extrémités, l'un à Ceylan, l'autre au Népal. Un pauvre étudiant hongrois, Alexandre Csoma, de Kœrœs, frappé d'un rayon du Bouddha, partait à pied, le bâton du *bhikchu* à la main, traversait en mendiant l'Europe et l'Asie, et allait s'enfermer pendant huit ans dans un couvent de lamas, sur les sommets de l'Himalaya et vivait de la vie des moines tibétains pour apprendre d'eux leur langue et leur doctrine.

Avec les faits, les systèmes s'entassaient à plaisir, et chaque savant, sans s'inquiéter de sortir du domaine étroit où il s'était renfermé, tranchait les questions d'origine sur les quelques textes qu'il possédait, éclairés des inductions de sa logique personnelle. « Pour les uns, le Bouddhisme était un vieux culte né dans l'Asie centrale et dont l'origine se perdait dans la nuit des temps; pour les autres, c'était une misérable contrefaçon du Nestorianisme; on avait fait de Bouddha un Nègre, parce qu'il avait les cheveux crépus; un Mongol, parce qu'il avait les yeux obliques;

un Scythe, parce qu'il se nommait Sakya[1]. » Quelques-uns en avaient fait une planète, certains avaient reconnu le farouche Odin sous les traits du rêveur de l'arbre de *Bodhi*.

Sur ces entrefaites, M. Hodgson, résident anglais à Khatmandou, la capitale du Népal, découvrit dans les bibliothèques du pays et réussit à se procurer la collection des livres sacrés du Népal, qui sont rédigés en sanscrit. Il envoya généreusement à la Société asiatique de Paris un exemplaire de cette collection en quatre-vingt-huit volumes. Burnouf sentit aussitôt l'importance de ces matériaux nouveaux et que la solution du problème était là. En effet, tous les souvenirs des divers peuples bouddhiques nous montrent dans l'Inde le berceau du Bouddhisme; les livres des uns, ceux des bouddhistes du Sud, Ceylan, Siam, Birman, Cochinchine, sont en pâli, langue dérivée du sanscrit; les livres des autres, ceux des bouddhistes du Nord, Mongols, Tibétains, Chinois, Japonais, écrits dans les langues de chacun de ces peuples, se donnent eux-mêmes comme traduits du sanscrit. Il fallait donc vérifier si parmi les livres sanscrits découverts au Népal se trouvaient les originaux de ces traductions, et, cela fait, déterminer par l'analyse et la comparaison de tous ces documents quels étaient les livres anciens et primitifs; car cette immense collection n'était sans doute pas toute de la même époque et n'appartenait pas tout entière au Bouddhisme naissant : par là, on arrivait à une chronologie des idées, à une histoire de la formation des doctrines et de leur propagation chez les bouddhistes du Nord. Le même travail, portant sur les documents de source pâlie, permettrait ensuite de comparer les deux branches l'une à

---

[1]. Burnouf, *Introduction à l'histoire du Buddhisme indien*, p. 62 (2ᵉ édition).

l'autre et d'arriver à dégager les éléments fondamentaux et vraiment antiques du Bouddhisme. Burnouf mourut avant d'achever cette œuvre immense : il ne put embrasser que la première partie de sa tâche dans son admirable *Introduction à l'Histoire du Buddhisme indien*, qui est dans les études bouddhiques le point de départ de toute recherche, comme le Commentaire sur le Yasna l'est pour les études zendes. Il y analyse les ouvrages des sectes du Nord, en discute l'authenticité, les classe chronologiquement, expose le dogme et ses transformations, ses rapports avec les croyances brahmaniques. La lumière se fait dans le chaos : les couches successives de la religion se classent et se tassent ; l'on voit à quelle époque du développement bouddhique et de quelle secte chacun des peuples bouddhiques du Nord a reçu la doctrine de Sakya.

La mort de Burnouf, frappé en pleine découverte, fut un coup pour la science européenne : pour la France, ce fut une perte irréparable ; car, en lui, ce n'était pas seulement un homme de génie qu'elle perdait, c'était un initiateur. Il laissait des élèves, quelques-uns supérieurs : mais on était en 1852 ; le savant, que la voix unanime des savants de France et de l'étranger appelait à la succession de Burnouf, l'auteur de la première étude sur la langue védique, M. Régnier, en fut écarté par la nécessité du serment politique ; la littérature française y gagna, car c'est à cette circonstance que nous devons la magnifique et définitive édition des Classiques français de Hachette ; mais la tradition du maître se trouva interrompue du même coup : l'orientalisme français avait perdu son centre et son âme, et il sembla bientôt que Burnouf n'avait été en France qu'une heureuse et singulière exception.

Les études indiennes sommeillèrent une quinzaine d'années; dans les dernières années de l'Empire, ce réveil qui se fit alors sentir dans toutes les branches de la pensée les ranima également, et il se forma une école nouvelle, d'origines très diverses, quoique inspirées d'un même esprit et d'une même méthode : les uns, les aînés, se rattachant plus ou moins au souvenir personnel de Burnouf; d'autres s'étant formés seuls par l'étude des livres ou à l'étranger; d'autres enfin, plus jeunes, sortis de l'Ecole des hautes études, où la puissante impulsion donnée aux études de grammaire comparée par M. Bréal réagit par contre-coup sur les études indiennes, le sanscrit étant l'instrument premier de toute recherche philologique sérieuse. Avec des savants tels que MM. Barth, Garrez, Senart, Bergaigne, Hauvette-Besnault, Feer, Foucault, Regnault, presque toutes les branches de l'indianisme se trouvent à présent représentées en France. Les trois dernières années ont vu paraître trois de ces livres qui font honneur à une école : *les Religions de l'Inde*, de M. Barth, merveille d'érudition et de clarté, le tableau le plus complet, le plus exact et le plus concis qui ait encore été tracé de ce monde plus touffu et plus inextricablement ramifié que les forêts au milieu desquelles il s'est épanoui; *la Légende de Buddha*, de M. Senart, application ingénieuse et hardie de la méthode de Strauss à l'histoire légendaire du fondateur du Bouddhisme, et qui prouve que Burnouf a retrouvé en France des disciples personnels et originaux; enfin *la Religion védique*, de M. Bergaigne, synthèse vigoureuse et d'une puissance d'abstraction étonnante qui a effrayé jusqu'à des savants allemands; livre qui heurte bien des préjugés courants sur la poésie védique et a soulevé déjà bien des résistances, mais qui, en somme, malgré des excès de méthode, donne l'image la plus fidèle qui ait encore été donnée de cette vieille poésie, si simple et si artificielle, qui est très proche des origines en ce qu'elle opère encore sur des éléments simples et dont la valeur naturaliste est encore clairement visible, mais qui en est déjà très loin, en ce qu'elle les combine suivant des voies qui sont déjà celles de la métaphysique et de la théosophie.

CHAPITRE III.

ÉGYPTE

L'Égypte n'était pas à découvrir, elle était à déchiffrer. Depuis des siècles, le problème se posait obstinément sur la face de ses obélisques et sur les murs de ses temples ; les mille figures vivantes des hiéroglyphes, de « la langue des oiseaux, » comme disaient les Arabes, avaient hanté bien des imaginations déjà depuis la Renaissance. Tout ce qu'on savait de cette langue mystérieuse qui devait cacher les secrets de tant de siècles se réduisait à quelques lignes confuses de Clément d'Alexandrie, énumérant les diverses écritures de l'Égypte, et à un petit livre grec de date incertaine, *Horapollon*, qui donnait la description et l'interprétation d'un certain nombre de hiéroglyphes, mais sans en donner la prononciation. Sur ces maigres données, la folle du logis s'était mise en campagne. Un savant jésuite autrichien, le père Kircher, très ingénieux et très charlatan, l'inventeur de la lanterne magique et du kaléidoscope, lut couramment les hiéroglyphes des obélisques de Rome et étaya ses traductions sur des citations d'auteurs anciens qu'il fabriquait pour son usage personnel ;

un savant académicien, M. de Guignes, étant sinologue, expliquait les hiéroglyphes à l'aide du dictionnaire chinois.

En 1798, Bonaparte faisait voile pour l'Égypte avec son état-major de savants, de naturalistes et de dessinateurs, Fourier, Monge, Berthollet, Jomard. Il y eut de grandes victoires, de grands désastres, beaucoup de sang versé, et, en fin de compte, il fallut évacuer le pays; mais un monument durable restait de l'aventure : la *Description de l'Égypte*, qui, pour la première fois, faisait connaître à l'Europe, par des dessins fidèles, l'importance et le nombre prodigieux des monuments antiques de l'Égypte. La science y gagnait un autre trésor encore, cette pierre plus précieuse que tous les diamants des vieux Pharaons, la pierre de Rosette. En août 1799, un officier du génie, attaché à la division qui occupait Rosette, M. Bouchard, avait trouvé, dans des fouilles exécutées à l'ancien fort, une pierre de granit noir rectangulaire, dont la face offrait trois inscriptions en trois caractères différents, l'une en hiéroglyphes, la seconde en une cursive inconnue, la troisième en grec. Le texte grec contenait un décret du corps sacerdotal d'Égypte réuni à Memphis pour décerner des honneurs extraordinaires au roi Ptolémée Épiphane, en l'an 193 avant notre ère : l'inscription grecque — le texte même le disait expressément — n'était que la traduction des deux premiers textes, du texte hiéroglyphique et du texte écrit en caractères plus cursifs, en *lettres enchoriales*, comme disait le texte grec [1]. L'on s'attaqua immédiatement à la pierre de Rosette, où l'on voyait le talisman destiné à ouvrir le mystère des hiéroglyphes; mais ce fut sans succès bien décisif. Silvestre de Sacy et le diplomate suédois Akerblad déterminèrent dans le texte hiéroglyphique

---

[1]. Ou en *démotique*, comme on dit aujourd'hui d'après Champollion.

et le texte démotique les groupes de lettres qui devaient répondre aux noms propres du grec et dégagèrent ce principe que le système d'écriture égyptienne ne pouvait pas être absolument idéogrammatique ; en effet, il est impossible d'exprimer en idéogrammes un nom propre étranger, puisque ce nom ne désigne pas un objet ou une idée de nature à être représenté par une image ; c'est ainsi que le chinois, pour rendre le son de ces noms, éteint le sens de l'idéogramme et n'en laisse subsister que le son. Mais là s'arrêtèrent Sacy et Akerblad, qui ne purent qu'isoler les noms propres sans les analyser.

Un essai plus heureux fut celui du célèbre Thomas Young, orientaliste de talent et physicien de génie, le précurseur de Fresnel dans la théorie des interférences. Il reconnut dans le texte hiéroglyphique les cartouches qui contenaient les noms de Ptolémée et de Bérénice ; il reconnut les signes qui répondent aux sons n, f, p, t et i ; mais, infidèle au principe de la lecture alphabétique des noms propres, il supposa que l'élément syllabique s'y mêlait à l'élément alphabétique ; par là, il stérilisait immédiatement sa découverte par un principe faux qui l'empêcha lui-même d'aller plus loin et jetait un nouvel élément de trouble dans la question. C'est ainsi qu'en appliquant aux autres noms propres l'alphabet qu'il avait ébauché avec ces deux noms, il arriva à lire *Arsinoé* là où il y avait *Autokrator*, à déchiffrer *Evergétès* où il y avait *Kaesar ;* et quand on voulut appliquer cet alphabet au texte même de l'inscription, le texte ne répondit pas, et cette épreuve était la condamnation du système. « Young avait entrevu la terre promise, mais sans y entrer[1]. » C'était à François Champollion que cette gloire était réservée.

1. Maspero.

Il est dans l'histoire de la science peu de vies d'une unité aussi pleine et entière que celle de Champollion. Dès son enfance, il s'est identifié avec l'Égypte ancienne, toutes ses études ont sans trêve convergé là ; il passa sa courte existence à soulever un à un tous les voiles qui couvrent sa langue et son histoire ; et, au moment de sa mort prématurée, il a, dans toutes les directions, donné les formules décisives qui guideront ses successeurs dans les voies de la découverte.

Champollion était né pour les œuvres de résurrection. Une de ses premières lectures d'enfant avait été la vie des hommes illustres de Plutarque ; à force de vivre avec eux, il les voyait devant ses yeux et il s'était fait un Plutarque illustré en dessinant la physionomie de chacun de ses héros selon les impressions que sa vie et son caractère lui avaient laissées[1]. Cette puissance d'imagination, il devait plus tard la porter dans un domaine tout différent ; mais l'égyptien, par la nature même de son système d'écriture, est sans aucun doute la branche de la philologie où ces dons de peintre et de voyant sont le plus indispensables. Un hasard le jeta du côté de l'Égypte ; élevé à Grenoble, il rencontra dans sa famille le préfet de l'Isère, l'illustre Fourier, qui avait été l'un des membres les plus actifs et les plus intelligents de la commission d'Égypte ; il avait été le témoin passionné de toutes les grandes choses qui s'étaient faites là-bas, il avait prononcé l'oraison funèbre de Kléber en vue des pyramides, et il avait encore dans les yeux l'éblouissement du soleil d'Égypte, avec tous ces temples, ces obélisques, ces pylones, ces pyramides, ces sphinx, et l'énigme de ces grandes pages sculpturales. L'âme ardente de l'enfant s'ouvrait et s'enflammait aux

---

1. *Biographie de Champollion* par Silvestre de Sacy.

récits féeriques de Fourier. Ayant trouvé par hasard une grammaire copte, il s'y jeta à corps perdu ; il était encore au collège et avait quatorze ans à peine. Le copte, comme on sait, est la langue que l'on parlait en Egypte au commencement du moyen âge ; supplanté par la langue des conquérants arabes, il s'est éteint définitivement au dix-septième siècle et n'a laissé d'autres documents que des traductions de la Bible, des Pères de l'Eglise et de pièces théologiques de toute sorte. On soupçonnait vaguement en Europe que le copte devait ou pouvait dériver de la langue ancienne de l'Egypte, de la langue des inscriptions hiéroglyphiques. Champollion s'enfonça dans l'étude du copte, poussé par un instinct irrésistible qui lui disait que là était la clef des pyramides.

Avec une audace d'enfant qui ne recule devant aucune espérance, il entreprit immédiatement une restitution de la langue, de la religion, de l'histoire de l'Egypte ancienne d'avant Cambyse. En 1807, âgé de seize ans à peine, encore élève au lycée, il lisait, à la Société des sciences et des arts de Grenoble, un travail sur la géographie de l'Egypte, où, à l'aide du copte, il essayait d'identifier les noms anciens, transmis par les écrivains classiques, avec les noms modernes et de restituer par là l'organisation géographique et politique de l'Egypte ancienne. Mais il sentait lui-même combien ses ressources étaient encore insuffisantes et combien d'éléments lui manquaient pour la solution de son problème. Il quitta Grenoble : Paris seul pouvait lui donner ce qui lui manquait, avec ses cours de langues orientales et les trésors de sa bibliothèque. Il y travailla trois ans avec ardeur, sous la conduite de Silvestre de Sacy, se rendant maître de l'arabe, dont la littérature devait offrir tant de renseignements précieux sur les dernières périodes de l'histoire de l'Egypte, dévorant les manuscrits coptes de la bibliothèque, et développant, avec toutes les ressources de son érudition nouvelle, le mémoire ébauché au lycée. A vingt ans, il en publia un spécimen qui respirait la confiance la plus absolue et la plus naïve : les espérances de l'enfant n'étaient pas encore ébranlées : il avait étudié l'inscription de Rosette et croyait l'avoir déchiffrée : « J'ai conçu, disait-il, l'espérance flatteuse, illusoire peut-être, qu'on retrouvera enfin sur ces tableaux, où l'Egypte n'a peint que des objets matériels, les sons de la langue et les expressions de la pensée. » Il ne parut de ce travail que la partie géographique, publiée en 1814, et qui est restée longtemps la base des études sur la géographie ancienne de l'Egypte, et le cadre où sont venus se ranger tous les renseignements fournis depuis par les monuments hiéroglyphiques, même pour les périodes antérieures à celles où font parvenir les textes coptes, arabes et classiques. La partie qui devait être consacrée à la langue, à l'écriture, à l'histoire de l'Egypte ancienne ne parut pas; Champollion reconnaissait qu'il avait suivi de fausses pistes dans son déchiffrement de Rosette et qu'il n'avait pas encore la clef des hiéroglyphes.

Ses échecs venaient de la même cause qui avait fait avorter jusque-là toutes les tentatives. Sur la foi des auteurs classiques mal interprétés, on avait admis comme allant de soi que l'écriture égyptienne était toute idéographique et ne représentait jamais de sons, n'était jamais *phonétique* : on ne faisait d'exception que pour la notation des noms propres étrangers. D'autre part, par une erreur inverse, amenée par l'apparence cursive des caractères, on croyait que l'écriture démotique et celle des papyrus était alphabétique : en 1811 encore, Champollion croyait qu'entre l'écriture démotique et l'écriture copte, qui est l'écriture grecque légèrement modifiée, il n'y avait pas une différence de système, mais seulement d'alphabet. Champollion chercha longtemps dans cette fausse voie ; mais en cherchant sans cesse et sans fruit, son œil, doué d'une mémoire merveilleuse, se peuplait de tous ces milliers de signes qui couvrent les monuments et les papyrus, et qui, prenant une vie dans sa pensée, étaient tout prêts, à la première illumination du génie, à prendre un sens et à parler. Peu à peu, il se dégagea de l'empire de l'idée reçue : s'il était réellement vrai que l'écriture des papyrus n'était point idéographique, qu'elle était purement alphabétique, ou au plus syllabique, parce que les signes ne rappelaient à l'œil aucune image, d'où venait alors le nombre immense de ces signes, une écriture alphabétique ou même syllabique ayant nécessairement un nombre limité de caractères ? Arrivé là, Champollion cessait d'être sous le charme qui avait égaré tous ses précurseurs ; mais quelle route suivre ? Un de ces hasards qui n'arrivent qu'au génie allait la lui tracer. Il remarqua que certains papyrus commençaient par des tableaux de scènes religieuses qu'il retrouvait identiques en tête de certaines inscriptions hiéroglyphiques. Si la scène est la même, se dit-il, le texte ne le serait-il pas aussi ? Si le texte est le même, on devra retrouver régulièrement les mêmes signes dans le papyrus, quand on retrouve les mêmes signes dans les hiéroglyphes : on les retrouvera le même nombre de fois et aux endroits correspondants. Il vérifia l'hypothèse : elle était exacte. Sans avoir encore lu aucun mot, sans comprendre une seule ligne, il avait découvert un des faits fondamentaux de l'histoire de l'écriture égyptienne : il était établi que l'écriture des papyrus n'était point un système particulier : ce n'étaient que des hiéroglyphes écrits en cursive, une tachygraphie de l'écriture monumentale.

4

Ce résultat, communiqué à l'Académie des Inscriptions et Belles-Lettres en 1821, ne le faisait point encore entrer dans la langue même : il était toujours au seuil. L'inscription de Rosette allait ouvrir la porte. Laissant le texte hiéroglyphique trop mutilé, il s'attaqua au second texte.

On n'avait jamais, jusque-là, distingué exactement ce système d'écriture de celui des papyrus : on distinguait simplement deux sortes de systèmes : d'une part, celui des hiéroglyphes, procédant par images ; d'autre part, celui des manuscrits, procédant, croyait-on, par signes alphabétiques, et l'on n'avait point reconnu de différence essentielle à l'intérieur des textes manuscrits. Champollion reconnut que la cursive de l'inscription différait de celle des manuscrits ; mais, en même temps, sans s'arrêter à y chercher un système alphabétique, il admit tout d'abord que le système était le même que celui des papyrus, du *hiératique*, comme il l'appelait, et par un procédé analogue à celui qu'il avait précédemment employé, mais qui, cette fois, allait ouvrir des échappées sur l'essence même de la langue et sur le sens, il parvint à mettre sous les groupes démotiques identiques les mots grecs identiques qui leur correspondent régulièrement : c'était la confrontation des sens succédant à celle des signes. Cette confrontation, qui lui donnait le sens des groupes, mais sans lui donner encore le son de ces groupes, lui apprit que la langue inconnue qui se cachait sous ces signes non encore déchiffrés était proche parente du copte, sinon le copte même ; car, en traduisant en copte le texte grec, on reconnaissait que partout où le copte, pour exprimer les relations logiques ou grammaticales, modifie la racine de quelque façon, soit par l'addition de suffixes ou de préfixes, soit par un changement dans l'ordre de la construction, le texte en langue inconnue présentait à l'œil des modifications analogues, c'est-à-dire que les groupes offraient devant eux ou après eux des signes nouveaux, toujours les mêmes pour une même relation, ou que les groupes se déplaçaient par rapport à l'ordre du grec, précisément dans le sens où l'aurait fait le copte.

Ainsi, par une série de découvertes extérieures, Champollion, de proche en proche, de tranchée en tranchée, arrivait enfin à la langue même : cette langue, il la connaissait depuis longtemps; enfant, il l'avait apprise : il ne restait plus qu'à la lire. Mais le déchiffrement proprement dit n'était plus qu'une chose secondaire et l'affaire d'un instant : il n'y avait qu'à comparer les noms propres. Ils lui donnèrent aussitôt la valeur de dix-neuf caractères, ceux qui entraient dans les noms de Bérénice, d'Alexandre et de Cléopâtre : c'était tout l'alphabet, et par là il lisait tout ce qui, dans le démotique, est écrit alphabétiquement.

Du démotique, il remonta aux hiéroglyphes de Rosette. Les cartouches contenant les noms propres des rois lui fournissent l'alphabet phonétique : cet alphabet, transporté dans le reste de l'inscription, lui livre une série de mots presque identiques au copte : les hiéroglyphes sont déchiffrés, Isis a levé son voile.

Ce qui fait la grandeur écrasante de Champollion, et fait de sa courte carrière un des enchantements de la science, c'est la puissance et la clarté de lumière que coup sur coup ses découvertes, sous sa main, jettent dans toutes les avenues de cette Égypte naguère si mystérieuse. Une nuée d'erreurs traditionnelles sont dissipées en un instant. Il montre que les hiéroglyphes, que l'on croyait exclusivement idéographiques, sont avant tout alphabétiques et que les mots sont représentés en règle générale par des signes ayant valeur de son, et non par l'image de l'objet ou de l'idée qu'ils expriment. Il montre que les trois systèmes d'écriture de l'Egypte, hiéroglyphique, hiératique et démotique, ne sont qu'un seul et même système, manié avec une liberté de main de plus en plus grande, mais sans solution de continuité, de sorte que l'on peut suivre la forme de tel signe depuis sa dernière dégradation dans la cursive la plus muette jusqu'à l'image picturale des hiéroglyphes les plus expressifs. Il montre par quel procédé l'alphabet naît de l'idéogramme qui finit par représenter le son initial du mot qui désignait l'objet peint, et par là, il prépare les découvertes récentes sur l'origine de l'alphabet : il pressent l'origine égyptienne de tous nos alphabets occidentaux. De vieilles polémiques historiques sont tranchées par la simple application de son alphabet : les fameux zodiaques de Dendérah et d'Esnah, dont les astronomes reportaient l'exécution à trois mille ans avant le Christ, livrent dans leurs hiéroglyphes les noms de leurs auteurs, Néron et Adrien, et les rêveries de Bailly et de Dupuis s'évanouissent. L'on croyait que la conquête de Cambyse avait mis fin à la civilisation égyptienne, tué l'art indigène, et que, par suite, tous les monuments de style dit égyptien devaient remonter au delà de l'invasion persane : Champollion déchiffre sur les frontons des plus beaux temples les noms de leurs constructeurs : ce sont les Ptolémées, Tibère, Néron, Antonin, Trajan, Adrien. Après avoir ainsi prolongé de plus de six siècles en aval la vie de l'Egypte, il remonte de vingt siècles dans son passé le plus lointain. Il lit sur les cartouches le nom de Psammétichus, il retrouve les noms des grands rois de la dix-huitième et de la dix-neuvième dynastie, la belle époque de l'Egypte ancienne; Touthmosis, qui la délivra du joug des Hicsos, vers les temps de Moïse; Ramsès le Grand, le Sésostris d'Hérodote ; Aménophis, le Memnon des Grecs, dont la statue, après avoir gardé le silence pendant vingt siècles, recommença à parler, mais en paroles plus merveilleuses de clarté qu'aux jours d'Adrien et de Sévère.

Il serait long de suivre Champollion dans sa carrière d'inventeur, si courte et si pleine : il s'était emparé de l'Egypte entière, dans ses quarante siècles d'histoire, d'art, de religion, de littérature, et il parcourait cet immense domaine dans tous les sens, au hasard des documents nouveaux qui lui tombaient sous la main dans cette exhumation générale des monuments de l'Egypte : la marche du premier Consul peut seule donner une idée de cette rapidité de conquête et de la puissance des coups. Mais ces conquêtes rayonnantes du génie soulevaient des passions presque aussi ardentes que les conquêtes sanglantes de Bonaparte. Je ne parle pas des revendications du docteur Young et de quelques-uns de ses compatriotes, revendications peu justifiées dans le fond, mais excusables à un moment où Young et ses amis n'avaient pas encore compris exactement les procédés et l'étendue des résultats de Champollion et la différence essentielle des méthodes et des doctrines. Champollion, sans se départir du respect dû à un savant du mérite de Young, n'eut pas de peine à montrer que l'alphabet ébauché par lui était faux (cinq signes seulement avaient été bien lus), que ses principes étaient inexacts, qu'en fait ils avaient été stériles, et que, mise à l'épreuve du déchiffrement des textes, sa doctrine avait été trouvée impuissante. Mais en France même l'attendaient des attaques plus amères. Si Dacier, Silvestre de Sacy et tout l'Institut accueillaient sa découverte comme une des gloires du siècle, M. de Quatremère, érudit puissant, mais étroit, renfermé dans sa science morose et chagrine, dédaignant d'examiner le système, trancha qu'il était faux et le condamna sans discussion. M. de Quatremère, étant l'un des hommes d'Europe qui connaissaient le mieux le copte, ne pouvait admettre la réalité d'une découverte dont tous les éléments étaient dans sa main et qu'il n'avait point faite. Mais le plus acharné et le plus implacable de ses détracteurs fut un savant Prussien établi à Paris, Klaproth, l'idéal de l'érudit, au mauvais sens du mot, capable de recueillir le *Pater noster* dans toutes les langues des deux mondes, mais esprit faux, incapable d'une idée personnelle; trouvant d'ailleurs, comme il arrive parfois aux médiocrités, quelque chose comme de l'esprit et de la verve au service de ses haines. Il poursuivit Champollion, vivant et mort, d'une rancune infatigable, armée en guerre de toutes les ressources de l'érudition, ne reculant pas devant la calomnie quand les sophismes scientifiques faisaient défaut, allant jusqu'à l'accuser de falsifier les textes pour le besoin de ses théories. En laissant de côté les éléments d'ordre trop bas qui entraient dans l'opposition de Klaproth, on voit que c'est surtout sur la grandeur même de la découverte qu'il s'appuyait pour la nier. « Ce n'est pas la critique humaine, disait-il, c'est l'intuition de la Divinité qui pourrait opérer un tel miracle; et l'on voudrait qu'un savant, de quelques facultés qu'on le supposât doué, eût fait seul, en peu d'années, ce que la raison et le bon sens démontrent impossible à des générations littéraires qui se succéderaient pendant des siècles. » Il se trouve à présent que jamais hommage plus haut n'a été rendu au génie de Champollion, et qui voudra retracer sa carrière n'aura pas de plus belle épigraphe à mettre en tête de sa vie.

Mais cette carrière féconde touchait déjà à son terme; envoyé en Égypte par le gouvernement de la Restauration et de la Toscane, il revint épuisé, rongé par la fièvre des découvertes. Nommé professeur à la chaire d'archéologie égyptienne que Charles X venait de fonder en son honneur, il n'eut que le temps de prononcer la leçon d'ouverture et dut quitter sa chaire ; il passa sa dernière année à rédiger une grande grammaire égyptienne, où il exposait sous forme systématique le fruit de toutes ses découvertes : à son lit de mort, il remit le manuscrit à ses amis et leur dit en souriant : « Prenez en soin, c'est ma carte de visite à la postérité. » Il mourut à quarante et un ans, le 4 mars 1832, l'année sinistre qui vit s'éteindre tant de génie et qui, avec Champollion, enlevait à la science française Chézy, Saint-Martin, Thurot, Rémusat. Le fauteuil de Champollion à l'Académie fut rempli par Burnouf, afin qu'il n'y eût pas déchéance ni interrègne dans le génie. Turin, dont il avait catalogué le musée égyptien et mis au jour toutes les richesses, Florence, dont il avait conduit la mission scientifique en Egypte, lui élevèrent des monuments. Sa haute stature remplit et fait éclater le péristyle étroit du Collège de France, debout, le pied sur la tête du Sphinx.

La science créée par Champollion sembla un instant destinée à périr dans le pays qui l'avait vue naître. Il avait eu deux compagnons de voyage, capables de le comprendre et dignes de recueillir son héritage : mais l'un, Victor L'Hôte, mourut avant l'heure ; l'autre, François Lenormant, esprit ingénieux et sagace, mais trop porté vers la synthèse, pente dangereuse au début de la science, se laissa entraîner vers l'histoire générale. Un instant, Ampère, le curieux infatigable, s'était senti attiré vers le monde des pyramides : la lecture de la grammaire de Champollion l'avait enthousiasmé comme un poème et il était allé en pèlerin visiter ces cités de ruines

> De qui les habitants
> Sont des rois de granit à taille de Titans.

Mais Ampère avait toujours pratiqué la dangereuse maxime du poète :

> Il faut dans ce bas monde aimer beaucoup de choses,
> Pour savoir, après tout, ce qu'on aime le mieux.

La science est une maîtresse jalouse et qui aime peu ces partages.

Pendant une quinzaine d'années, les vrais disciples de Champollion furent à l'étranger ; c'étaient l'Italien Rosellini, l'Anglais Birch, le Hollandais Leemans et surtout l'Allemand Lepsius. En 1843, M. de Saulcy, un des esprits les plus vifs et les plus variés que la science française ait produits, fit une incursion brillante dans le domaine égyptien, avec un succès qui fait regretter qu'il n'ait point consacré plus longtemps à cette branche les dons de divination dont il était doué. Il s'attaqua à la partie la plus ingrate et la plus négligée de la philologie égyptienne, le démotique ; il est difficile d'imaginer rien de plus rebutant et de plus propre à effrayer la recherche que cette cursive qui a encore toute la complication des hiéroglyphes dont elle dérive trait par trait, sans rien de la netteté et de la clarté des formes qui dans le système primitif flatte le regard et parle déjà à la pensée. Et cependant, tant que l'on n'aura point déchiffré toute cette littérature fermée d'un sceau septuple par la main lourde du scribe, l'on ne pourra jamais se flatter de posséder l'Égypte entière ; parce que cette écriture est l'écriture de tous les jours, celle du commerce, de la vie civile, de la correspondance, et c'est là surtout que la vie intime de l'ancien Égyptien se laisse découvrir, mieux que dans les grandes inscriptions officielles des rois et dans les formules immobilisées des temples et des tombes. Champollion n'avait tiré du démotique que juste ce qu'il lui fallait pour aborder le texte hiéroglyphique et s'était contenté de poser le grand principe que ses successeurs n'avaient qu'à appliquer, l'identité fondamentale de l'écriture cursive sous ses deux formes, hiératique et démotique, avec l'écriture monumentale. M. de Saulcy appliqua ce principe dans le détail, avec une rare sagacité, dans un mémoire sur le texte démotique de l'inscription de Rosette, que M. Mohl déclarait le plus grand pas fait dans les études égyptiennes depuis la mort de Champollion : livre remarquable non point seulement par l'importance des résultats acquis, mais par l'élan singulier du style, qui fait un contraste aussi inattendu qu'intéressant avec l'aridité rebutante du sujet. M. de Saulcy, officier d'artillerie, traite ses groupes démotiques comme un bataillon ennemi : il les isole, les tourne, les divise, les traverse dans tous les sens avec ses troupes légères de hiéroglyphes, jusqu'au moment où il les a émiettés en leurs éléments derniers et enchaînés un à un au hiéroglyphe correspondant : c'est la *furia francese* transportée au cœur de la science.

Bientôt la France allait reprendre définitivement la direction du mouvement égyptologique, avec deux hommes dont le nom est devenu inséparable de celui de Champollion ; l'un a ramené dans les méthodes saines la science qui s'égarait, c'est le comte Emmanuel de Rougé ; l'autre a doublé le domaine de l'égyptologie en découvrant l'Égypte souterraine, c'est Auguste Mariette, dit Mariette-Pacha.

Dans l'espace de quinze années qui s'écoula entre la mort du maître et les débuts de M. de Rougé, les études égyptiennes, en s'étendant et se développant extérieurement, avaient heurté contre un écueil dangereux. Champollion, pressé de produire et de lancer toutes les grandes vérités qu'il rencontrait, avait donné le résultat de ses recherches sans démonstration méthodique. Il disait au monde : « Voici mon alphabet, prenez-le ; appliquez-le à des cartouches royaux, et vous en verrez sortir tous ces noms depuis si longtemps familiers à vos oreilles par les récits d'Hérodote et par les tables de Manéthon, tous les noms royaux de l'Égypte, depuis les vieilles périodes jusqu'aux derniers Césars de Rome ; appliquez-le aux textes qui entourent ces cartouches, et vous verrez un texte copte se dérouler le long des murs. »

On fit comme il avait dit, et l'on reconnut qu'il avait dit vrai. Mais nul ne savait par quel long et obstiné travail il avait forcé les portes du mystère ; un mot venait aux lèvres : *divination*, mot séduisant, mais dangereux. La divination scientifique n'est qu'une forme plus rapide de la méthode : elle est dans l'ordre de la recherche ce que le pressentiment est dans la vie du cœur, une perception plus rapide des rapports, un raisonnement en abrégé. Champollion avait souvent deviné, mais de cette divination qui est le fruit et la récompense d'un long capital de méditations accumulées : elle n'échoit qu'aux intelligences fermes et droites, toutes dans le réel, et qui marchent naturellement vers la vérité par la route royale du bon sens. Les élèves de Champollion devinèrent à leur tour : mais comme, malgré leur talent ou leur bonne volonté, ils n'avaient pas l'étincelle du maître, il arriva que le public se divisa en deux classes : ceux qui acceptaient aveuglément et de bonne foi les théories les moins justifiées et les plus contradictoires, et ceux qui opposèrent un scepticisme absolu à la science tout entière. Tel était l'état des choses quand parut M. de Rougé : il rendit confiance en l'égyptologie en la disciplinant : il ne suffit plus de connaître un mot dans une phrase pour la traduire tout entière ; il fallut que chaque terme justifiât de sa valeur et de son sens ; les à peu près, qui sont le fléau de la science et le refuge des esprits faibles, furent bannis de la philologie. Il donna la règle et l'exemple dans un commentaire devenu célèbre, le commentaire sur l'inscription du tombeau d'Ahmès, travail qui fait date par les résultats historiques qu'il contient, mais avant tout par la rigueur de méthode dont il offrait à l'égyptologie le premier modèle. La philologie gagna en force en s'astreignant à des lois sévères, et l'on crut en elle dès qu'elle sut démontrer ce qu'elle savait et qu'elle sut aussi se résigner à ignorer. Toute science nouvelle, à un certain moment, a une crise à traverser ; c'est au moment où le génie qui l'a créée disparaît, surtout s'il disparaît prématurément, et sans avoir eu le temps de pénétrer de son esprit et de sa méthode la génération qui doit continuer son œuvre : M. de Rougé arrêta la science sur la pente fatale; il en fut le restaurateur, le second créateur.

Cette méthode rigoureuse et sévère produisit ses fruits sous sa main même. Il avait ouvert sa carrière en renversant l'édifice brillant qu'avait érigé le chevalier de Bunsen ; synthèse audacieuse et fragile où le nébuleux théosophe, avec un dogmatisme tranquille, racontait les destinées de la langue, de la religion, de la littérature égyptienne, en commençant aux temps préhistoriques ; il la termina en jetant les bases d'une histoire scientifique de l'Égypte, fondée sur l'examen direct des sources, et il devait restituer les origines mêmes de cette histoire, en recherchant et retrouvant sur les monuments les traces de ses six premières dynasties, des rois qui la gouvernèrent quatre mille ans avant la naissance du Christ.

Sur toutes les époques et sur toutes les branches de la civilisation égyptienne, il jeta des lumières nouvelles par l'application de cette méthode infaillible à tous les documents qu'il abordait : tantôt saisissant au passage les premiers mouvements qui aient été signalés des peuples qui ont peuplé les rivages européens de la Méditerranée ; tantôt retrouvant l'histoire de ces fameux *Pasteurs* sous qui régna Joseph et dont la chute allait amener l'Exode d'Israel ; ailleurs, établissant les relations intimes de l'égyptien avec le groupe des langues sémitiques, portant le premier coup à la théorie traditionnelle qui fait du peuple égyptien une race africaine et préparant ces études comparatives entre les langues de Sem et les langues de Cham, qui permettront un jour d'aborder le grand problème des origines des trois grandes races, Aryens, Égyptiens et Sémites ; enfin, il érigeait en vérité scientifique l'origine égyptienne, entrevue par Champollion, de l'alphabet phénicien, et, par suite, de tous les alphabets de l'Europe et de la moitié de l'Asie : il montrait que la plupart des caractères du phénicien archaïque reproduisent les signes hiératiques correspondants, et il put ainsi désigner, dans le nombre immense des hiéroglyphes, les vingt-deux signes qui, portés au monde par les commerçants de Sidon, sont devenus sur presque toute l'étendue de la terre l'expression de la pensée humaine.

M. de Rougé, appelé en 1860 à remplir la place de Champollion, eut un bonheur qui avait été refusé au maître : il vit une vigoureuse école française se former sous ses auspices : avec MM. Maspero, Grébaut, Révillout, Pierret, Lefébure, sans parler de ceux qui ont disparu déjà, Deveria et Chabas, la France n'a rien à envier à l'Allemagne et n'a plus à craindre qu'on lui reproche d'avoir oublié l'héritage de Champollion.

Après tant de découvertes, il était réservé à Auguste Mariette d'ouvrir dans l'égyptologie un monde nouveau dont l'exploration occupera longtemps encore des nuées de savants. On avait, avant lui, reconnu et décrit la surface : il découvrit une Egypte sous l'Egypte. Les merveilles de l'Egypte visible ne sont qu'une ombre en face de celles de l'Egypte souterraine, de toutes ces villes, de tous ces mondes que la main des hommes, du temps et du désert a lentement recouverts et sauvés en les ensevelissant. Mariette souleva le sable et fit rendre gorge au désert : il commença cette longue exhumation qui l'absorba depuis 1850 jusqu'à la dernière seconde de son existence, et qui continue sous des mains françaises.

Les débuts de Mariette furent humbles : il était régent de septième dans le collège communal de Boulogne et satisfaisait ses vagues instincts d'archéologue par des recherches sur l'histoire ancienne de Boulogne, qu'il consignait, en 1847, dans une lettre adressée à M. Bouillet et destinée à rectifier les erreurs contenues dans son Dictionnaire historique à l'article *Boulogne*. La vue d'une momie au Musée de Boulogne et la lecture de l'*Egypte ancienne* de Champollion-Figeac lui révélèrent sa vocation. Il vint à Paris en 1848, fut attaché à M. de Longpérier pour l'aider dans le classement des antiquités égyptiennes au Louvre, et en 1850 partit en Egypte avec une mission du gouvernement français : il était chargé de visiter les couvents coptes, dont des trouvailles récentes, celles des voyageurs anglais Tattam et Pacho, avaient révélé les richesses peu soupçonnées, et il devait faire l'inventaire des manuscrits orientaux qui pourraient s'y trouver. A peine arrivé à Alexandrie, il rencontra dans le jardin d'un particulier chez qui il était en visite, M. Zizinia, une demi-douzaine de sphinx dont l'attitude le frappa. Au Caire, visitant Clot-Bey, le célèbre médecin français, il vit dans son jardin des sphinx du même modèle. Même rencontre à Gizeh dans le jardin d'un M. Fernandez. Il devenait clair qu'il y avait quelque part une allée de sphinx en exploitation réglée. Quelque temps après, parcourant la plaine de Sakkarah, au sud du Caire, près des maigres ruines de l'ancienne Memphis, il aperçoit un de ces mêmes sphinx dont la tête émergeait du sable. Celui-là évidemment n'avait pas été apporté là et disait d'où venaient les autres. Tout auprès gisait une table à libations portant une inscription hiéroglyphique : Mariette la lit, c'était une invocation à Osiris-Apis, celui que les Grecs appellent Sérapis. Aussitôt un passage de Strabon lui revint à la mémoire : le géographe grec, décrivant Memphis, a ces deux lignes : « On trouve à Memphis un temple de Sérapis dans un endroit tellement sablonneux, que les vents y amoncellent des amas de sable, sous lesquels nous vîmes les sphinx enterrés, les uns à moitié, les autres jusqu'à la tête. » Mariette tressaillit : il sentait sous ses pieds ce Sérapéum si longtemps et si vainement cherché par les archéologues. Ce sphinx solitaire, à demi enseveli, lui disait que ces légions de sphinx, à présent épars à Alexandrie, au Caire, à Gizeh, étaient les mêmes que Strabon avait vus, il y a dix-huit siècles, enfoncés jusqu'au cou dans le sable. Il fallait déblayer ce sable : il allait certainement trouver d'autres sphinx à côté de celui-là, faisant avenue et conduisant au seuil du temple disparu. Mais Mariette était en Égypte pour cataloguer des manuscrits, non pour fouiller le désert : que faire ? Son parti fut vite pris : il fit un coup d'État et de son chef convertit sa mission. Sans dire mot, se cachant presque, il réunit quelques ouvriers et déblaie. Les débuts furent durs et stériles : mais voici enfin sphinx sur sphinx, des lions, des paons, des statues, des stèles : le Sérapéum est retrouvé. Mariette put alors sans crainte informer le gouvernement français de l'emploi qu'il avait fait des fonds qui lui étaient confiés, de leur épuisement et de la nécessité d'en envoyer d'autres. Les travaux durèrent longtemps. Le Sérapéum est un temple bâti sans plan régulier, où tout est à deviner : en certains endroits, le sable est fluide comme de l'eau, reprend sans cesse son niveau et oppose au déblaiement un obstacle toujours renaissant [1]. A cela se joignaient des querelles d'administration qui, à maintes reprises, interrompirent les travaux. L'exhumation prit quatre années entières : mais la peine de l'explorateur était récompensée d'une façon splendide et son coup d'essai était d'un prince de la science.

On sait le grand rôle de Sérapis dans le paganisme en décadence. Sérapis est le bœuf Apis mort. Apis vivant est le représentant de RA, le soleil fécondant, conçu comme un taureau céleste : mais le soleil meurt chaque jour et descend dans le monde souterrain, autrement dit, il devient Osiris; nom de la divinité souffrante et mourante : Apis mort est donc un Osiris-Apis, un *Ser-Apis*. Vivant, Apis était adoré dans l'*Apiéum*; mort, il va dormir et recevoir les invocations dans son palais souterrain, le *Sérapéum*. Celui de Memphis était le plus illustre de tous : ce Saint-Denis des dieux-taureaux, qui avait abrité dans ses cryptes les Apis de seize dynasties, depuis Sésostris jusqu'aux Ptolémées, depuis ceux dont les Hébreux du temps de Moïse avaient emporté au désert le souvenir et une vague adoration, jusqu'à ceux qu'avaient pleurés en beaux vêtements de deuil Charmion et Cléopâtre. Toute la poussière de la ménagerie divine était venue là, pendant dix-sept siècles, s'accumuler.

Ce début éclatant décida du reste de la carrière de Mariette : les manuscrits coptes sont oubliés; son manuscrit à lui, c'est ce livre immense dont les feuillets sont enterrés sous le sable, du Delta aux cataractes, et de Mem-

---

[1] Mariette, *Guide en Égypte*.

phis à Éléphantine; c'est ce livre de pierre, fait de pyramides, de temples, de pylones et de stèles; c'est Sakkarah, Abydos, Edfou, Denderah, Karnak. L'Egypte souterraine est à lui : il la devine par la surface, il la possède d'avance par l'histoire, par les mille indices épars qui ont émergé de l'oubli, tronçon de stèle, fragment d'inscription, voix vague de la tradition, accidents de terrain, le tout combiné par un effort de raisonnement et d'intuition qui n'a jamais failli. « Il procéda toujours, dit M. Renan, avec une sorte d'*a priori*, sachant ce qu'il cherchait. Jamais Mariette ne fit donner un coup de pioche sans savoir ce qu'il voulait et, dans un sens général, sans savoir ce qu'il trouverait. » Comme l'inventeur de sources, qui marque du doigt le point d'où l'eau doit jaillir, Mariette, silencieux, au milieu de son armée de fellahs, qu'il dirigeait du regard et du geste, comme quelque grand roi de la dix-huitième dynastie, indiquait du doigt la place où la pioche devait faire jaillir un temple.

Chargé par le gouvernement égyptien de la direction exclusive des fouilles en Egypte, il devient le gardien en titre et le trésorier de toutes ces richesses archéologiques, dont les spécimens les plus mobiles viennent se classer dans l'ordre historique dans l'incomparable musée de Boulaq. Ses trente années de dictature scientifique sont un long rêve de magicien; toutes les périodes de l'interminable histoire de l'Egypte, dans ses trente-six dynasties, viennent tour à tour se reconnaître dans le sol sous le coup de sa pioche enchantée. A Gizeh, il déblaie le temple du grand Sphinx, le plus ancien monument connu qui ait été élevé de la main de l'homme. A Gournah, il découvre le tombeau d'Amosis, le fondateur de la dix-huitième dynastie, le restaurateur de l'Egypte, par lui délivrée de la domination des rois pasteurs. A Tanis, il retrouve les monuments de ces mêmes

Hicsos dont il refait l'histoire, découvre les origines mystérieuses et réhabilite la mémoire. A Abydos et à Sakkarah, il exhume les fameuses tables royales qui ont fourni la liste des rois et fixé la chronologie égyptienne. A Edfou, il dégage le temple de Ptolémée Philopator, monument unique en Egypte : travail inouï, car « le village avait envahi le temple »; des maisons, des magasins, des étables s'étaient étagés sur les terrains; à l'intérieur des chambres, les décombres montaient jusqu'au plafond : à présent, le temple se détache sur l'azur, avec son pylone colossal ; ses chambres sont ouvertes et les inscriptions qui chargeaient ses murs sont dégagées, lues et transcrites, jusqu'à la dernière ligne et la dernière lettre. A Denderah, c'est l'Egypte romaine qu'il retrouve, l'Egypte des Alexandrins et des Néo-Platoniciens, avec son poëme métaphysique déroulé de chambre en chambre en l'honneur de Hathor, déesse de Vérité et de Beauté. A Thèbes, la cité aux cent portes, l'orgueil de l'Egypte, il déblaie un à un tous les palais et les temples édifiés par les quinze dynasties successives qui ont laissé sur les murs les noms et les cartouches de leurs rois, et dresse le plan historique des accroissements de la métropole. Dans le chaos de ruines de Karnak, formidable entassement de monuments jetés à bas par le tremblement de terre, il dégage le pylone triomphal de Touthmosis, le précurseur en puissance et en gloire de Sésostris, conquérant de la Palestine trois siècles avant Moïse, et il y lit la nomenclature géographique de la Terre-Sainte, telle qu'elle était aux temps où les fils de Jacob servaient encore en Egypte, et où les enfants de Canaan étaient seuls maîtres de Gaza à Damas.

Il faudrait des pages pour donner une idée approchée de tout ce que le génie et l'énergie du puissant Pacha arrachèrent aux entrailles du passé.

En Mariette, l'homme est d'ailleurs inséparable du savant : car ce n'était pas seulement contre le mystère et l'inconnu qu'il avait à lutter, mais contre la nature et contre les hommes. Ses trente années de triomphe sont trente années de lutte incessante et dévorante contre des ennemis obscurs et énervants, contre la maladie et la fièvre, contre la sottise, les préjugés et l'envie des êtres inférieurs avec qui il était condamné à vivre et dont il dépendait en partie; ayant à lutter tour à tour de force et d'adresse pour agir sur l'apathie orientale, réduit à des prodiges de diplomatie pour forcer les stupides possesseurs de ces merveilles à comprendre vaguement leurs richesses et à en accepter de ses mains la royale restitution. Il réussit enfin : l'intelligente vanité du khédive accepta le don glorieux que lui offrait le savant français : le monopole des fouilles réservé à Mariette sauva de la ruine toute cette Égypte que le désert avait préservée à travers tant de siècles, et que les déprédations des spéculateurs d'antiquités et la niaiserie des touristes des deux mondes n'auraient pas pris un siècle à anéantir. Quand il mourut à la peine, le 19 janvier 1881, le khédive, par une inspiration qui lui fait honneur, envoya à sa famille, pour abriter les restes de ce roi de la science, un sarcophage de granit, à la façon d'un Pharaon : il dort, gardé par quatre sphinx du Sérapéum, au seuil de son musée de Boulaq, au seuil de ces quarante siècles restaurés par son génie; plus puissant et plus souverain que tous ces Pharaons, car il règne à la fois sur le passé qu'il a retrouvé et sur l'avenir où son esprit dominateur dirige encore ceux qui viennent après lui [1].

---

[1]. Voir, sur l'œuvre et le caractère de Mariette, les belles pages de M. Renan, dans le *Rapport annuel à la Société asiatique*, de 1881.

Le génie de Mariette avait attaché le nom de la France à l'œuvre qu'il dirigeait d'une façon si indissoluble dans l'imagination orientale que, malgré des compétitions ardentes et jalouses, c'est un Français qui fut appelé à continuer son œuvre : M. Maspero, le jeune et éminent successeur de M. de Rougé au Collège de France. Bien que Mariette ait emporté dans la tombe bien des projets et le secret de bien des problèmes, l'impulsion qu'il a donnée ne s'est pas arrêtée. Tandis que les fouilles aux pyramides de Sakkarah, conduites d'après les instructions qu'il avait données à son lit de mort, mettaient au jour les inscriptions et les restes de deux rois de la sixième dynastie (trente-sept siècles avant le Christ), les fouilles entreprises par l'initiative personnelle de M. Maspero donnaient déjà des fruits à leur tour : une pyramide appartenant à un groupe encore inexploré a révélé la tombe d'un roi de la cinquième dynastie (trente-neuf siècles avant le Christ), un roi Ounas. Ce n'était point la première fois que le repos du Pharaon avait été troublé par les hommes; des voleurs égyptiens dans la période gréco-romaine, des voleurs arabes au moyen âge, avaient violé le secret de la tombe, et les explorateurs européens retrouvèrent la trace de leur passage le long des boyaux et des corridors de la pyramide. Arrivés dans la chambre funéraire, ils trouvèrent le sarcophage ouvert : le couvercle en avait été jeté bas dans un coin de la chambre, et le corps en avait été arraché pour le dépouiller de l'or et des pierreries qui devaient parer pour l'éternité la momie royale ; il ne restait dans la tombe qu'un bras, une côte et des fragments du crâne du pauvre Pharaon. Les parois des couloirs et de la chambre étaient couverts de beaux hiéroglyphes verts, aussi frais et aussi lisibles qu'au premier jour où ils avaient été gravés.

Au moment où la révolte d'Égypte éclata, M. Maspero

inaugurait une nouvelle série de recherches, destinées à vérifier une induction qui, si elle se justifie, comblera une des plus vastes lacunes de l'histoire d'Égypte. Durant les neuf siècles qui séparent la sixième dynastie de la douzième, l'histoire monumentale présente un vide absolu : on a les noms des rois de ces dynasties, mais rien de plus, pas un document direct, pas un monument ; il semble que pendant neuf siècles l'Égypte ait cessé de manier la pierre et dormi le sommeil d'Épiménide. M. Maspero pense que le vide monumental n'est qu'apparent. Si l'on suit sur le cours du Nil la série des quelque cent pyramides qui le longent du Caire au Fayoum, on observe que celles qui ont été ouvertes et qui ont dit leur âge se suivent dans l'ordre chronologique du Nord au Sud : à Gizeh, les tombes de la quatrième dynastie ; plus bas, à Abouxâ, celles de la cinquième ; plus bas encore, à Sakkarah, celles de la sixième ; au Fayoum, celles de la douzième : M. Maspero suppose que les pyramides situées entre Sakkarah et le Fayoum doivent contenir les restes des dynasties intermédiaires, compléter la série descendante et fermer le vide monumental ; la tombe remonte le cours du Nil.

Une autre série d'explorations sur un terrain presque vierge s'annonçait : une société, formée de tous les hommes qui s'intéressent de près ou de loin aux mille questions historiques auxquelles touche l'histoire de l'Égypte, s'était constituée en Angleterre pour l'exploration du Delta ; le comité s'était mis en communication pour l'exécution avec M. Maspero. Les fouilles de Mariette à Tanis sont les seules qui aient été encore entreprises de ce côté, et les résultats qu'elles ont donnés disent tout ce qu'il y a à espérer. Trois ou quatre civilisations dorment là, sous les buttes encore intactes qui soulèvent le sol entre les vingt canaux du Nil : ici, le pays de Goshen, où vécurent

Jacob et les siens; là, Pithom et Ramsès, destinés à commenter l'Exode; ailleurs, Saïs et Xoïs, qui ont à nous dire l'histoire de deux dynasties; plus bas, Naucratis, le vieil emporium des Grecs, le premier qui leur ait été ouvert. Avaris n'a pas encore dit tous les secrets des Hicsos, et l'art phénicien y a dû laisser plus d'une empreinte. Les plus anciens souvenirs des Phéniciens, des Juifs, des Hellènes reposent là, à quelques pieds sous terre : il faut qu'ils en remontent; l'ombre de Mariette en frémira de plaisir aux portes de Memphis. Les hommes ne manqueront point pour la tâche. Tandis qu'en France une école active travaille sur les matériaux innombrables déterrés d'Egypte, la récente fondation de l'école d'archéologie française au Caire vient d'établir sur place une pépinière d'explorateurs. Les aides intelligents ne manqueront pas au successeur de Mariette, plus heureux que le maître, qui vécut, lutta et vainquit sans auxiliaire, sans confident de sa pensée, dans la puissance et la tristesse de l'isolement. De tous les intérêts que la France a en Egypte, il n'en est point de plus grand ni de plus noble que ceux qu'ont créés pour elle soixante ans de découvertes sans pareilles, faites sous ses auspices. Prenne qui voudra le monopole d'exploiter l'Egypte du jour et de dépouiller les fellahs; l'Egypte, dans ses quarante siècles, est à la France, de par le génie de Champollion et de Mariette.

CHAPITRE IV.

ASSYRIE.

La ruine de l'Assyrie et de Ninive est un des coups de théâtre de l'histoire : en un jour, cet immense empire, qui avait été durant des siècles la tête du monde ancien, fut anéanti sans laisser trace. Tandis que sa rivale du Sud, Babylone, frappée à son tour, survit pendant des siècles à sa puissance, avec des réveils de splendeur, Ninive disparaît d'un seul coup. La parole du prophète était accomplie : « Elle est vide et déserte; où est la retraite du vieux lion? où est le repaire de ses lionceaux? » Une vague tradition plaçait Ninive sur les bords du Tigre, en face de Mossoul.

Vers 1818, James Rich, résident de la Compagnie des Indes Orientales à Bagdad, visitant les environs de Mossoul, observa les tumulus qui s'élèvent sur l'autre rive et pensa qu'ils pouvaient receler les ruines du palais des rois de Ninive. Quelque temps auparavant, des ouvriers turcs, creusant un de ces monticules, avaient trouvé un immense bloc de pierre, couvert de sculptures d'hommes et d'animaux. Ce fragment était si remarquable que l'apathie turque en avait été secouée un instant, et le pacha de Mossoul s'était mis en mouvement pour venir le voir; puis, on l'avait taillé en pièces pour réparer les maisons de Mossoul, l'ouléma de l'endroit ayant, après mûr examen, décidé que ces figures étaient les idoles des infidèles.

Vingt ans plus tard, le gouvernement français, ayant cru utile d'établir un consulat à Mossoul, nomma à ce poste Emile Botta. Botta avait longtemps résidé en Orient, dans l'Egypte, le Yémen, la Syrie; il connaissait admirablement les mœurs et la langue des musulmans, et était pénétré d'un dévouement absolu aux intérêts de la science. Il était en rapports intimes avec M. Mohl, l'illustre secrétaire de la Société asiatique, qui centralisait alors tout le mouvement des études orientales. M. Mohl appela son attention sur les indications de Rich, et Botta, à peine arrivé à son poste, sans mission et sans secours du gouvernement, commença à ses frais l'exploration des ruines.

Il s'attaqua d'abord au plus considérable de ces tumulus, celui de Koyunjik; les résultats furent maigres: on trouva quelques fragments de bas-reliefs et d'inscriptions, mais rien de complet. Avec des secours plus puissants que ceux dont il disposait, il allait découvrir tout ce monde de palais caché sous la butte de Koyunjik, dont la découverte devait faire, quelques années plus tard, la gloire de Layard et la fortune du British Museum.

Cependant, les recherches de Botta attiraient l'attention des habitants. Sans trop comprendre ce qu'il voulait, ils remarquaient qu'il recueillait tout ce qu'il pouvait trouver en fait de briques couvertes d'inscriptions et payait sans marchander toutes celles qu'on lui offrait. Un habitant de Khorsabad, petit village au nord de Koyunjik, entendant parler de la manie du Franc, vint lui apporter deux grandes briques inscrites qu'il avait trouvées près du village, et offrit d'en apporter autant qu'on en voudrait; il était teinturier et avait bâti son four avec les briques du monticule sur lequel était construit le village. Botta, sans abandonner Koyunjik, envoya fouiller à Khorsabad: trois jours après, ses hommes trouvèrent, en effet, quelques débris de bas-reliefs et d'inscriptions. Botta, changeant aussitôt de quartier général, se transporta à Khorsabad, activa les fouilles et bientôt rencontra un mur couvert de bas-reliefs et d'inscriptions : il était à la porte d'un palais de Ninive.

De jour en jour, à mesure que la pioche avançait, de nouveaux pans de murs s'allongeaient, avec leurs scènes vivantes, leurs guerriers, leurs rois, leurs prêtres, leurs dieux, leurs batailles, leurs adorations et les longs récits en langue mystérieuse, qui déroulaient les files interminables de leurs caractères étranges, profondément enfoncés dans la pierre comme par une main cyclopéenne. Botta frappa de la pioche à l'autre extrémité du monticule, et la vie jaillit aussi de ce côté : selon les paroles du prophète, « la pierre jetait son cri du mur, et la poutre de la charpente répondait. » L'éblouissement de Mariette entrant dans le Sérapéum peut donner à peine une idée de ce que sentirent Botta, et l'Europe après lui, en voyant émerger après tant de siècles ce vieil empire englouti, cette civilisation dont il ne restait qu'un souvenir douteux, objet de disputes entre les savants; la malédiction biblique était levée : les Rephaïm d'Isaïe remontaient du Scheol.

A la nouvelle de ce premier succès, le gouvernement, en 1843, mit des ressources suffisantes à la disposition de Botta, et un dessinateur de talent, M. Flandin, fut envoyé à Mossoul pour dresser les plans et dessiner les sculptures. C'est tout un roman que la lutte de Botta contre l'ignorance et la stupidité officielle à Mossoul. Ce ne pouvait être pour le plaisir de mettre au jour de vieux murs et des débris de statues qu'un chrétien allait s'enterrer dans ces fouilles, au milieu de la fièvre des marais. Ces inscriptions qu'il copiait jalousement étaient des talismans qui indiqueraient au rusé Franc l'emplacement de trésors ignorés; les Turcs étaient dans le vrai, mais ce n'était point le genre de trésors qu'ils pensaient. D'autres plus subtils, et profonds historiens, découvraient que le pays avait autrefois appartenu aux gens de l'Occident, et que c'étaient leurs titres de propriété qu'ils recherchaient dans les inscriptions : c'était l'indépendance de l'empire ottoman que Botta sapait dans ses galeries de Khorsabad. Il y avait à Mossoul un pacha Mohammed, qui dépensa, pour entraver Botta, des trésors de rouerie et de diplomatie, à faire envie aux diplomates d'Europe les plus retors; quand il vit que tout était inutile et qu'il ne servait même de rien de faire bâtonner les ouvriers de Botta, il transforma, dans un rapport officiel à Constantinople, la mauvaise hutte ouverte à tous les vents que Botta s'était faite à Khorsabad, en une formidable forteresse de guerre destinée à battre en brèche l'autorité de la Porte, et là dessus les travaux furent arrêtés par ordre supérieur; il fallut l'intervention du gouvernement français et un échange de notes diplomatiques pour ramener à de plus humbles proportions la cabane où le pauvre archéologue tremblait la fièvre. Botta, pour être libre dans ses travaux, achète le village; nouvelles complications: le village dépend d'une mosquée et ne peut pas être vendu, même par les propriétaires qui l'ont acheté; on n'exproprie pas Dieu. De la diplomatie l'on passait à la théologie : il fallut jouer du Coran, et Botta, à travers les mailles compliquées du droit musulman, opéra une trouée victorieuse.

Enfin, les travaux purent se poursuivre en sécurité, et à la fin d'octobre 1844, l'exhumation du palais de Khorsabad était complète : deux mille mètres de murs, couverts d'inscriptions et de sculptures, étaient déblayés :

Flandin avait dressé le plan et dessiné cent-trente bas-reliefs, Botta avait copié deux cents inscriptions ; les sculptures les mieux conservées et les spécimens les plus curieux de l'art assyrien allaient partir pour la France : deux géants étouffant un lion dans leurs bras, deux taureaux ailés, à tête royale, descendirent sur des radeaux le cours du Tigre, de Mossoul à Bagdad. Pour les transporter de Khorsabad à Mossoul, il avait fallu plus de trois mois; il avait fallu faire un chariot spécial, de dimensions colossales, et pour trouver un essieu assez résistant, il avait fallu installer une forge; les buffles furent impuissants à traîner les géants sur la route détrempée par la pluie, et c'est à bras d'homme que les formidables *lammas* arrivèrent jusqu'au bord du Tigre. Au commencement de juin 1846, un vaisseau de guerre, le *Cormoran*, embarqua l'étrange cargaison à Bagdad, et, à la fin de l'année, le Louvre refermait ses portes sur les dépouilles opimes de Ninive.

L'Angleterre suivit la voie ouverte. Sir Henry Layard, le même qui, comme diplomate, a joué un rôle si considérable dans les affaires d'Orient durant les dernières années, avait assisté en partie aux fouilles de Botta, qui, plus tard, l'avait tenu, au fur et à mesure, au courant de ses découvertes. En 1846, avec les secours fournis par la libéralité intelligente de quelques amis de la science, il s'établit au tumulus de Nemrod, au sud de Mossoul, et le monticule, en s'ouvrant, laissa à son tour paraître un palais de même style que celui de Khorsabad, et, comme lui, couvert de sculptures et d'inscriptions. En 1849, Botta quittait le champ de ses découvertes; le gouvernement, sans doute pour le récompenser de ce qu'il avait fait à Mossoul, où il avait encore tant à faire pour la science et pour l'honneur de son pays, l'envoyait à Jérusalem, et le champ fécond qu'il avait ouvert restait abandonné tout entier à l'Angleterre. Layard s'en empara et poussa ses fouilles avec une décision et une sagacité qui furent splendidement récompensées ; la butte de Koyunjik éventrée fournit, avec un troisième palais, la plus vaste et la plus riche collection que l'on eût encore découverte : le magnifique musée assyrien du British Museum sort de là presque tout entier, et aujourd'hui même la butte n'a pas encore épuisé tous ses trésors.

En 1853, sur les instances pressantes de M. Mohl et de l'Institut, le gouvernement français rendit son patronage à l'œuvre de Botta ; son successeur à Mossoul, M. Place, reçut l'ordre de reprendre les fouilles à Khorsabad. M. Place découvrit de nouvelles salles, des souterrains voûtés, des corridors en briques émaillées ; un dépôt d'instruments de fer et d'acier, socs de charrue, pics, chaînes et marteaux ; une porte de palais en briques émaillées et figurées, fermée en haut par une voûte reposant sur deux taureaux ; il retrouva la cave du château, encore garnie de ses cruches, avec les traces du vin desséché. En même temps, une expédition dirigée par Fresnel, assisté de MM. Oppert et Thomas, était envoyée dans la basse Mésopotamie ; les découvertes récentes que Loftus et Layard avaient faites dans ces régions montraient qu'elles avaient, elles aussi, bien des révélations à nous faire ; Babylone n'est que la dernière en date des métropoles de Chaldée.

Fulgence Fresnel, le chef de l'expédition française, semblait prédestiné par son passé à une brillante carrière dans le champ où il entrait. D'une curiosité universelle, d'un tempérament d'artiste, après avoir abordé les ordres les plus divers, après avoir fait des sciences physiques, puis de la littérature pure, et traduit la chimie de Berzelius et les contes de Tieck, il avait enfin trouvé dans l'Orient le pays de ses rêves. C'était d'abord la Chine qui l'avait séduit; il avait suivi le cours de Rémusat et traduit un roman chinois; il s'était enfin adonné tout entier aux langues sémitiques. Il avait étudié l'arabe à Paris, avec M. de Sacy; à Rome, avec les maronites de la Propagande; puis enfin au Caire, sous les maîtres indigènes. Il vécut là une dizaine d'années, plongé dans la poésie arabe, et dans la plus belle époque de cette poésie, celle qui a précédé l'éclosion de l'Islamisme. Envoyé comme consul de France à Djeddah, il contribua pour une large part à la découverte des inscriptions himyarites, branche nouvelle de l'épigraphie sémitique destinée à des développements si considérables.

Dans son consulat de Djeddah, aux portes de La Mecque, en voyant défiler chaque année les innombrables caravanes de pèlerins turcs, persans, égyptiens, Fresnel formait un plan qui, dans sa pensée, devait ouvrir à notre commerce les voies de l'Afrique centrale et rallier autour de la France, maîtresse de l'Algérie, toutes les peuplades musulmanes du centre. Il avait appris que les sultans du Borgou faisaient depuis vingt ans des efforts ininterrompus pour se mettre en communication directe avec le commerce européen des bords de la Méditerranée, et ne cessaient d'envoyer des caravanes à Benghazi, à l'extrémité orientale du Tripolis; plus d'une de ces caravanes était restée ensevelie dans les sables du Sahara, sans que leur malheur décourageât les sultans et arrêtât le mouvement qui les portait vers la mer. Fresnel se dit qu'il fallait que la France vînt au devant du Borgou et lui ouvrît du côté de l'Algérie la voie qu'il cherchait à Tripolis; une caravane de pèlerins français, partant de notre colonie, irait à travers le désert jusqu'au Borgou où elle porterait les produits européens, et de là, à travers le Soudan et le Sennaa, ramassant en route tous les affluents de pèlerins magrebins et nègres, irait les conduire, sous le drapeau français, jusqu'à Kosseir et jusqu'à la Caaba[1]. Ce plan grandiose, que les changements en voie de se produire dans l'Afrique centrale ont rendu à la fois plus facile à réaliser et peut-être plus dangereux, était soumis à une étude sérieuse au ministère quand survint la Révolution de 1848; il mériterait d'être étudié à nouveau; une moitié au moins du programme résisterait probablement à l'épreuve.

Fresnel partit pour la Chaldée plein de projets et de rêves. Par malheur, quand il arriva, tout le pays était en feu : les tribus arabes étaient en révolte contre le pacha de Bagdad ; les immenses nécropoles de Warka, de Senkerah, de Niffar, terres sacrées où pendant des siècles les générations mourantes ont envoyé leurs dépouilles de tous les coins de l'empire, demeurèrent inaccessibles aux explorateurs français. Ils durent se rabattre sur Babylone, terrain épuisé et peu riche, moins favorisé que Ninive : Ninive, bâtie en gypse, n'a point tenté les maçons de Mossoul qui trouvaient à ciel ouvert, dans les carrières voisines, la matière de leurs constructions, et ils ont laissé dormir en paix les palais de Sargon et de Sardanapale sous les débris protecteurs qui s'amoncelaient alentour : Babylone, au contraire, bâtie en briques et dans un pays où la brique est le seul élément résistant, a servi pendant des siècles de carrière pour les palais, les maisons et les huttes des héritiers de Nabuchodnosor : de là est sortie Bagdad ; de là, avant Bagdad, étaient sorties Séleucie et Ctésiphon, ruines à leur tour.

Malgré ces conditions défavorables, l'exploration ne fut pas stérile : des spécimens d'art précieux, les débris de la mosaïque de chasse qui décorait le mur intérieur du palais

---

[1]. Mohl, *Vingt-sept ans d'histoire des études orientales*, II, 78.

de Nabuchodnosor; des fragments de poterie couverts d'une cursive araméenne écrite à l'encre noire, et prouvant que l'alphabet phénicien, celui qui à présent est le roi du monde, entrait déjà en lutte avec l'antique et massif caractère et que le règne du cunéiforme touchait à son terme; des tombeaux inviolés, avec des squelettes bardés d'une armure de fer rouillé et portant au front un bandeau d'or incorruptible et une couronne de feuilles de saule, de ces saules voisins où le psalmiste exilé avait suspendu sa harpe muette; des débris de l'art grec des Séleucus, portés là par les vétérans d'Alexandre; les ruines de cette tour fameuse autour de laquelle s'était formée la légende de Babel et de la confusion des langues, et que Nabuchodnosor avait en vain restaurée et édifiée à nouveau; enfin l'enceinte de Babylone retrouvée et mesurée; toutes ces conquêtes et d'autres encore montraient que les explorateurs français n'avaient point perdu toute leur peine. Le gouvernement rappela cependant les deux missions de Place et de Fresnel : on s'intéressait peu à Compiègne à des découvertes qui ne prêtaient pas au décor.

La malechance devait poursuivre l'expédition jusqu'au bout : un marchand arabe, pour frauder les Bédouins de leur droit de transit, avait embarqué clandestinement des marchandises sur le bateau qui portait la double moisson de Ninive et de Babylone : les Bédouins, qui s'aperçurent de la fraude, détruisirent le bateau et les quatre radeaux qui l'accompagnaient pour s'emparer du bois et du fer, et jetèrent les antiquités au fond de l'eau : une petite partie seulement de la cargaison fut sauvée. Ce fut le dernier coup pour Fresnel. Quand il avait reçu notification de son rappel, il avait refusé d'obéir : tenant bon contre toutes les déceptions, contre les choses et contre les hommes, il rêvait d'organiser une exploration permanente de la Mésopotamie, au moment même où tout lui échappait des mains. Il voulait fonder à Bagdad une école d'archéologie française, qui serait là pour l'Orient ce que l'école d'Athènes est pour la Grèce ; il fallait que la science française plantât son drapeau à demeure sur ces terres antiques qu'elle avait révélées. Il ne survécut pas au naufrage de ses dernières espérances : sa santé était usée depuis longtemps par trente ans d'Orient, par l'habitude de l'opium, qu'il prenait comme remède et qui l'avait empoisonné à la longue, enfin par les luttes, les fatigues et les angoisses de ces deux fatales années : il mourut à Bagdad, en 1855, d'épuisement et de déception. Il laissait un souvenir profond d'admiration et d'affection dans le cœur de quelques amis fidèles, sans laisser une œuvre durable à la science ; en partie pour n'avoir pas su faire l'économie de son génie, en partie par l'injustice de la fortune, nature d'élite qui n'a point rempli toute sa destinée.

Cependant, après plus de vingt-cinq ans d'oubli et d'abandon, le rêve de Fresnel devient enfin une réalité. Son école française d'archéologie orientale se fonde, quoique sur un autre terrain que celui où il l'avait voulue. Je ne sais si, l'an dernier, M. Jules Ferry, en signant le décret qui constitue l'école française du Caire, se souvenait de Fresnel : mais, en tout cas, cette création aurait fait frémir de joie le cœur de l'enthousiaste orientaliste. Les diverses branches de l'érudition orientale sont à présent si intimement reliées que les mesures prises pour l'avancement de l'une appellent des progrès et des efforts analogues dans l'autre. Entre l'Assyrie et l'Égypte, en particulier, la guerre et l'art ont jeté tant de liens, et, à partir d'une certaine époque, leurs rois et leurs artistes se donnent si bien la réplique, les cunéiformes commentent et complètent si bien les hiéroglyphes, que, par la force des choses, les explorateurs et les savants formés au Caire jetteront les yeux sur Babylone et Ninive, et, pour la science moderne, le Nil et l'Euphrate sont, comme dans la légende du jardin d'Eden, deux affluents du même fleuve.

Mais en attendant que l'école du Caire rayonne jusqu'en Mésopotamie, la tradition de Botta et de Fresnel vient d'être renouée avec éclat, à une autre extrémité du losange chaldéen, par notre vice-consul à Bassorah, dont le nom devient inséparable de celui de ses illustres prédécesseurs, M. de Sarzec. C'est le 27 juillet 1881 que le public apprit, par une communication faite à l'Académie des Inscriptions et Belles-Lettres, que l'ère des grands efforts et des grands succès était rouverte de ce côté aussi. A quatre journées de marche de Bassorah, à proximité du Chatt-el-Haï, un des principaux canaux qui relient le Tigre à l'Euphrate, s'élève en plein désert, au milieu de marais pestilentiels, une série de *tells* ou monticules artificiels, qui ont fait donner à toute la contrée environnante, par les Arabes nomades du désert, le nom de *Tello*. C'est là que M. de Sarzec s'installa et travailla pendant quatre années, sans se laisser arrêter, ni par les fièvres paludéennes, ni par les pillards du désert. Il s'attaqua au *tell* principal, le perça d'une galerie qui, en se prolongeant, vint enfin frapper contre un mur de 1^m 50 d'épaisseur, en briques cuites. Arrivé là, il suivit extérieurement le mur et eut bientôt isolé un parallélogramme allongé de 53 mètres sur 31, élevé sur un massif de briques crues et dominant d'une hauteur de quinze mètres le désert environnant. Le parallélogramme était exactement orienté, mais par ses angles, non par ses façades : c'est un trait propre à l'architecture des temples de la Chaldée.

Une fois le monument isolé, l'explorateur pénétra à l'intérieur par les issues naturelles que présentaient les portes et les fenêtres : les chambres et les cours furent déblayées une à une. A chaque cour, c'étaient de nouvelles trouvailles, vases inscrits, statuettes, cylindres, cachets : dans la grande cour intérieure, l'attendait la grande surprise de toute la campagne ; neuf statues d'hommes en diorite : ce sont les premiers spécimens de statuaire que l'exploration de la Mésopotamie ait fournis. Les palais de Ninive et de Babylone avaient déjà donné d'innombrables et admirables spécimens de sculpture, mais tous en bas-reliefs : nulle part l'homme n'était dégagé du mur.

Bien que les documents découverts par M. de Sarzec ne soient pas encore tous à la disposition du public savant, ce que l'on en connaît a déjà suffi pour faire comprendre que cette trouvaille fera époque : le maître reconnu dans cette branche de la science, M. Oppert, n'a pas hésité à déclarer que c'est le fait le plus considérable qui se soit produit depuis vingt ans dans l'histoire des études assyriennes. C'est l'art archaïque de la Chaldée qui paraît au jour, c'est-à-dire la première forme de cet art que les monuments assyriens nous présentent dans sa puissante maturité déjà voisine de la décadence [1] : c'est un des premiers feuillets de ce grand livre de pierre dont Botta, il y a quarante ans, avait exhumé une des dernières pages. A l'historien, cette découverte révèle, des siècles avant Babylone, une civilisation puissante et de même ordre sur le bassin inférieur du Tigre : M. de Longpérier [2] a cru y reconnaître cet empire

---

[1]. Voir, sur cet art chaldéen, les articles de M. Heuzey, dans la *Revue archéologique*, 1880, t. XXXIX, et de M. G. Perrot, dans la *Revue des Deux-Mondes*, 1882, 1ᵉʳ octobre.

[2]. Dans le dernier mémoire qu'il ait lu à l'Institut, deux semaines avant sa mort.

cité par la Bible, qui, aux temps des premiers Juges, opprima Israël pendant huit années jusqu'au jour où se leva Othoniel. Enfin un dernier et suprême enseignement, c'est que nous n'avons qu'à nous baisser et à remuer ce vieux sol de la Chaldée, dont les entrailles regorgent de cités, pour récolter à pleines mains des siècles d'histoire. La France a donné l'exemple, il y a quarante ans, et a rendu l'Assyrie au monde; puis, lassée trop vite, elle a laissé là la pioche et a abandonné son œuvre : maintenant qu'elle l'a reprise, que ce soit pour longtemps !

Nous n'avons parlé jusqu'ici que de la découverte même des monuments : reste à dire ce que la France a fait dans le déchiffrement des inscriptions qui les couvrent et qui leur donnent seules leur valeur entière en disant l'histoire des peuples qui les ont élevés. Il serait trop long d'entrer par le détail dans l'histoire de ce déchiffrement ; c'est le plus pénible et le plus long de ceux que la science a effectués dans ce siècle, à raison de la nature spéciale de l'écriture dans laquelle sont conçues ces inscriptions, écriture à la fois syllabique et idéographique, où de plus chaque son a plusieurs signes et où nombre de signes ont plusieurs sons. Cette histoire peut se diviser sommairement en trois périodes : dans la première, une série d'observations préliminaires, de petites découvertes de détail, de résultats partiels ; dans la seconde, vues d'ensemble, premier essai de synthèse qui fixe définitivement le caractère de la langue ; dans la troisième période, celle où nous sommes, l'accord est établi sur les grandes lignes, l'analyse qui suit les grands progrès de la synthèse reprend, de nouveaux problèmes se posent, les questions se déplacent, et la science, en avançant, transporte ses luttes sur un terrain nouveau.

Botta, ici encore, fut un des premiers qui ouvrirent la voie. Il releva les six cent cinquante caractères que contenaient les inscriptions de Khorsabad, et, comme plusieurs de ces inscriptions se répètent, en les confrontant caractère par caractère et notant ceux qui se remplacent, il détermina la liste des signes qui ont même valeur, des *homophones*. En comparant ensuite l'écriture de ces inscriptions au troisième système de Persépolis[1], il reconnut que les deux alphabets étaient identiques, d'où suivait la probabilité que les inscriptions du troisième système à Persépolis sont de l'assyrien : et comme on connaissait le sens des inscriptions assyriennes de Persépolis, bien qu'on ne sût pas les lire, puisqu'elles ne sont que la traduction d'un texte perse qui était déchiffré, on avait une base d'opération pour déchiffrer l'assyrien même. Enfin Botta, en comparant le texte assyrien de Persépolis au texte perse, arriva à reconnaître certains idéogrammes, ceux de *peuple* et de *roi*, et reconnut même la fonction grammaticale de certains caractères. M. de Saulcy, venant après lui, détacha sur l'assyrien les groupes qui répondaient aux noms propres du texte perse, et dont par suite l'on possédait d'avance la valeur ; par là, il détermina la prononciation de cent vingt caractères, et, en transportant les valeurs ainsi obtenues partout où il rencontrait ces mêmes caractères, il réussit à lire, à transcrire et à interpréter une courte inscription trilingue, celle d'Elvend : enfin il reconnut que l'assyrien

---

1. Les inscriptions des Achéménides sont rédigées en partie triple ; en premier lieu, vient le texte perse ; en second lieu, une traduction dans la langue de la Susiane (la Susiane était le premier pays non aryen conquis par les Perses avant la Chaldée) ; enfin, une traduction dans la langue de Babylone. La forme et le nombre des caractères diffèrent dans les trois inscriptions ; et quand l'on ne connaissait pas encore la langue qu'elles couvraient, on les désignait sous le nom d'inscriptions du premier, du second et du troisième système.

était une langue sémitique. Bientôt, en appliquant l'alphabet obtenu par l'étude des inscriptions trilingues à une inscription dont on n'avait point de traduction perse, celle de Khorsabad, il put lire quatre-vingt-seize lignes d'assyrien pur et en donner une interprétation approchée.

Deux nouveaux progrès furent accomplis par deux savants anglais : le révérend Hincks découvrit le syllabisme de l'alphabet, entrevu par M. de Saulcy; le colonel Rawlinson découvrit la *polyphonie*; il montra que le même caractère paraît dans des mots différents, et quelquefois dans le même mot, avec des valeurs différentes, progrès considérable et qui pourtant, un instant, compromit l'assyriologie dans l'esprit du public; car, dans ce chaos de valeurs et de signes, il sembla que l'arbitraire et la fantaisie pouvaient seuls choisir et trancher.

Une expérience décisive faite en 1857 prouva cependant aux plus incrédules qu'il devait y avoir quelque principe d'ordre dans cette anarchie. La Société Royale de Londres proposa aux divers assyriologues de l'Angleterre et du continent le texte d'une inscription de huit cents lignes; les concurrents devaient envoyer leur traduction sous pli cacheté à la commission, qui, sans se prononcer sur la valeur des traductions en présence, se contenterait de noter les points d'accord et de différence. Le résultat de l'épreuve prouva qu'il y avait plus de points communs qu'on ne l'imaginait entre les diverses écoles, et il parut que l'unité de la science était possible.

L'heure de la synthèse était venue. Ce fut l'œuvre de M. Oppert, déjà connu par ses travaux sur les inscriptions perses dont il avait achevé et perfectionné l'interprétation, et par la large part qu'il avait prise aux découvertes de l'expédition de Mésopotamie. Son grand ouvrage sur l'*Expédition scientifique en Mésopotamie* contient le premier traité systématique sur la matière : c'était la première fois que la question était embrassée dans son ensemble et que les diverses réponses étaient exposées et discutées : la légitimité du déchiffrement était démontrée ; un immense matériel était mis en œuvre; un nombre d'inscriptions nouvelles, supérieur à tout ce qu'on avait étudié jusque-là, étaient lues et expliquées : le sémitisme de l'assyrien était mis hors de doute, enfin la grammaire était tracée. Aussi le livre de M. Oppert fut décisif : l'assyriologie se trouva constituée définitivement en corps de doctrine; l'unité de la science était faite. Ces beaux travaux valurent à leur auteur les lettres de grande naturalisation et le prix biennal de l'Institut.

A la suite de M. Oppert, MM. Ménant et Lenormant, ainsi que les savants de l'école allemande qui n'entre en scène que vers cette époque, appliquèrent à l'histoire et à la chronologie assyrienne les innombrables documents que vingt années de fouilles avaient mis à la disposition des savants. Les dernières années ont été remplies par une polémique pleine d'intérêt, qui porte sur les origines mêmes de la civilisation chaldéenne. La plupart des assyriologues admettent que l'écriture assyrienne était empruntée à un peuple touranien qui aurait précédé l'Assyrie dans les voies de la civilisation ; c'est le peuple qu'on est convenu d'appeler *accadien* ou *sumérien*, et dont la trace resterait dans des inscriptions cunéiformes qui accompagnent un certain nombre d'inscriptions assyriennes et qui donnent, à la lecture, des sons et des formes étrangers à l'assyrien. Quelques savants ont cru reconnaître dans cette langue un membre de la grande famille ouralo-altaïque, d'où sortent le magiare et le turc ; l'on a même fait l'histoire religieuse de ce peuple et dessiné un Panthéon qui a trouvé place dans les manuels d'histoire des religions. M. Joseph

Halévy, l'ingénieux et hardi explorateur du Yémen, a élevé système contre système; les inscriptions dites accadiennes ne seraient que de l'assyrien écrit en un système différent du système ordinaire, et l'on aurait en présence, non pas deux langues, deux peuples, deux religions, mais simplement deux systèmes d'orthographe d'une seule et même langue. L'Institut a longtemps retenti et retentit encore du bruit de ces polémiques, dont la forme abstruse a quelquefois effrayé le public et réveillé d'anciennes défiances. Ces discussions, qui ont été parfois très ardentes de ton, prouvent du moins que l'assyriologie est très vivante en France; il y va, d'ailleurs, de l'honneur national de ne point laisser tomber en deshérence l'héritage de Botta et de Fresnel, et avec des explorateurs tels que M. de Sarzec, avec les nouvelles recrues que promet cette jeune école d'assyriologues éclose dans les dernières années et dont quelques membres, MM. Guyard, Amiaud, Pognon et d'autres, sont déjà des maîtres, il n'y a pas lieu d'être inquiet en France sur l'avenir de cette science si française.

CHAPITRE V.

CAMBODGE.

Il y a vingt ans, un Français, dont le nom est à peine connu en France de quelques érudits et qui est pourtant de la race des Anquetil et des Mariette, découvrit dans le Cambodge les ruines d'une civilisation disparue, dont les débris sont aussi grandioses que ceux d'Assur et de l'Égypte. Son nom est Henri Mouhot.

La carrière d'Henri Mouhot fut courte et féconde. Il était né à Montbéliard, en 1826; doué d'une curiosité universelle, philologue, artiste, naturaliste, il débuta par l'enseignement en Russie, puis parcourut l'Europe en reproduisant par les procédés de la photographie alors naissante toutes les œuvres d'art qu'il rencontrait sur sa route; puis enfin, vers l'âge de trente ans, fixé par le mariage en Angleterre, il se rappela qu'il était né dans la ville de Cuvier et s'adonna tout entier à l'histoire naturelle. Un livre sur le Siam lui étant tombé sous les mains, il résolut d'aller explorer ces régions lointaines encore peu connues, et en particulier le Cambodge, où les Européens ne s'aventuraient pas et où la géographie et l'histoire naturelle avaient un champ vierge à exploiter. La Société géographique et la Société zoologique de Londres lui donnèrent leur patronage et les ressources nécessaires pour son expédition.

Le Cambodge et ses monuments étaient, non pas inconnus, mais oubliés. Les Européens, commerçants et missionnaires, l'avaient parcouru à la fin du seizième siècle et au commencement du dix-septième; en 1570, des Portugais avaient vu les monuments d'Angkor. Mais, chassés en 1643, les Européens ne devaient plus reparaître au Cambodge jusqu'à ce siècle.[1]

En 1815, Abel Rémusat, pour suppléer au défaut de documents précis sur une contrée devenue aussi inconnue aux Européens que le centre de l'Afrique même, traduisit de chinois en français une relation du royaume de Tchin-la (c'est le nom chinois du Cambodge); cette relation avait été rédigée à la fin du XIIIe siècle par un officier envoyé en mission par le fameux empereur Khoubilaï Khan, celui que visita Marco Polo. Elle est écrite avec l'exactitude scrupuleuse qui caractérise les écrivains chinois; elle donne les renseignements les plus précis sur les mœurs, les lois, l'administration du Cambodge à cette époque, et contient une description détaillée de la capitale et de ses monuments. Le Cambodge était alors en pleine prospérité et dominait toute la presqu'île; son art était dans sa fleur, la richesse de ses monuments était proverbiale, et l'on disait en Chine : riche comme Tchin-la.

Le mémoire de Rémusat resta perdu dans ses œuvres. Ni lui, ni personne en Europe ne se doutait que les monuments dont il décrivait les splendeurs étaient encore debout dans les forêts du Cambodge, et la découverte d'Angkor par Mouhot, en 1861, fut une révélation pour lui-même et pour l'Europe.

1. Marquis de Croizier, *L'Art khmer*.

Parti de Londres, le 27 avril 1858, après avoir exploré le Siam et la Cochinchine, il s'enfonça dans le Cambodge, avec deux indigènes, dressant la carte, faisant collection d'insectes, relevant le vocabulaire cambodgien, soignant les natifs, à l'occasion tirant au tigre. Enfin, le 21 janvier 1861, après avoir franchi les rivières qui se jettent dans le grand lac, il vit, comme par un coup de magie, se dérouler devant ses yeux, au milieu des forêts tropicales, cet immense décor de féerie du palais d'Angkor. C'était la grandeur assyrienne éclatant en pleine solitude, avec le coup de théâtre de l'inattendu et le prestige du soleil indien et de la forêt vierge.

A l'extérieur, immenses colonnades, couronnées de tours percées en arcs de triomphe ; larges escaliers gardés par des lions de granit ; vingt-quatre coupoles surplombant l'édifice ; longues balustrades à corps de serpent, supportées par des géants et fascinant le voyageur du regard de leurs sept têtes qui se dressent et s'élancent ; à l'intérieur, galeries sur galeries, temples et palais ; partout des portiques, des chapiteaux, des colonnes, portant encore la trace de l'or et fouillés par des mains d'artistes ; des poèmes en bas-reliefs, animant tout un peuple fantastique de géants, d'oiseaux, de serpents, de singes, d'éléphants et de dieux : tout ce rêve se détachant sur l'azur profond du ciel, sur la verdure éclatante des forêts, dans une solitude profonde où à chaque pas le pied du voyageur pose sur la trace des bêtes fauves et où Mouhot n'entendait « que le rugissement des tigres, le cri rauque de l'éléphant et le brame des cerfs [1]. » L'homme a disparu et n'est là qu'une apparition passagère. Au pavillon central, dans le saint des saints, trône une statue de Bouddha, présent du roi

---

[1]. Journal de Mouhot.

actuel de Siam, desservie par de pauvres talapoins dispersés dans la forêt voisine, et qui attire de loin en loin quelque rare pèlerin. Les maigres indigènes des environs regardent avec plus de terreur que d'orgueil ces grands monuments de leurs ancêtres, et quand Mouhot leur demandait qui les avait élevés, ils répondaient avec mystère : C'est le Roi des Anges, ou bien : Ce sont les géants ; ou bien : C'est le Roi Lépreux[1] ; ou bien enfin : Ils se sont faits eux-mêmes. La vérité est qu'une fois, dans des temps très anciens, Indra reconnut dans la personne d'un Kêt Méaléa, prince du Cambodge, son propre fils, qui était allé s'incarner sur terre : il l'enleva au ciel, dans le palais merveilleux des dieux; mais les anges, blessés de voir un homme dans leur ciel, demandèrent l'expulsion de l'étranger : le prince pleurait de quitter la divine demeure : « Ne pleure pas, dit Indra, j'enverrai l'ange architecte, Pusnaka, te bâtir sur terre un palais semblable. » C'est ainsi que s'éleva le palais d'Angkor la Grande[2].

« Angkor la Grande » n'est pas une merveille isolée : ce n'est que le type achevé d'un art dont les restes couvrent tout le pays. Mais il n'était pas donné à Mouhot de suivre jusqu'au bout sa découverte, et il succomba à ses premiers pas dans ce monde enchanté. La fièvre le saisit le 19 octobre : son Journal de Voyage s'arrête le 29 avec ces mots :

29 : Ayez pitié de moi, ô mon Dieu!

Il mourut le 10 novembre. Les deux indigènes qui l'avaient accompagné dans son voyage et qui lui avaient dû la vie plus d'une fois, l'ensevelirent en pleurant à l'endroit où il avait expiré, à Luang Prabang, sur le

---

1. Prince fameux dans la légende du Cambodge.
2. AYMONIER, *Textes khmers*, p. 68.

haut Mékhong, à quatre cents lieues de l'établissement européen le plus proche. Il laissait une riche collection entomologique qui fut partagée entre les musées de Paris et de Londres, et des notes de voyage qui furent recueillies par son frère, traduites en anglais et dédiées aux sociétés savantes d'Angleterre qui l'avaient assisté dans son entreprise. Il laissait parmi les indigènes du Cambodge un profond sentiment de vénération et d'amour que, six ans plus tard, les officiers de la mission de Lagrée retrouvèrent toujours vivant dans le cœur de ces races douces et affectueuses. Quand un peuple civilisé et des peuples inférieurs sont subitement mis en contact, la nature des rapports qui s'établiront entre eux est souvent décidée pour toujours par l'impression de la première heure : celle que la France fit sur le Cambodge, dans la personne du premier de ses enfants qui l'ait visité, fut toute de bonté et de douceur : il y a là un enseignement pour l'avenir et la France doit double reconnaissance à Mouhot.

En mai 1867, la mission française de M. de Lagrée, en remontant le Mékhong, arriva près de la tombe du voyageur et éleva sur ses cendres un modeste monument qui deviendra quelque jour un lieu de pèlerinage pour la France d'outre-mer : une pierre encadrée sous l'une des faces porte le nom de Henri Mouhot et la date de 1867. Il repose là, à l'ombre d'un massif dont le bruissement se mêle au grondement d'un torrent voisin le désert règne alentour; de loin en loin une pirogue légère passe et file au pied du tombeau[1].

La conquête de la Cochinchine, qui, par un heureux hasard, coïncida avec la découverte de Mouhot, nous imposa le devoir et nous donna le pouvoir de continuer

---

1. GARNIER et DELAPORTE, *Exploration du Mékhong*.

son œuvre. Cette œuvre a été jusqu'ici l'honneur exclusif de nos officiers de marine. La première exploration systématique des monuments est due au capitaine Doudart de Lagrée, à qui la France doit encore l'établissement de son protectorat sur le Cambodge. Nommé représentant de la France à la cour de Pnom-penh, il avait su amener, à force d'habileté et de tact, les débris du Cambodge, bien déchu de son ancienne splendeur et écrasé entre le Siam et l'Annam, à chercher enfin abri et protection contre ses terribles voisins sous le drapeau de la France. Le 3 juin 1864, le mandarin siamois, qui représentait à Pnom-penh la suzeraineté de la cour de Bangkok, quitta pour toujours la cour du roi du Cambodge, et les insignes royaux, jusque-là en dépôt à Bangkok, et que le Siam envoyait à Pnom-penh pour le couronnement de chaque nouveau roi, y revinrent pour y rester.

Installée au Cambodge, la France pouvait à présent l'explorer à loisir. Le capitaine de Lagrée avait déjà profité de son séjour à Pnom-penh pour étudier l'art khmer et il avait découvert plusieurs groupes de ruines que Mouhot n'avait pas signalés. En 1866, mis à la tête de la mission scientifique chargée de remonter le cours du Mékhong et de rechercher si le fleuve pouvait servir de route commerciale entre la Cochinchine et les provinces du Céleste-Empire, il recueillit sur la route tous les documents archéologiques qu'il rencontra et étudia en particulier tout le groupe d'Angkor. L'exploration du Mékhong aboutit à un résultat négatif au point de vue économique, car elle démontra que le grand fleuve de la presqu'île ne peut servir d'artère commerciale ; mais les résultats qu'elle livra à la géographie, à l'histoire naturelle et à l'art payèrent et au delà les peines de la mission. Mais M. de Lagrée devait, comme Mouhot, tomber à la peine : du moins, plus heureux que lui, il ne succomba qu'après avoir atteint le but, à deux jours de marche du grand fleuve de Chine, le Yang-tse-kiang, qui était le terme de l'expédition. Il laissait deux héritiers de sa pensée, les lieutenants Delaporte et Francis Garnier, qui ramenèrent l'expédition et publièrent les résultats de la mission. Garnier publia encore une traduction inédite, faite par M. de Lagrée, de la chronique royale du Cambodge, le premier ouvrage cambodgien qui ait été traduit en une langue européenne et qui contient les annales du pays durant les six derniers siècles : c'est l'histoire de la décadence du Cambodge. Garnier lui-même périt à son tour avant l'heure, dans l'héroïque et glorieuse aventure du Tonkin, perte doublement fatale, pour la science comme pour le pays, car tout ce que Garnier a laissé porte l'empreinte de cet esprit de méthode et de discipline intellectuelle, si rare même chez les érudits de profession, et il avait les facultés de l'homme de science dans l'âme du héros.

L'exploration archéologique ne s'est pas arrêtée : la mission de 1874, commencée par le lieutenant Delaporte, achevée par un ingénieur de Cochinchine, M. Faraut, a servi à former le noyau du premier musée de l'art cambodgien, le fameux musée khmer de Compiègne, à présent malheureusement relégué dans les caves du Trocadéro, d'où il faut espérer qu'il sortira bientôt. Une quarantaine de groupes monumentaux ont été découverts au cours de cette mission : l'un d'eux, découvert par M. Faraut, celui de Pontcai-Chma, rivalise avec celui d'Angkor. Cette année même[1] voit se poursuivre une nouvelle exploration, dirigée par M. Delaporte et le docteur Ernault : il est permis d'espérer que bientôt toutes les richesses archéologiques

1. 1882.

du Cambodge auront été reconnues et relevées. Un regret se mêle à ces espérances : c'est que, par une bévue de sa diplomatie, la France ait bénévolement abandonné la perle de ce trésor, les ruines d'Angkor. En 1867, afin d'obtenir que le roi de Siam voulût bien reconnaître le protectorat de la France sur le Cambodge, le gouvernement impérial détacha du Cambodge la province d'Angkor qui lui avait appartenu de temps immémorial et la céda au Siam. Il suffira d'un caprice de barbare, — et le Siam a fait ses preuves, — pour faire disparaître l'œuvre du Roi des Anges.

Mais l'exploration archéologique ne suffit pas, car elle ne peut tout révéler : la pierre parle, mais un langage vite épuisé. Les monuments révèlent l'existence et quelquefois l'origine d'une civilisation, mais il est rare qu'ils suffisent à en dire l'histoire; ils ne donnent d'ailleurs que des ensembles et non les détails. Les monuments du Cambodge nous apprennent que la civilisation qui les a élevés est d'origine indoue, car c'est le style indou qui y domine, et ce sont les dieux de l'Inde ancienne, brahmaniques et bouddhiques, qui veillent sur ses palais; c'est Bouddha, ce sont Siva, Vichnou, Brahma; c'est Râma et son allié, le vaillant singe Hanouman; c'est Airâvata, l'éléphant d'Indra; ce sont les Nâgas, les Garoudas; vingt bas-reliefs sont des pages du Râmâyana. Nous avons ici un incident détaché, mais d'un intérêt exceptionnel, de cette grande et obscure histoire de l'expansion aryenne sur les presqu'îles et les îles de l'Océan Indien.

Mais quand, comment, par qui cette civilisation indienne a-t-elle été portée aux bords du Mékhong? Ici l'archéologie est muette, c'est à l'épigraphie à répondre. Or, il se trouve que les ruines du Cambodge sont couvertes d'innombrables inscriptions qui, certainement, répondront au moins en partie à ces questions. Quelques-unes seulement ont été recueillies jusqu'ici; elles appartiennent à deux langues; l'une d'elles est bien connue, elle n'est autre que le sanscrit, qui était la langue savante et officielle des anciens rois du Cambodge, et qui, aujourd'hui encore, fournit une partie de son vocabulaire à la langue de la cour; l'autre est la langue ancienne du Cambodge, langue encore inconnue, que les lettrés du pays savent lire, mais qu'ils ne comprennent plus. C'est à la philologie à présent à entrer en scène.

Elle a déjà commencé son œuvre. Ici encore, l'historien de ces études nouvelles se heurte à une tombe prématurée. Le nom de Jeanneau vient s'ajouter à la liste funèbre de Mouhot, Doudart de Lagrée, Francis Garnier; on meurt vite dans cette province nouvelle de la science. Jeanneau s'était engagé dans le régiment de marine au moment de la guerre d'Annam; quand il arriva, la guerre était terminée; on demandait des jeunes gens de bonne volonté pour interprètes : Jeanneau s'offrit. Une fois maître de l'annamite, dont l'étude est relativement facile, car il a été étudié par les Européens depuis un siècle ou deux, il se tourna vers le cambodgien. Là, tout était à créer; point de livres, point de secours, ni européens, ni indigènes; Jeanneau, envoyé au Cambodge comme inspecteur des affaires indigènes, étudia seul pendant sept ans, sous un climat dévorant; en 1870, il publia le premier manuel de la langue cambodgienne : la nouvelle de sa mort arriva en Europe avec les premiers exemplaires de son livre.

Janneau trouva heureusement un digne et habile successeur, le lieutenant Aymonier. M. Aymonier, dès son arrivée en Cochinchine, se voua exclusivement à l'étude du cambodgien, et son dictionnaire français-cambodgien reçut les honneurs du prix Volney en 1875. Nommé représentant du gouvernement français à la cour du roi

Norodon, il put recueillir sur place tous les renseignements de nature à remonter dans le passé philologique du Cambodge. A la fin de l'année dernière, le gouvernement le chargea, sur la demande de l'Institut, de recueillir tous les documents épigraphiques épars dans le Cambodge : on dit qu'ils peuvent s'élever à un total de quinze cents inscriptions; il est à l'œuvre à l'heure où nous écrivons. Les difficultés que pourra présenter le déchiffrement des inscriptions conçues dans la langue archaïque du Cambodge ne sont rien en comparaison de celles que présentait le déchiffrement de l'assyrien, et qui ont pourtant cédé à la puissance des méthodes modernes; le vieux cambodgien n'est pas compris, mais il est lu, et pour pénétrer dans le sens de la langue on a deux instruments : d'une part, le cambodgien moderne qui est connu; d'autre part, le sanscrit. Dans le nombre immense d'inscriptions, on en trouvera probablement qui contiennent le même texte dans les deux langues, et, dans ces conditions, une langue inconnue ne résiste pas longtemps à l'effort de la philologie.

Les rares inscriptions qui sont à présent dans nos mains ont déjà fourni quelques résultats importants. La voie a été ouverte par M. Aymonier lui-même, par M. Kern, l'éminent indianiste de Leyde, le premier étranger que nous rencontrions sur ce domaine, et par MM. Bergaigne et Barth. Les inscriptions ont déjà fourni la succession à peu près complète des rois du Cambodge depuis le milieu du septième siècle de notre ère jusqu'à la fin du onzième, et donnent le cadre de l'histoire ancienne du pays. Elles nous enseignent que l'ère de splendeur d'Angkor la Grande s'étend vers le dixième et le onzième siècle de notre ère. Elles nous enseignent que le Brahmanisme, lui aussi, a eu sa période d'expansion et de propagande, car il a précédé le Bouddhisme sur la terre du Cambodge et les textes les plus anciens sont brahmaniques et non bouddhistes. Elles nous enseignent que le Bouddhisme et le Brahmanisme vivaient alors côte à côte, fraternellement; telle inscription sanscrite invoque Siva à la première stance et Bouddha à la suivante : les bas-reliefs le disaient déjà, les stèles le répètent en toutes lettres. Il en était ainsi, à la même époque, dans la péninsule indienne, où l'on voyait des princes répartir impartialement leurs faveurs entre les prêtres de Siva, de Vichnou et de Bouddha. Des deux parts, une des deux grandes religions rivales fut éliminée à la longue, soit par la persécution, soit par la lente usure de la concurrence vitale : le Bouddhisme de l'Inde, le Brahmanisme du Cambodge. Enfin, elles nous apprennent que le Bouddhisme qui a jadis régné au Cambodge n'est point le même qui y règne aujourd'hui : le premier avait pour langue sacrée le sanscrit, et appartient par suite au groupe du Nord, à celui du Népal et du Tibet; l'autre appartient au groupe du Sud, à celui de Siam et de Ceylan; il y a eu là, semble-t-il, après l'évolution qui a fait triompher le Bouddhisme, une révolution qui, dans l'intérieur même du Bouddhisme, a substitué la forme du Sud à l'ancienne forme nationale, celle du Nord, révolution qui coïncide probablement avec la décadence politique de la race khmère et l'ascendant grandissant de Siam. Mais il serait imprudent de se lancer dans l'hypothèse, à la veille d'une heure où les faits vont affluer : nous sommes ici en pleine histoire. Un beau chapitre est à la veille de s'écrire dans l'histoire des religions et de l'art indien, dans l'histoire des races qui ont peuplé la péninsule indo-chinoise, enfin dans l'histoire des langues qui s'y parlent : une, au moins, de ces langues, le khmer, aura bientôt peut-être sa grammaire historique.

Cette nouvelle branche de l'orientalisme, si pleine d'intérêt par les promesses dont elle est riche et par le pittoresque du milieu et des circonstances où elle a pris naissance, a déjà cessé d'être le monopole exclusif de la France. Le champ, d'ailleurs, n'est point si étroit qu'il n'y ait place pour plusieurs. Que la France se rappelle, du moins, qu'ayant été là la première à la peine et à l'honneur, elle s'est fait un devoir d'y rester jusqu'au bout et en première ligne.

CHAPITRE VI.

CONCLUSION.

Telle est la part de la France dans la constitution de l'orientalisme moderne. Dans quatre domaines sur cinq, la découverte initiale lui appartient, et dans tous, la plupart des pas décisifs ont été faits par un savant français. Je désire vivement que l'on ne se méprenne point sur ma pensée; je n'ai pas entrepris de démontrer une thèse patriotique et de revendiquer contre la science étrangère les droits d'honneur de la science nationale : je veux seulement montrer au public français même, que ces études orientales, que quelques lettrés délicats ne seraient pas loin de proscrire comme contraires au génie de notre pays et de renvoyer superbement aux savants en *us* des Universités allemandes, sont aussi nationales que possible, puisque leurs plus fortes racines sont sorties de notre sol, et leurs plus belles fleurs du génie français.

La démonstration pourrait se poursuivre encore à travers bien des domaines, si, après les branches nouvelles de l'orientalisme, nous passions en revue les branches anciennes, c'est-à-dire celles qui datent du commencement même des études orientales. De ces branches anciennes, l'une est de formation française : le chinois et la Chine ont été étudiés tout d'abord par nos missionnaires des deux derniers siècles, qui se trouvent à présent, que ce soit éloge ou blâme, avoir plus fait pour l'avancement de la science que pour la propagation de la foi. La grammaire chinoise a été pour la première fois comprise dans son vrai caractère par le Père Prémare, dont l'œuvre, retrouvée au commencement du siècle par Rémusat, n'a pas encore été dépassée; l'histoire de la Chine a été ouverte par le Père Gaubil : deux noms qui mériteraient de trouver place dans la liste des créateurs, si les préoccupations étrangères et souvent étranges qui se mêlaient à leurs travaux scientifiques n'en avaient voilé la valeur véritable au public comme à eux-mêmes. De nos jours, la philologie du chinois trouva son expression la plus haute en Stanislas Julien, qui, en découvrant les lois de la transcription des mots étrangers en chinois, ouvrit cette mine inépuisable de renseignements sur l'histoire de toute l'Asie, renfermée dans une littérature qui est la plus vaste, la plus précise, la plus ancienne de toutes, et qui, pour nombre de peuples asiatiques, supplée au défaut ou comble les lacunes des annales nationales.

La philologie turque, née des besoins de la politique et bornée longtemps à l'enseignement pratique, s'étend et devient le noyau d'une science immense avec Abel Rémusat : génie original, restaurateur des études chinoises, tombées à la fin du siècle dernier dans le discrédit et le ridicule, précurseur de Julien dans l'emploi de la littérature chinoise comme source générale d'histoire, Rémusat organise l'étude comparative de la famille turque dans ses admirables *Recherches sur les langues tartares*.

L'étude des langues sémitiques avait son centre à Paris dans le premier tiers du siècle, avec Silvestre de Sacy et

Quatremère. Le développement considérable qu'elles ont pris depuis en Allemagne a enlevé à la France cette supériorité : mais il est toute une branche nouvelle de ces études dont elle est l'initiatrice et où elle est restée maîtresse incontestée ; c'est l'épigraphie sémitique. L'exploration de Phénicie par M. Renan, de la Judée par M. Clermont-Ganneau, de la vieille terre punique par nos colons et nos officiers d'Algérie, a rassemblé dans nos musées des richesses sans égales que demain la Tunisie est destinée à accroître : dans le nombre, ces trois pierres incomparables, le tombeau d'Eschmunazar, l'inscription de Marseille, et cette inscription de Mescha, roi de Moab, un chapitre inédit de la Bible. En 1843, un pharmacien français, Arnaud, découvre dans le Yémen les restes de cette vieille civilisation himyarite qui n'avait laissé qu'un souvenir de légende, le nom de la reine de Saba : en 1869, la mission de M. Halévy vient ajouter près de six cents textes aux soixante-dix inscriptions ramassées péniblement en cinquante ans. Ajoutez à cela l'épigraphie de Palmyre qui, fondée au siècle dernier par Barthélemy, est accrue, jusqu'à se renouveler de fond en comble, par MM. de Vogüé et Waddington ; les inscriptions du Saffa, découvertes par M. de Vogüé, déchiffrées par M. Halévy ; l'épigraphie berbère, débrouillée par M. de Saulcy. Tout cet immense travail vient enfin se coordonner et se fondre dans ce monument, qui sera une des grandes œuvres de l'Institut de France, le *Corpus Inscriptionum Semiticarum*. Après plus de dix années de travaux préparatoires, poursuivis sous la direction du grand savant et du grand artiste dont le nom personnifie le progrès des études sémitiques en France, vient enfin de paraître la première partie de cet immense recueil, qui sera le plus puissant instrument de travail et de découverte qu'aucune branche de l'érudition orientale ait encore eu à son service. Les progrès que le *Corpus* de Bœckh a fait faire à l'étude de l'antiquité grecque ne donnent qu'une idée imparfaite de ce que l'on est en droit d'attendre du *Corpus* sémitique, qui rassemble, non un seul monde comme le livre de Bœckh, mais cinq ou six mondes, à la fois différents les uns des autres et étroitement solidaires.

Je m'arrête, car mon intention n'est point de faire ni même d'esquisser l'histoire des études orientales en France. J'ai dû laisser de côté nombre de découvertes partielles, nombre de noms bien connus et qui devraient trouver place dans un tableau d'ensemble, si sommaire qu'il fût. J'ai voulu seulement marquer la part de la France dans les découvertes capitales, dans les constitutions de science, dans les fondations d'empires, et l'histoire de ces empires nouveaux nous a appris que la plupart de leurs fondateurs sont des Français. Il n'y a pas de là à tirer une leçon d'orgueil pour le passé, mais une leçon de devoir pour l'avenir. La noblesse scientifique est comme toutes les autres : elle ne se conserve qu'en se recréant sans cesse à nouveau, et pendant longtemps, sur plus d'un domaine, la France a gaspillé son héritage de science comme elle gaspillait son héritage politique. Pendant des années, les esprits d'élite, qui conservaient la tradition et essayaient de rallumer l'étincelle, se sont vus isolés et perdus dans ce torrent de frivolité qui emportait tout. La science aussi a eu ses *cinq* qui n'ont pas failli, et l'ennemi contre lequel ils avaient à lutter était de ceux qu'il faut être bien trempé pour affronter sans crainte : le ridicule. Essayez d'intéresser à ces grandes choses un public qui n'a d'oreilles que pour la poésie de café-concert, qui n'a d'yeux que pour les ballets d'opéra et ne connaît de l'Orient que les houris et les bayadères. Essayez d'enrôler dans la science une jeunesse qui a appris que le meilleur moyen d'arriver à la fortune et à la gloire est de brosser un premier-Paris vénimeux ou un roman malpropre. L'érudition n'était pas seule atteinte : toutes les sciences étaient frappées du même coup; celles-là seules qui étaient susceptibles de rendre des services matériels, directs et palpables, purent vivre ou végéter, sauvées et dégradées par leur utilité pratique; la théorie et la spéculation furent proscrites par l'esprit du siècle ; on était devenu sérieux : à quoi bon des sciences qui coûtent et ne rapportent pas ? A présent qu'un souffle plus pur, à la suite des tempêtes d'hier, a passé sur l'esprit de la nation, la France reprend les nobles traditions de curiosité désintéressée qui firent la gloire de la Restauration, et dans toutes les branches de la science, elle reprend la marche en avant. C'est donc le moment de rappeler en France, aux esprits curieux qui cherchent leur voie, que ce champ de l'Orient, si vaste, et chaque jour accru, qui a tant donné déjà avec si peu de travailleurs et a des trésors enfouis pour des siècles de recherches, a été ouvert dans presque toutes ses avenues par des pionniers français. Que le gouvernement donne son concours, le public sa sympathie, la jeunesse des écoles ses recrues, et la France reprendra bientôt le premier rôle dans ce beau drame de la science orientale, où elle a été tant de fois le chef de chœur.

II

LE DIEU SUPRÊME

DANS LA

MYTHOLOGIE ARYENNE[1]

CHAPITRE Iᵉʳ.

LE DIEU SUPRÊME.

Les dieux aryens ne sont pas organisés en République : ils ont un Roi. Il y a, au-dessus des dieux, un dieu suprême.

Quatre des mythologies aryennes ont conservé une notion nette et précise de cette conception : ce sont celles de la Grèce, de l'Italie, de l'Inde ancienne et de la Perse ancienne. Ce dieu suprême s'appelle Zeus en Grèce, Jupiter en Italie, Varuna dans l'Inde ancienne, Ahura Mazda dans la Perse ancienne.

---

[1]. Cette étude a paru d'abord en traduction anglaise dans la *Contemporary Review*, numéro d'octobre 1879 ; l'original a paru dans la *Revue des Religions*, 1880, p. 305.

ZEUS ET JUPITER

Environ trois siècles avant notre ère, un poëte grec s'adressait ainsi à Zeus :

« O le plus glorieux des immortels, aux noms mul-
« tiples, à jamais tout puissant, Zeus, toi qui conduis la
« nature, gouvernant toutes choses suivant une loi,
« salut !... A toi tout cet univers, roulant autour de la
« terre, obéit, où que tu le conduises, et par toi se laisse
« gouverner... Si grand de nature, roi suprême à travers
« toutes choses, nulle œuvre ne se fait sans toi, ni sur la
« terre, ni dans la région céleste de l'éther ni sur la mer,
« que celles qu'en leur folie accomplissent les pervers [1]. »

C'est là le Zeus des philosophes, des Stoïciens, de Cléanthe : mais il est déjà tout entier dans celui des vieux poëtes. Le Zeus d'Eschyle est déjà tout aussi puissant, omniscient et juste que celui de Cléanthe : c'est le roi des rois, le bienheureux des bienheureux, la puissance souveraine entre toutes [2], seul libre entre les dieux [3], qui des plus puissants est le maître, qui aux ordres de nul n'est asservi, au dessus de qui nul ne siège à qui d'en bas il doive respect [4], et en qui l'effet suit la parole ; c'est le dieu aux pensées profondes, de qui le cœur a des voies sombres et voilées, impénétrables au regard, et jamais n'avorte le projet qui s'est formé dans son cerveau ; c'est enfin le père

---

1. *Hymne à Zeus* de Cléanthe.
2. *Suppliantes*, 522.
3. *Prométhée*, 50.
4. *Suppliantes*, 592.

de la justice, de Diké, la vierge terrible « qui souffle sur le crime la colère et la mort [1]; » c'est lui qui « de l'enfer fait monter contre le mortel audacieux et pervers la vengeance aux tardifs châtiments [2]. » Avant Eschyle, Terpandre proclame en Zeus le principe de toute chose, le dieu qui conduit toute chose [3]; en Zeus père, Archiloque chante le dieu qui gouverne le ciel, qui surveille les actions coupables et injustes des hommes, qui tire châtiment et vengeance des monstres, et aussi le dieu qui a fait le ciel et la terre [4]. Le vieillard d'Ascra sait que Zeus est le père des dieux et des hommes, que son regard voit et comprend tout être et saisit tout ce qu'il lui plaît [5].

Enfin, d'aussi loin que le Panthéon grec paraît à la lumière de l'histoire, dès Homère, Zeus domine de toute sa hauteur le peuple de dieux qui l'entoure : lui-même proclame, et les dieux après lui, qu'entre tous les immortels il est en puissance et en force le plus grand sans conteste [6]; les dieux devant ses ordres se courbent en silence; qui d'entre eux lui désobéirait, il le lancerait dans le Tartare ténébreux, bien au loin, au plus profond des abîmes souterrains, et seul contre tous, il les dompterait; qu'ils laissent tomber du haut du ciel une chaîne d'or, qu'ils s'y suspendent, tous dieux et toutes déesses, ils seront impuissants, si fort qu'ils peinent, à l'entraîner du ciel sur la terre; et s'il lui plaît, à lui, Zeus souverain, il les entraînera avec la terre même, avec la mer même, et rattachant la chaîne à la crête de

---

1. *Choéphores*, 379.
2. *Choéphores*, 930.
3. Ζεὺς πάντων ἀρχή, πάντων ἀγήτωρ. Ap. Clem. Alex. *Strom.*, VI.
4. *Frag.*, XVII, ap. Gaisford.
5. *Travaux et jours*, 265.
6. *Iliade*, XV, 107.

l'Olympe, il y suspendra l'univers, tant il est au dessus des hommes, au dessus des dieux [1]. Il n'est pas seulement le plus puissant, il est aussi le plus sage, il est le μητίετης, et comme il est toute sagesse, il est aussi toute justice ; de lui ont reçu leurs lois les juges des fils des Achéens ; très bon, très grand, il converse en sages entretiens avec la Loi, Thémis, assise à ses côtés ; les prières sont ses filles, qu'il venge de l'injure du violent [2]. Ainsi, puissance, sagesse, justice sont de tous temps en Zeus, dans celui d'Homère comme dans celui de Cléanthe, dans celui des poètes comme des philosophes, dans le plus lointain du paganisme comme aux approches de la religion du Christ. Un dieu providentiel domine le Panthéon des Hellènes.

Ce que Zeus est en Grèce, Jupiter l'est en Italie : le dieu qui est au dessus des dieux. L'identité des deux divinités est si frappante que les anciens mêmes, devançant la mythologie comparée, la reconnurent tout d'abord. C'est le Dieu grand entre tous et bon entre tous, *Jupiter Optimus Maximus*.

VARUNA.

La plus ancienne des religions de l'Inde, celle que nous font connaître les Védas, a elle aussi un Zeus : il se nomme *Varuna* [3].

---

1. *Iliade*, VIII, 13.
2. Hymne XXII.
3. Pour plus de détails, cf. notre livre sur *Ormazd et Ahriman*, §§ 13-33.

« Certes, admirables de grandeur sont les œuvres qui viennent de Lui, qui a séparé et fixé les deux mondes [1] sur toute leur étendue, qui a mis en branle le haut, le sublime firmament, qui a étendu là-haut le ciel, ici la terre [2].

« Ce ciel et cette terre qui au loin s'étendent, ruisselants de lait, si beaux de forme, c'est par la loi de Varuna qu'ils se tiennent fixes l'un en face de l'autre, êtres immortels à la riche semence [3].

« Il a étayé le ciel, cet Asura [4] qui connaît toutes choses ; il a donné sa mesure à la largeur de la terre ; il trône sur tous les mondes, roi universel ; toutes ces lois du monde sont lois de Varuna [5].

« Dans l'abîme sans base le roi Varuna a dressé la cime de l'arbre céleste [6]. C'est le roi Varuna qui a frayé au soleil le large chemin qu'il doit suivre ; aux êtres sans pieds il a fait des pieds pour qu'ils courent.

« Ces étoiles placées au front de la nuit qu'elles éclairent, où sont-elles allées pendant le jour ? Infaillibles sont les lois de Varuna : la lune s'allume et va dans la nuit [7].

« Varuna a frayé des routes au soleil : il a jeté en avant les torrents fluctueux des rivières. Il a creusé de larges lits et rapides, où se déroulent en ordre les flots déchaînés des journées [8].

« Il a mis la force dans le cheval, le lait dans la vache,

---

1. Le ciel et la terre.
2. Rig Veda, VII, 86, 1.
3. RV., VI, 70, 1.
4. *Asura*, le Seigneur.
5. RV., VIII, 42, 1.
6. La nuée, souvent comparée à un arbre qui se ramifie dans le ciel.
7. RV., I, 24, 7, 8, 10.
8. RV., VII, 87, 1.

l'intelligence dans les cœurs, Agni[1] dans les eaux, le soleil au ciel, Soma[2] dans la pierre[3].

« Le vent est ton souffle, ô Varuna, qui bruit dans l'atmosphère comme d'un bœuf en pâture. Entre cette terre et le ciel sublime, toutes choses, ô Varuna, sont ta création[4] ».

Il y a un ordre dans la nature : il y a une loi, une habitude, une règle, un *Rita*. Cette loi, ce *Rita*, c'est Varuna qui l'a établi. Il est le dieu du *Rita*, « le dieu de l'ordre; » il est « le gardien du *Rita*, le conducteur du *Rita*[5], » il est le Dieu aux lois efficaces, aux lois stables[6]; en lui reposent, comme dans le roc, les lois inébranlables[7].

Organisateur du monde, il en est le maître. Il est le premier « des Seigneurs, » des *Asuras*; il est par excellence « le Seigneur, » l'*Asura*. Il est le roi du monde entier, le roi de tout être, le roi universel, le roi indépendant ; nul parmi les dieux n'enfreint ses lois : « c'est toi, Varuna, qui es le roi de tous ceux-là qui sont dieux, ô Seigneur, et de ceux qui sont hommes[8]. »

Ayant l'omnipuissance, il a aussi l'omniscience; il est « le Seigneur qui connaît toutes choses, » l'*Asura*

---

1. Le feu (*Ignis*), qui naît dans les eaux du ciel sous la forme de l'éclair.
2. Plante sacrée dont la sève est offerte aux dieux : on la presse entre deux pierres pour en extraire le liquide sacré.
3. RV., V, 85, 2.
4. RV., VII, 87, 2.
5. *Ritasya gopâ*, *netar*.
6. *Satyadharman*, *dhritavrata*.
7. RV., II, 28, 8.
8. RV., II, 27, 10; Atharva V., 5, 1, 10, 1.

viçva-vedas. C'est le sage à la sagesse suprême en qui toutes les sciences ont leur centre : quand le poète veut exalter la science d'un dieu, il la compare à celle de Varuna [1]. « Il sait la place des oiseaux qui volent dans l'atmosphère, il sait les vaisseaux sur l'Océan. Il sait les douze mois et ce qu'ils font naître, il sait toute créature qui naît. Il sait la voie du vent sublime dans les hauteurs, il sait qui s'assied au sacrifice. Le dieu aux lois stables, Varuna, a pris place dans son palais pour être roi universel, dieu à la belle intelligence. De là, suivant de la pensée toutes ces merveilles, il regarde à l'entour ce qui s'est fait et ce qui se fera [2]. »

Témoin universel, il est le juge universel, juge infaillible, à qui rien n'échappe : point ne le trompe qui veut le tromper. Il voit d'en haut le mal qui se commet ici-bas et le frappe : il a des liens septuples dont il enlace par trois fois celui qui ment, par le haut, par le milieu, par le bas du corps. L'homme tombé sous l'étreinte du malheur implore sa pitié, se devine criminel, et sent dans cette main qui frappe une main qui châtie :

« Je t'interroge, ô Varuna, désirant connaître ma faute : je viens à toi, t'interroger, toi qui connais.

« Tous d'accord les sages m'ont dit : C'est Varuna qui contre toi est irrité.

« Quel si grand crime ai-je commis, ô Varuna, que tu veux tuer ton ami, ton chantre? Dis-le moi, ô Seigneur, ô infaillible, pour qu'aussitôt je porte à tes pieds mon hommage.

« Dégage-moi du lien de mon crime; ne tranche pas le

---

[1]. Agni avec son regard connaît toutes choses comme Varuna, RV. X, 11, 1.
[2]. RV., I, 25, 7.

fil de la prière que je tresse. Ne nous livre pas aux morts qui, à ton impulsion, ô Asura, frappent qui commet le crime : oh ! ne nous envoie pas dans les régions qui sont au loin de la lumière.

« Fais-moi payer la dette de mes fautes : mais que je ne souffre pas, ô roi, pour le crime d'autrui ; il y a tant d'aurores qui n'ont pas encore brillé ! Fais-nous les vivre, ô Varuna ! [1] »

Tel est le dieu suprême de la religion védique, dieu organisateur, tout puissant, omniscient, moral. Voici un hymne védique qui résume avec une force singulière les attributs essentiels du dieu :

« Celui qui dans les hauteurs gouverne le monde voit toutes choses comme si elles étaient sous sa main...; ce que deux hommes, assis l'un près de l'autre, complotent, le roi Varuna, l'entend, lui troisième.

« Cette terre ici-bas est du roi Varuna, et ce ciel là-bas, ces deux mondes sublimes, aux bornes lointaines : les deux mers [2] sont le ventre de Varuna, et jusque dans cette petite mare d'eau il repose.

« Qui sauterait par dessus le ciel et au delà, il n'échapperait pas au roi Varuna : il a ses espions, les espions du ciel qui parcourent le monde, il a ses mille yeux qui regardent la terre.

« Il voit tout, le roi Varuna, tout ce qui est entre les deux mondes et au delà ; il compte les clignements d'œil de toutes les créatures : le monde est dans ses mains comme le dé aux mains du joueur.

« Tes liens septuples, ô Varuna, tes liens de colère qui par trois fois s'enchaînent, qu'ils enchaînent l'homme aux

---

1. RV., VII, 86, 3; II, 28, 5.
2. La mer terrestre et celle des nuées.

paroles du mensonge! Qu'ils laissent libre l'homme aux paroles de vérité [1]!

AHURA MAZDA [2].

La Perse ancienne, à Zeus, à Jupiter, à Varuna, oppose son Ormazd ou Ahura Mazda [3]. « C'est par moi, dit-il à son prophète Zoroastre, que subsiste, sans colonnes où reposer, le firmament aux limites lointaines, taillé dans le rubis étincelant; par moi la terre..., par moi le soleil, la lune, les étoiles se promènent dans l'atmosphère avec leurs corps rayonnants : c'est moi qui ai organisé les grains de telle sorte que semés en terre ils poussent et se multiplient; c'est moi qui ai créé toutes espèces de plantes; qui dans ces plantes et dans tous les autres êtres ai mis un feu de vie qui ne les consume pas; c'est moi qui dans le sein maternel produis le nouveau-né, qui membre à membre forme la peau, les ongles, le sang, les pieds, les oreilles; c'est moi qui ai donné à l'eau des pieds pour courir, moi qui ai fait les nuages qui portent les eaux du monde, etc...[4] » Ce développement, tiré d'un livre récent des Guèbres, le Bundehesh, tient tout entier dans les premiers mots de leur livre le plus ancien, l'Avesta : « Je proclame et j'adore le créateur Ahura Mazda. » Aussi loin que peut le suivre l'histoire, Ahura est déjà tout ce qu'il est aujourd'hui : près des ruines de l'antique Ecbatane, le voyageur peut

---

1. Atharva Veda, IV, 16.
2. Cf. *Ormazd et Ahriman*, § 18 sq.
3. Ormazd est le nom moderne, contracté du nom ancien Ahura Mazda.
4. Bundehesh, XXX.

lire sur le granit rouge de l'Elvend ces mots qui y furent gravés, près de cinq siècles avant la naissance du Christ, par la main de Darius, roi des rois :

« C'est un dieu puissant qu'Auramazda !
« C'est lui qui a fait cette terre, ici !
« C'est lui qui a fait le ciel, là-bas !
« C'est lui qui a fait le mortel ! »

Ce dieu qui a fait le monde, le gouverne. Il est le souverain de l'univers, l'*Ahura*, « le Seigneur. » — « C'est un dieu puissant, s'écrie Xerxès, c'est le plus grand des dieux[1]. » C'est à sa faveur que Darius, traçant sur le rocher de Behistoun le récit de ses dix-neuf victoires, rapporte son élévation et ses triomphes ; c'est à sa protection suprême qu'il confie la Perse :

« Cette contrée de Perse qu'Auramazda m'a donnée, cette belle contrée, belle en chevaux, belle en hommes, par la grâce d'Auramazda et de moi, le roi Dârayavus, de nul ennemi n'a rien à craindre.

« Qu'Auramazda me porte secours avec les dieux nationaux ! Qu'Auramazda protège ce pays des armées ennemies, de la stérilité et du mal ! Que l'étranger n'envahisse point ce pays, ni l'armée ennemie, ni la stérilité, ni le mal ! Voilà la grâce que j'implore d'Auramazda et des dieux nationaux[2]. »

Ce monde qu'il a organisé est une œuvre d'intelligence ; c'est par sa sagesse qu'il a commencé et qu'il finira. Il est

---

1. Spiegel, *Inscriptions cunéiformes*, p. 60 ; cf. p. 44.
2. Behistûn, I, 55, 94, etc.

l'intelligence qui connaît toutes choses et c'est à lui que le sage s'adresse pour pénétrer les mystères du monde :

« Révèle-moi la vérité, ô Ahura ! Comment a commencé la bonne création ?

« Quel est le père qui, au début des temps, a engendré l'Ordre ?

« Qui a frayé leur route au soleil et à l'étoile ? Qui fait que la lune croît et décroît ? De toi, ô Ahura, je veux apprendre ces choses et d'autres encore.

« Qui a fixé la terre sans support, l'affermissant contre la chute ? Qui, les eaux et les arbres ? Qui a donné leur course rapide aux vents et aux nuées ?

« Quel artiste habile a fait la lumière et les ténèbres ? Quel artiste habile a fait le sommeil et la veille ? Par qui vont l'aurore, le midi et la nuit ?

« Qui a rendu le fils cher à son père pour qu'il l'élève ?

« Voilà les choses que je veux te demander, ô Mazda, ô bienfaisant esprit, ô créateur de toutes choses ! [1] »

Par cette omniscience, il embrasse tous les actes des hommes. Il surveille toutes choses et voit au loin ; sans sommeil, sans ivresse, il est l'infaillible : « il n'y a pas à le tromper, l'Ahura qui connaît toutes choses. » Il voit l'homme et le juge, et le frappe s'il n'a pas suivi sa loi. Car c'est de lui qu'est descendue la loi de l'homme comme la loi du monde, et de lui vient, entre toutes les sciences, la science suprême, celle du devoir, celle des choses qu'il faut penser, dire et faire et celle des choses qu'il ne faut penser, dire, ni faire. A qui a bien prié, bien pensé, parlé et agi, il ouvre son éclatant paradis ; à qui a mal prié, mal pensé, parlé et agi, son horrifique enfer.

---

1. Yasna, 43, 2 seq.

CHAPITRE II.

LE DIEU SUPRÊME, DIEU DU CIEL.

Ainsi les Aryens de Grèce, d'Italie, d'Inde et de Perse s'accordaient à mettre au plus haut de leur Panthéon un dieu suprême qui gouverne le monde et qui en a fondé l'ordre, dieu souverain, omniscient, moral. Cette conception identique a-t-elle été conquise des quatre côtés par quatre créations indépendantes, ou bien est-elle un héritage commun de la religion indo-européenne, et les ancêtres aryens des Grecs, des Italiens, des Indiens et des Persans connaissaient-ils déjà un dieu suprême, organisateur, souverain, omniscient, moral ?

La seconde hypothèse est plus simple et plus vraisemblable que la première ; on ne peut cependant l'accepter de prime abord comme certaine : une conception abstraite et logique de ce caractère peut très bien se développer à la fois chez plusieurs peuples d'une façon à la fois identique et indépendante. A quiconque le regarde, le monde en tout temps et en tout lieu peut révéler un artiste suprême : Socrate n'est point l'élève du Psalmiste et les cieux lui racontent, comme au chantre hébreu, la gloire du Seigneur.

Mais si la conception abstraite se trouve étroitement liée à une conception naturaliste et matérielle et que celle-ci soit identique des quatre côtés, sachant, d'autre part, que ces quatre religions ont un passé commun, l'hypothèse que cette conception abstraite est un héritage de ce passé, non une création du présent, pourra s'élever jusqu'à la certitude.

Or, ces Dieux qui organisent le monde, le gouvernent et le surveillent, ce Zeus, ce Jupiter, ce Varuna, cet Ahura Mazda, ne sont pas la personnification d'une simple conception abstraite. Ils sortent d'un naturalisme antérieur, dont ils sont encore mal dégagés ; ils ont commencé par être des Dieux du ciel.

Zeus et Jupiter n'ont jamais cessé de l'être et d'en avoir conscience. Quand le monde a été partagé entre les dieux, « Zeus a reçu en partage le vaste ciel dans l'éther et les nuées [1]. » C'est comme dieu du ciel que tantôt il brille lumineux et tranquillement pur, trônant dans les splendeurs éthérées, que tantôt il s'assombrit, amasseur de nuées (νεφεληγερέτης), répandant les pluies célestes (ὄμβριος, ὕετιος), lançant sur la terre le tourbillon des vents farouches, tendant l'ouragan du haut de l'éther, brandissant le tonnerre, l'éclair, la foudre (κεραύνιος, ἀστραπαῖος, βροντῶν)[2]. C'est pour cela que la foudre est son arme et son attribut, « la foudre au pied infatigable qu'il pousse dans les hauteurs [3]; » c'est pour cela qu'il roule sur un char retentissant, brandissant de sa main le trident de feu ou lançant sur les ailes de l'aigle ou de Pégase, coursiers aériens de l'éclair ; c'est pour cela qu'il est l'époux de Δημήτηρ « la Terre-Mère, » qu'il

---

1. *Iliade*, XV, 192.
2. *Ibid.* XIII, 795, 137 ; XII, 253 ; XVI, 364.
3. Pindare, *Olymp.* IV, 1.

féconde de ses torrents de pluies [1]; c'est pour cela qu'il laisse sortir, de son front — selon les uns, de son ventre — selon les autres, de la nuée — selon la légende crétoise, Athéné, la déesse resplendissante, au regard pénétrant, qui jaillit en agitant des armes d'or, avec un cri qui fait retentir le ciel et la terre; incarnation de la lumière qui éclate du front du ciel, du ventre du ciel, du sein de la nuée, en remplissant l'espace de sa splendeur et du fracas de sa naissance orageuse [2]. Enfin le nom même de *Zeus*, génitif Δι-ός, anciennement *Div-ós* (ΔιϜ-ός), est, conformément aux lois de la phonétique grecque, le représentant littéral du sanscrit *Dyaus* « ciel, » génitif *Div-ás*, et l'hymen de Ζεὺς πατήρ et de Δημήτηρ est la contre-partie exacte de l'hymen védique de *Dyaus pitar* et de *Prithivi mâtar*, « du Ciel-Père » et de la « Terre-Mère. » Le mot Ζεύς est un ancien synonyme de Οὐρανός sorti de l'usage commun de la langue et devenu nom propre : encore, dans un certain nombre d'expressions, garde-t-il un souvenir de sa valeur première. Ainsi quand la Terre prie Zeus de pleuvoir sur elle, quand l'Athénien en prière s'écrie : « Pleus, pleus, ô cher Zeus, sur le champ des Athéniens et sur les plaines [3]. » « Zeus a plu toute la nuit, » dit Homère, ὅτε Ζεὺς πάννυχος. Dans toutes ces expressions Zeus peut se traduire littéralement comme nom commun, Ciel.

Jupiter, identique à Zeus dans ses fonctions, lui est identique dans ses attributs matériels.

---

1. Voir l'*Essai* suivant, § 28, notes.
2. Preller, *Mythologie grecque*, 3e éd., I, 154, note 5.
3. ὗσον ὗσον ὦ φίλε Ζεῦ κατὰ τῆς ἀρούρας τῶν Ἀθηναίων καὶ τῶν πεδίων (Marc-Aurèle, V, 6.)

Le nom *Jupiter*, ou mieux *Jup-piter*, est pour *Jus-piter*, composé de *pater* et du nom propre *Jus*, contraction latine du sanscrit *Dyaus*, du grec Ζεύς : *Juppiter* est donc l'équivalent exact du grec Ζεὺς πατήρ, et le mot a même conservé plus vivante que Zeus la conscience de sa signification première : *sub Jove* signifie « sous le ciel : » le chasseur attend le sanglier Marse, sans souci du froid ni de la neige, *sub Jove frigido*, « sous le Jupiter, sous le ciel froid. » Dyaus est encore en latin, comme il l'est en sanscrit, le nom du ciel brillant : « Contemple, dit le vieil Ennius, au dessus de ta tête, ce lumineux espace que tous invoquent sous le nom de Jupiter :

Adspice hoc sublime candens quem invocant omnes Jovem [1]. »

Varuna, comme ses frères d'Europe, a été et est encore un dieu matériel, et un dieu matériel du même ordre, un dieu du Ciel. C'est pour cela que le soleil est son regard, que le soleil, bel oiseau qui vole dans le firmament, est son messager aux ailes d'or [2]; que les rivières célestes coulent dans le creux de sa bouche comme dans le creux d'un roseau [3]; que, visible en tout lieu, tour à tour lumineux et ténébreux, tour à tour il s'enveloppe de la nuit et émet les aurores, tour à tour « revêt les vêtements blancs

---

1. *De Natura Deorum*, II, 25. Ovide, *Fastes*, II, 299.
2. Rig Veda, X, 123, 6. Le soleil est également l'oiseau de Zeus :
   Danaos.
   καὶ Ζηνὸς ὄρνιν τόνδε νῦν κικλήσκετε.
   Le Chœur :
   καλοῦμεν αὐγὰς ἡλίου σωτηρίους;... (*Suppliantes*, 212).
3. RV., VII, 87, 6; X, 123, 7.

et les vêtements noirs. » Comme Zeus, et pour la même cause, c'est un amasseur de nuées; il retourne l'outre du nuage et la lâche sur les deux mondes, il en inonde la terre et le ciel, il revêt les montagnes du vêtement des eaux [1], et ses yeux rouges sillonnent sans trêve la demeure humide de leurs clignotements d'éclair [2]. Comme Zeus est père d'Athéné, il est père d'Atharvan, « l'Igné; » de Bh*r*igu, « le Fulgurant, » autant de noms d'Agni, de l'éclair; Agni lui-même naît « de son ventre, dans les eaux; » comme une autre Athéné. Enfin, comme Zeus, comme Jupiter, il porte dans son nom même l'expression de ce qu'il est, et le sanscrit Varuna est le représentant phonétique exact du grec Οὐρανός, « le ciel. »

Enfin le dieu souverain de la Perse, malgré le profond caractère d'abstraction qu'il a conquis et qu'il reflète dans son nom, Ahura Mazda, « le Seigneur omniscient, » se laisse lui-même reconnaître pour un Dieu du ciel. Les formules anciennes des litanies savent encore qu'il est lumineux et corporel : elles invoquent le créateur Ahura Mazda, brillant, éclatant, très grand, très beau, très beau de corps, blanc, lumineux, au loin visible; elles invoquent le corps entier d'Ahura Mazda, « le corps d'Ahura qui est le plus beau des corps; » elles savent qu'il a le soleil pour œil, et le ciel est le vêtement brodé d'étoiles qu'il revêt. Enfin le plus abstrait des dieux aryens a conservé un trait qui l'enfonce plus profondément que tous les autres dans la matière d'où ils sont tous

---

1. RV., V, 85; 3, 1.
2. RV., II, 28, 8. Cf. les *nictantia fulgura flammæ* de Lucrèce, VI, 181. — Le Varuna brahmanique y gagne d'avoir les yeux rouges.

sortis ; il est appelé « le plus solide des dieux, » parce qu'il a « pour vêtement la pierre très solide des cieux. » Comme Varuna, comme Zeus, il est père du dieu de l'éclair, *Atar*. Enfin les témoignages historiques les plus anciens confirment les inductions de la mythologie : à l'époque où les Achéménides proclamaient la souveraineté d'Auramazda, Hérodote écrivait : « Les Perses offrent des sacrifices à Zeus [1] en montant sur la cime la plus élevée des montagnes, *appelant Zeus le cercle entier du ciel.* »

Ainsi les dieux suprêmes des quatre grandes religions de Grèce, d'Italie, d'Inde et de Perse sont en même temps ou ont commencé par être des dieux du ciel. Près de ces quatre dieux doit sans doute prendre également place celui des anciens Slaves, d'avant le christianisme, Svarogŭ. Comme Zeus, comme Jupiter, comme Varuna, comme Ahura Mazda, il est le maître de l'univers; les dieux sont issus de lui et ont reçu de lui leurs fonctions. Comme eux, il est dieu du ciel, — c'est probablement le sens même de son nom (sanscrit *Svarga*), — comme eux, il est maître de la foudre, et, comme eux, il a eu pour fils le Feu, *Ogon* (Agni), appelé « Svarojitchi, le fils de Svarogŭ [2]. »

---

[1]. C'est-à-dire « leur dieu suprême. »
[2]. G. KLEK. *Einleitung in die slavische Literaturgeschichte*; W. RALSTON, *The Songs of the Russian People*, 2ᵉ éd. p. 85.

CHAPITRE III.

ORIGINES.

Comment le dieu du ciel est-il devenu le dieu organisateur, le dieu suprême, le dieu moral? Comment la conception abstraite s'est-elle entée sur la conception naturaliste? Quel rapport entre l'attribut matériel et la fonction? De ce problème les Védas donnent la solution.

Si loin que le regard aille, il touche au ciel : tout ce qui est, est dans cette voûte immense; tout ce qui naît et meurt, naît et meurt dans ses bornes. Or, tout ce qui se passe en lui se passe suivant une loi qui jamais ne se dément : jamais l'Aurore n'a manqué au rendez-vous du matin, oublié la place où elle doit reparaître, l'instant où elle doit ranimer le monde. Nuit et Lumière savent leur heure, et toujours, au moment voulu, la Noire a laissé place à la Blanche; par un lien éternel enchaînées, dans le chemin infini qui s'ouvre, elles vont, instruites par un dieu, les deux immortelles, rongeant l'une l'autre leurs couleurs : elles ne se heurtent pas, ne s'arrêtent pas, les deux sœurs fécondes, diverses de forme, semblables d'âme. Ainsi vont les jours avec leurs soleils, les nuits avec leurs étoiles, saisons après saisons; toujours le ciel, d'une marche régulière, a amené tour à tour le jour et la nuit; toujours la lune s'est allumée à l'heure; toujours les étoiles ont su où aller durant le jour; toujours les rivières ont coulé dans l'unique Océan sans le remplir. Cet ordre universel, c'est le mouvement du ciel ou c'est l'action du Dieu du ciel, suivant que la pensée s'arrête au corps ou à l'âme, au ciel-chose ou au ciel-dieu. Aussi, pour le Rig Veda, dire « tout est dans Varuna, » c'est-à-dire » dans le ciel, » ou dire « tout est par Varuna, » c'est-à-dire « par le Dieu-ciel, » sont choses identiques, et dans ses formules, si claires dans leur incertitude, le théisme coudoie sans cesse le panthéisme inconscient dont il n'est qu'une expression. « Les trois cieux reposent en Varuna et les trois terres, » dit un poète, et, aussitôt après, rendant la personnalité à son dieu ; « C'est l'habile roi Varuna qui a fait briller au ciel ce disque d'or. » — « Le vent qui bruit dans l'atmosphère est son souffle et tout ce qui est d'un monde à l'autre est sa création. » — « Cette terre ici-bas est du roi Varuna et ce ciel là-bas, ces deux mondes sublimes aux bornes lointaines : les deux mers sont le ventre de Varuna, et jusque dans cette petite mare d'eau il repose. »

Ce théisme panthéistique, qui distingue mal le Dieu du ciel de l'univers qu'il régit ou qu'il renferme, pénètre Jupiter aussi bien que Varuna. Les poètes latins offrent l'équivalent des formules vacillantes du Védisme. « Les mor-
« tels, — dit Lucrèce, expliquant l'origine de l'idée de Dieu,
« — les mortels voyaient rouler dans un ordre fixe les mou-
« vements réglés du ciel et les saisons diverses de l'année,
« et ne pouvaient découvrir par quelles causes cela se fai-
« sait. Ils n'avaient donc d'autre refuge que de tout livrer
« aux mains des dieux et de faire tout marcher au gré de
« leur volonté. Et c'est dans le ciel qu'ils placèrent le siège
« et le domaine des dieux, parce que c'est dans le ciel

« qu'on voit rouler la nuit et la lune, la lune, le jour, et la
« nuit, et les astres tristes de la nuit, et les flambeaux noc-
« turnes errant dans le ciel, et les flammes volantes, les
« nuées, le soleil, les pluies, la neige, les vents, les
« foudres, la grêle et les frémissements rapides et les
« grands murmures menaçants [1]. » Cette vue du ciel,
siége universel des mouvements de la nature, pouvait aussi
bien mener au panthéisme qu'au théisme. Le vers du poète :

Juppiter est quodcunque vides, quocunque moveris
« Jupiter est tout ce que tu vois, partout où tu te meus, »

n'exprime point seulement le Jupiter des métaphysiciens
du Portique; il rend aussi une des faces du Jupiter de la
mythologie primitive. Ce n'est point par une déviation de
sa valeur première que Zeus se confond avec Pan : il l'était
de naissance, et si l'épopée et le drame ne nous montrent
en lui que le dieu personnel, c'est que l'un et l'autre, par
leur nature même, ne pouvaient, ne devaient voir de lui
que cet aspect et n'avaient rien à tirer du Zeus impersonnel, quoique aussi ancien. Quand Aristote appelle
Ouranos « ciel » le cercle entier du monde visible, il n'est
pas infidèle aux traditions premières de la religion, et pas

---

[1]. Præterea, cœli rationes ordine certo
Et varia annorum cernebant tempora verti,
Nec poterant quibus id fieret cognoscere causis.
Ergo perfugium sibi habebant omnia Divis
Tradere, et illorum nutu facere omnia flecti.
In cœloque Deum sedes et templa locarunt,
Per cœlum volvi quia nox et luna videtur,
Luna, dies, et nox, et noctis signa severa,
Noctivagæque faces cœli, flammæque volantes,
Nubila, sol, imbres, nix, venti, fulmina, grando,
Et rapidei fremitus, et murmura magna minarum.

(Livre V, 1187.)

plus ne l'est le théologien orphique chantant le Zeus universel :

Zeus a été le premier, Zeus est le dernier, Zeus est le maître de la foudre ;
Zeus est la tête, Zeus est le centre, c'est de Zeus que toutes choses sont faites ;
Zeus est le mâle ; Zeus est la femelle immortelle ;
Zeus est la base et de la terre et du ciel étoilé ;
Zeus est le souffle des vents, Zeus est le jet de la flamme indomptable ;
Zeus est la racine de la mer, Zeus est le soleil et la lune...
Tout cet univers s'étend dans le grand corps de Zeus... [1]

De même la Perse, quoiqu'elle ait en général conservé fidèlement la personnalité de son dieu suprême, le laisse, surtout dans les sectes, se confondre avec l'infini matériel qui en fut la première révélation. Après avoir invoqué dans le ciel « le corps d'Ahura Mazda, le plus beau des corps, » elle mit au dessus d'Ahura lui-même et avant lui l'espace lumineux où il se manifeste, ce que les théologiens appelèrent « la Lumière infinie » et, par une abstraction nouvelle et plus haute, elle mit au début du monde l'*Espace* [2]. Entre ce principe tout métaphysique et le principe naturaliste de la religion primitive, il n'y a que la distance de deux abstractions : l'Espace n'est que la forme nue de l'Infini lumineux, et l'Infini lumineux s'est détaché du ciel infini et lumineux, identique à Ahura.

Selon donc que la pensée voyait dans le ciel le lieu des choses ou la cause des choses, le dieu du ciel devenait la

---

1. πάντα γὰρ ἐν Ζηνὸς μεγάλῳ τάδε σώματι κεῖται...
2. Dans d'autres systèmes, partant de l'éternité du Dieu et non plus de son immensité, elle aboutit au *Temps sans bornes* comme premier principe.

matière du monde ou le démiurge du monde. Dès la période de l'unité aryenne, il était déjà sans doute tour à tour l'un et l'autre; mais il est probable que la conception théiste était plus nettement dessinée que l'autre, car elle l'est également dans les mythologies dérivées : elle avait d'ailleurs des racines plus profondes et plus intimes au cœur de la nature humaine qui, dans tout mouvement, tout phénomène, voit une cause vivante, une personne.

Ce dieu du ciel, ayant organisé le monde, était toute sagesse. C'est un habile artisan qui a réglé le mouvement du monde. Sa sagesse est infinie, car tous ces mystères que l'homme sonde en vain, il en a la clef, il en est l'auteur. Mais ce n'est point seulement comme auteur du monde qu'il est omniscient : il sait tout, non seulement parce qu'il a tout fait, mais aussi parce qu'il *voit* tout, étant lumière. Dans la psychologie naturaliste des Aryens, voir et savoir, lumière et science, œil et pensée, sont termes synonymes. Chez les Indiens, Varuna est omniscient parce qu'en lui est la lumière infinie; parce qu'il a le soleil pour œil; parce que, du haut de son palais aux rouges colonnes d'airain, ses blancs regards dominent les mondes; parce que, sous le manteau d'or qui l'abrite, dieu aux mille regards, des milliers d'espions, rayons du soleil pendant le jour, étoiles pendant la nuit, fouillent pour lui, actifs et infatigables, tout ce qui est d'un monde à l'autre, de leurs yeux qui jamais ne dorment, jamais ne clignent. Et de même, si Zeus est celui qui voit toutes choses, le πανόπτης, c'est qu'il a pour œil le soleil, ce témoin universel, l'infaillible espion et des dieux et des hommes (θεῶν σκοπὸν ἠδὲ καὶ ἀνδρῶν) [1].

---

[1] Cf. *Iliade*, III, 278; *Odyssée*, XI, 108; Pindare, *Fragm.* 84; Ovide, *Metam.*, IV, 172, etc.

La lumière sait la vérité, est toute vérité : la vérité est la grande vertu que le dieu du ciel exige, et le mensonge le grand crime qu'il punit. Dans Homère, le héros, prêtant serment, porte ses yeux sur le large ciel et prend à témoin Zeus et le soleil[1] ; en Perse, le dieu du ciel « ressemble de corps à la lumière et d'âme à la vérité. » La morale descend du ciel dans un rayon de lumière[2].

1. *Iliade*, XIII, 196, 261.
2. *Ormazd et Ahriman*, § 67.

CHAPITRE IV.

CONCLUSION.

Ainsi la religion indo-européenne connaissait un dieu suprême, et ce dieu était le dieu-ciel. Il a organisé le monde et le régit, parce qu'étant le ciel, tout est en lui, se passe en lui, suivant sa loi; il est omniscient et moral, parce qu'étant lumineux, il voit tout, choses et cœurs.

Ce dieu était désigné par les différents noms du ciel, *Dyaus, Varana, Svar*, qui, suivant le besoin de la pensée, désignaient soit la chose, soit la personne, — soit le ciel, soit le dieu. Plus tard, chaque langue fit un choix et fixa à l'un de ces mots le nom propre du dieu, qui perdit ou obscurcit son ancienne valeur de nom commun : ainsi, en grec, *Dyaus* devint le nom du ciel-dieu (Ζεύς), et *varana* (οὐρανός) fut le nom du ciel-chose; en sanscrit, le ciel matériel fut *dyaus* ou *svar*, le ciel-dieu fut *Varana* (plus tard altéré en Varuna); le slave fixa au mot *Svar*, par l'intermédiaire d'un dérivé *Svarogŭ*, l'idée du dieu céleste; le latin s'arrêta au même choix que le grec, avec son *Jus-piter*, et laissa tomber les autres noms du ciel; la Perse enfin désigna le dieu par une de ses épithètes abstraites, *le Seigneur, Ahura*, et effaça les traces extérieures de l'ancien naturalisme de son dieu.

Ce dieu qui régnait au moment où la religion de l'unité aryenne se brisa, les diverses religions qui naquirent d'elle l'emportèrent avec elles dans les diverses régions où les porta le hasard des migrations aryennes. Des cinq religions qu'il domine, trois lui restèrent fidèles jusqu'au bout et ne l'abandonnèrent qu'en périssant elles-mêmes : ce sont celles des Grecs, des Latins et des Slaves, chez qui Zeus, Juppiter et Svarogŭ ont perpétué, tant qu'a subsisté la religion nationale, les titres et les attributs du dieu suprême des Aryens. Ils succombèrent devant le Christ : le Ciel-Père disparut devant « le Père qui est au ciel. »

L'Inde, au contraire, oublia très vite ce dieu dont elle fait pourtant, mieux que toute autre, comprendre l'origine et la formation : et ce n'est pas un dieu étranger qui le détrôna; un dieu venu du dehors, mais un dieu indigène, un dieu de sa famille, Indra, le héros de l'orage.

En effet, le dieu suprême des Aryens n'était pas le dieu *un*[1] : l'Asura, le Seigneur, n'était pas le Seigneur à la façon d'Adonaï. Il y avait à côté de lui, en lui, nombre de dieux, ayant leur action propre et souvent leur origine indépendante. Le vent, la pluie, le tonnerre; le feu sous ses trois formes : — soleil au ciel, éclair dans la nuée, feu terrestre sur l'autel; la prière sous ses deux formes : — prière

---

[1]. J'accentuerai très volontiers cette réserve en reproduisant les observations si justes présentées par M. Barth, à propos de cette étude même, *Revue des Religions*, I, 118 : « Cette hiérarchie, ce monothéisme relatif n'était pas aussi net dans la conscience des hommes.. Dans la pratique surtout, comme on le voit par les chants du Véda, il paraît avoir été fort voilé. Ces vieux adorateurs n'avaient pas le regard constamment fixé sur leurs Olympiens. A côté de cette religion céleste, il y en avait notamment une autre, toute d'actes et de rites, une sorte de religion de l'*opus operatum*, qui n'avait pas toutes ses racines dans la première, qui probablement ne lui a jamais été subordonnée. »

humaine montant de l'autel au ciel, prière céleste retentissant dans le fracas de l'orage, dans la bouche d'un prêtre divin, et descendant des hauteurs dans les torrents de libation versés de la coupe du ciel; toutes les forces de la nature, concrète ou abstraite, frappant à la fois l'œil et l'imagination de l'homme, s'élevaient du même coup à la divinité. Si le dieu du ciel, plus grand dans le temps et dans l'espace, toujours présent et partout présent, s'élevait sans effort au rang suprême, porté par son double infini, d'autres, d'une action moins continue, mais plus dramatique, se révélant par des coups de théâtre subits, maintenaient leur antique indépendance, et le développement religieux pouvait amener leur usurpation sur le roi du ciel. Déjà en pleine période védique, Indra, le dieu bruyant de l'orage, monte au plus haut du Panthéon et éclipse son majestueux rival de sa splendeur retentissante.

Il est le héros favori des Rishis védiques : ils ne se lassent point de conter comme il a foudroyé le serpent du nuage qui enveloppait dans ses replis la lumière et les eaux, comme il a brisé la caverne de Çambara, comme il a délivré les Aurores et les Vaches prisonnières qui vont répandre sur la terre à torrents leurs larges flots de lumière et de lait. C'est lui qui fait reparaître le soleil, reparaître le monde annihilé dans la nuit, c'est lui qui le recrée, qui le crée[1]. Dans toute une série d'hymnes il monte aux côtés de Varuna et partage avec lui l'empire : enfin il monte au dessus de lui et devient le roi universel :

« Celui qui, une fois né, aussitôt, dieu de pensée, a dépassé les dieux par la force de son intelligence; au frémissement duquel ont tremblé les deux mondes, à la puissance de sa virilité, — ô hommes, c'est Indra!

1. Voir l'*Essai* suivant, §§ 2-5.

« Celui qui a fixé la terre chancelante, arrêté les montagnes branlantes; celui qui a donné ses dimensions à la large atmosphère; celui qui a étayé le ciel, — ô hommes, c'est Indra!

« Celui qui, ayant tué le Serpent, a lâché les sept rivières; celui qui a fait sortir les vaches de la cachette de la caverne; celui qui au choc des deux pierres a engendré Agni, — ô hommes, c'est Indra!

« Celui par qui ont été faites toutes ces grandes choses; celui qui a abattu, forcé à se cacher la race démoniaque; qui, comme un joueur heureux, gagnant au jeu, enlève ses biens à l'impie, — ô hommes, c'est Indra!

« Quand on dit de lui : où est-il? de l'impie qui répond : « il n'est pas, » il enlève les biens comme le fait le dé vainqueur; croyez en lui, — ô hommes, c'est Indra!

« Celui qui anime et le riche et le maigre, et le prêtre, son chantre, qui l'implore; le dieu aux belles œuvres, dieu protecteur à qui joint les pierres pour presser le Soma, — ô hommes, c'est Indra!

« Celui qui a dans sa main les troupeaux de chevaux et de vaches, qui les villes, qui les chars guerriers; celui qui a créé le soleil et l'aurore, celui qui conduit les eaux, — ô hommes, c'est Indra!

« Celui qu'invoquent les deux armées qui se choquent, ennemis des deux parts, triomphant, succombant; que sur le même char où ils se rencontrent dans l'assaut ils invoquent l'un contre l'autre, — ô hommes, c'est Indra!

« Celui qui a découvert Çambara dans les montagnes où il s'était caché quarante années; celui qui a tué le Serpent dans tout le déploiement de sa force, qui l'a fait tomber mort sur Dânu[1], — ô hommes, c'est Indra!

---

1. Sa mère.

« Celui qui, puissant taureau, armé de sept rayons, a lâché, fait courir les sept rivières; qui, foudre en main, a foulé aux pieds le Rohina escaladant le ciel, — ô hommes, c'est Indra !

« La terre et le ciel devant lui s'inclinent; à son frémissement les montagnes tremblent; le buveur de Soma, voyez-le, la foudre au bras, la foudre en main, — ô hommes, c'est Indra [1]. »

Mais l'usurpateur ne jouit pas longtemps de son triomphe : en pleine victoire, il est déjà mordu au cœur, frappé de mort par une nouvelle et mystique puissance qui croît à ses côtés, celle de la prière, du sacrifice, du culte, celle du *Brahman*, dont le règne commence à poindre à la fin de la période védique et aujourd'hui dure encore [2].

Ce qu'Indra a fait dans l'Inde dans une période historique, Perkun et Odin l'ont fait dans une période préhistorique, l'un chez les Lituaniens, l'autre chez les Germains. Perkun et Odin sont l'Indra de ces deux peuples et ont détrôné chez eux le dieu du ciel. Perkun était le dieu du tonnerre chez les Lituaniens païens, et l'on reconnaît en lui un frère du *Parjanya* indien, une des formes du dieu d'orage dans la mythologie védique. Ce roi du Panthéon lituanien est un roi de fraîche date : ce qui le prouve, c'est que les Slaves, si étroitement apparentés aux Lituaniens de croyance comme de langue, et qui connaissent aussi le dieu Perkun, ont encore pour dieu suprême le dieu suprême de la vieille religion aryenne, le dieu du ciel, Svarogu.

---

[1]. RV. II., 12.
[2]. Voir l'*Essai* suivant, § 38.

Même révolution en Germanie, mais dans un passé plus reculé. Le dieu du ciel s'est éclipsé sans laisser de trace : il est remplacé par le dieu de l'atmosphère orageuse, Odin ou Wuotan, le Vâta de l'Inde, le dieu guerrier que l'on entend dans les fracas de la tempête conduire ses bandes échevelées de combattants ou mener à une curée céleste les meutes hurlantes de la chasse sauvage.

Ainsi Grecs, Romains, Slaves laissaient vaincre leur dieu par un dieu étranger; Germains, Lituaniens, Indous l'abandonnaient d'eux-mêmes pour une création inférieure. Chez un seul peuple il trouva des adorateurs fidèles jusqu'au bout, peu nombreux, mais qui n'ont point laissé entamer leur foi ni par le temps, ni par les hommes. Je veux parler des quelques milliers de Guèbres ou Parsis, qui, dans le grand naufrage politique et religieux de la Perse, fuyant devant le glaive victorieux du prophète, dérobèrent à l'Islam le trésor des vieilles croyances, et qui, aujourd'hui encore, en l'an du Christ 1879, dans les temples du feu de Bombay, offrent leurs sacrifices au dieu même que, dans des temps qui échappent à l'histoire, chantaient les ancêtres inconnus de la race aryenne.

1879.

III

LES COSMOGONIES ARYENNES[1]

CHAPITRE I.

INTRODUCTION.

§ 1. Rapports de la cosmologie et de la philosophie.
§ 2. Identité des problèmes de la cosmologie avec ceux de la mythologie.
§§ 3 et 4. Les *renaissances* et la *naissance* du monde.
§ 5. Identité des solutions dans la cosmologie et la mythologie.

§ 1. D'où vient le monde? A-t-il commencé et comment? — J'essaye, dans les pages qui suivent, de recueillir les diverses réponses qu'ont données à cette question les cosmologies des principaux peuples indo-européens.

La cosmologie comparée offre un intérêt double, étant le trait d'union entre la mythologie comparée et l'histoire de la philosophie. La cosmologie n'est qu'une branche de la mythologie, mais elle fraye la route à la philosophie; elle prend ses solutions de l'une et lègue ses formules à l'autre.

1. Publié dans la *Revue de Philosophie*, mai 1881.

Aussi l'intelligence historique de la philosophie est-elle impossible sans la connaissance des systèmes non-philosophiques dont elle sort mécaniquement : autrement, l'on s'expose à prendre pour des créations indépendantes de la réflexion ce qui n'est que la transformation dernière de formules antérieures qui sont allées revêtant un sens nouveau. Un temps vient où la philosophie retrouve après coup dans le mythe les abstractions qu'elle en a tirées, une sagesse qui parle par symboles[1] ; c'est l'inverse qui est le vrai : la philosophie construit ses premiers systèmes autour de vieilles formules incomprises, qu'elle croit avoir créées et qui sont nées, non de syllogismes, mais de sensations, non de la réflexion logique, mais de ce groupement d'images qui fait les mythes. La mythologie n'est pas une philosophie qui se déguise : la philosophie naissante est une mythologie qui s'ignore, une foi qui croit se démontrer. Nulle part ceci n'est visible comme dans les systèmes qui portent sur les questions d'origine. Arrivé aux cosmologies de la Grèce, j'essayerai de marquer au passage ce qu'elles ont laissé dans sa philosophie[2].

§ 2. Bien que la Grèce soit plus familière au lecteur, ce n'est pas elle que nous prendrons pour guide dans notre recherche, mais sa sœur de l'Inde : c'est le privilège de l'Inde d'avoir, dans ses systèmes comme dans sa langue, conservé avec une fidélité parfaite le sens des créations primitives. Tandis que le génie européen, plus libre et allant

---

1. Cf. § 13 *bis*.
2. Les historiens de la philosophie grecque n'ont, autant que je vois, signalé ce rapport que pour Thalès, ce que d'ailleurs Aristote avait fait avant eux ; voir § 13 *bis*.

toujours de l'avant, les transformait sans trêve et, vivant tout entier dans son présent mobile, s'éloignait de jour en jour de ses origines; le génie indien, non moins actif, mais moins oublieux, tout en combinant à nouveau les formules antiques, en obscurcissait à peine la valeur première, et nul peuple n'a mieux gardé le sens du passé que ce peuple sans histoire. On sait la transparence de ses langues et de ses mythes qui seuls ont expliqué les langues et les mythes de l'Europe. C'est elle aussi qui laisse le mieux voir à nu par quel procédé sont nées les cosmologies aryennes.

Ces cosmologies se sont formées, non par voie de raisonnement, mais par voie d'analogie. Les mythes qui les constituent ne diffèrent pas essentiellement de ceux qui constituent le reste de la mythologie, mais en cela seulement, qu'au lieu de planer indifféremment sur toute l'étendue du temps, sur tout instant de la vie du monde, une place fixe leur a été assignée aux bornes du temps, au début des choses. C'est que, dans la conception aryenne, les questions que la cosmologie résout ne diffèrent pas essentiellement de celles que résout le reste de la mythologie : si celle-là dit comment le monde *a commencé*, celle-ci dit comment il *commence*. En effet, le fond de la mythologie aryenne porte sur la lutte permanente des ténèbres et de la lumière, des ténèbres qui sans cesse font rentrer le monde dans le néant, de la lumière qui sans cesse l'en fait ressortir. La question de l'origine était donc débattue et résolue dans vingt mythes, avant que la pensée cosmologique eût pris conscience d'elle-même : elle était résolue avant d'être posée. La mythologie contenait une cosmologie latente qui, pour se dégager, n'eut qu'à reporter aux origines les procédés de renaissance que les mythes montraient en action permanente dans le monde.

§ 3. Or, le monde renaît sous nos yeux de trois façons, dans trois circonstances : au sortir de l'hiver, de la nuit, de l'orage. Mais ces trois luttes diverses des ténèbres et de la nuit, de la vie et de la mort, n'ont pas été également fécondes pour la mythologie, ni par suite pour la cosmogonie. Les deux premières, régulières et périodiques, prêtaient à l'idée plus qu'à l'image, mouvements trop lents pour ébranler l'imagination et dont la succession régulière éveillait les idées de règle, de loi, d'ordre continu[1], non les images de la création, de la naissance initiale, du coup de théâtre cosmogonique. Le triomphe de l'hiver et de la nuit, même quand il paraît comme un triomphe des puissances mauvaises, fait partie de l'ordre universel, puisqu'il se reproduit avec ordre; il suppose et annonce un triomphe antérieur et un triomphe prochain du printemps et du jour; il ne pouvait donc donner l'image du désordre primitif, non plus que sa lente et régulière extinction l'image du coup d'état créateur. L'orage fournissait l'une et l'autre image, et quand la nuée enveloppe l'univers, confond ciel et terre, les fait rentrer dans le néant indistinct, dans la *rudis indigestaque moles*, la lumière, qui soudain perce la nuée ténébreuse, fait reparaître, *fait paraître* le ciel et la terre.

§ 4. Il semblera tout d'abord qu'il n'y ait au fond de cette assimilation qu'un abus d'expression, un jeu de mots : car pour nous, modernes, cette naissance du monde aux origines est un fait réel, tandis que cette renaissance du monde au sortir des ténèbres n'est qu'une pure métaphore.

1. C'est cette succession régulière qui a conduit les Aryens à l'idée d'un Dieu suprême (Varuna, Ahura Mazda, Zeus, Jupiter; voir l'*Essai* précédent). Cf. § 40.

Mais c'est que nous transportons ici nos idées de création *ex nihilo*, qui étaient absolument étrangères à la pensée des Aryens anciens. Pour eux, le chaos qui a précédé la création ne diffère de celui des ténèbres que par sa durée et en ce qu'il est au début : le monde confondu dans la nuée d'orage est tel qu'il était avant l'établissement de l'ordre, et le trouble de la nature est un retour au chaos ; le chaos a dû se dissiper au commencement des temps de la façon dont il se dissipe à présent, l'ordre s'établir de la façon dont il se rétablit, le monde naître aux bornes du passé de la façon dont il renaît sous nos yeux dans l'expérience du présent.

§ 5. Aussi, dans le monument le plus ancien des idées religieuses de l'Inde, le Rig Véda, l'apparition subite de la lumière qui fait évanouir les ténèbres est plus qu'une délivrance : c'est une création. Quand Agni[1] reparaît, c'est le monde qui renaît :

> L'univers était en poussière, anéanti dans la ténèbre :
> le ciel a apparu, à la naissance d'Agni.
> Je veux chanter Agni, l'invieillissable, le sublime,
> qui, avec son rayon, a tendu la terre et ce ciel là-bas,
> ces deux mondes[2] et l'atmosphère[3].

Quand Indra, le héros en titre de l'orage, enivré de Soma[4], a, la foudre en main, fait éclater sous les éclairs la

---

1. *Ignis*, le dieu du feu sous ses trois formes, feu terrestre, feu atmosphérique (éclair), feu céleste (soleil).
2. Le ciel et la terre. Les Védas divisent l'univers, tantôt en deux mondes, ciel et terre, tantôt en trois mondes, ciel, atmosphère et terre.
3. Rig Véda, X, 88, 2-3.
4. La liqueur enivrante dont le sacrifice le gorge ; cf. § 31.

caverne nuageuse où le démon, le dragon, le Serpent (Ahi)[1], enlacé dans ses replis tortueux le trésor des eaux et de la lumière ; quand il a fait couler à terre les flots des rivières d'en haut, le lait des vaches célestes délivrées, et que le rayon du soleil perce à nouveau, ce que salue le cri triomphal du poète, c'est moins une victoire qu'une renaissance, une création :

> Dans l'ivresse de cette ambroisie, la foudre en main,
> Indra a mis en pièces le Serpent qui enveloppait les eaux,
> alors que vers lui, comme des oiseaux vers leur nid,
> couraient les vœux des Rivières (prisonnières).
> Lui, Indra, de sa force, a mis en mouvement le flot des eaux
> vers l'Océan, en tuant le Serpent.
> Il a créé le soleil, il a conquis les vaches (célestes) ;
> par sa lumière, il a fixé la loi des jours [2].

On voit comme l'exploit banal du héros d'orage prend les couleurs d'un événement cosmogonique. Telle formule nous transporterait au début du monde si la formule voisine ne nous rappelait que ces créations sont d'hier, d'aujourd'hui, de demain. Chaque mythe d'orage contient en soi un mythe cosmogonique, et l'on pourrait s'attendre à voir le héros d'orage passer directement créateur :

> O Indra, quand tu as tué le Premier-né des Serpents [3],
> quand tu as écrasé les malices du malin,
> alors, créant le Soleil, le Ciel, l'Aurore [4],
> alors, certes, tu n'as plus trouvé d'ennemi [5].

---

1. Voir M. BRÉAL, *Mélanges de mythologie*, 79 sq.
2. Rig Véda, II, 19, 2-3.
3. C'est déjà l' Ὄφιων de Phérécyde ; voir § 47.
4. *At sûryam janayan dyâm ushâsam*, tunc solem gignens, jovem, auroram.
5. Rig Véda, I, 32, 4.

Mais c'était une solution qui ne résolvait rien : Indra est un être personnel, et par suite né. On savait d'ailleurs qu'il était Dieu-fils, étant né dans la nuée, de la nuée, un frère, une forme d'Agni, « le fils des Eaux[1]. » Mais, si le Dieu qui aurait pu aspirer au titre de créateur tombe lui-même sous la loi de création, il y a une chose qui, dans toutes ces créations du monde, est immuable et toujours présente : c'est la matière même dont elles sont faites, c'est le néant où elles opèrent, celui de la nuée ténébreuse ; c'est toujours de là que sort le soleil, la lumière, la renaissance, et c'est elle que nous allons retrouver au seuil de toutes ces cosmogonies. Autant la nuée ténébreuse contient d'éléments agissant en elle et revêt de formes mythiques, autant elle produira de formules cosmogoniques, autant elle donnera de principes premiers, de formations diverses, soit isolées, soit combinées.

1. *Apâm napât* ; « le fils des Eaux » , parce que le feu sort de la nuée.

CHAPITRE II.

PRINCIPES COSMOLOGIQUES DE L'INDE.

§ 6. La Nuit et les Eaux.
§ 7. L'Embryon d'or, l'OEuf cosmique.
§ 8. L'Amour.
§ 9. La Lutte.
§ 10. L'Arbre.
§ 11. Conclusion.

§ 6. La formule la plus simple et la plus proche des origines posera au début la nuée même, la nuée ténébreuse, c'est-à-dire la nuit et les eaux :

> La Nuit fut; enveloppé dans la nuit au début,
> tout cet univers n'était qu'une Onde indistincte [1].

Cette formule du Rig Veda contenait en germe deux systèmes :

> 1° Le monde naît des eaux ;
> 2° Le monde naît de la nuit.

Nous verrons la Grèce développer l'un et l'autre (§§ 13-14; cf. § 22). L'Inde ne s'arrêta pas à cette formule ; mais,

---

1. RV. X, 129, 3. Voir tout l'hymne, § 40.

dans tous les développements subséquents, elle en fit le premier mot de ses créations : toutes les spéculations du Brahmanisme mettront les eaux au seuil du monde et s'ouvriront par les mots classiques : « Au commencement, cet Univers n'était qu'Eaux.[1] »

§ 7. Mais ces eaux contiennent un germe, un germe d'or, la lumière, l'Agni qui va en sortir et faire paraître l'Univers; autrement dit, en style védique, les eaux contiennent l'Embryon d'or qui va donner naissance au monde :

Au début des choses se forma l'Embryon d'or[2],
qui, de naissance, fut le maître unique de l'univers :
c'est lui qui a fixé la terre et ce ciel là-bas.
Quand les eaux sublimes pénétraient tout l'univers,
contenant l'Embryon, enfantant Agni,
alors s'éleva le souffle qui anima les dieux[3].

La nuée ténébreuse qui contient cet Embryon d'or est un œuf où le monde est en germe[4]; en se brisant, il fera paraître le ciel et la terre : ciel et terre deviennent les deux parties de la coque. C'est à cette forme que s'est arrêtée la cosmologie classique de l'Inde, celle du Brahmanisme, exposée au début des Lois de Manou :

---

1. Apo ha vai idam agre salilam eva âsa; — âpas eva idam agre âsus. Cf. *Muir's Sanskrit texts*, IV, 21.
2. Hiranya-garbhas.
3. RV, X, 121, 1-8.
4. Déjà, dans le Rig, la lumière et les eaux sont enfermées dans la nuée comme dans un œuf qu'il faut briser ; Indra, en brisant les œufs de Çushna (un des noms du démon), conquiert les eaux lumineuses (RV, VIII, 40, 10-11). Il pousse les aurores hors de la montagne céleste, en la brisant comme l'œuf d'un oiseau (X, 68, 7).

« L'Univers était ténèbres, impossible à percevoir, à reconnaître, à discerner, à saisir, et comme plongé dans l'universel sommeil.

« Alors Celui qui est par lui-même, le Bienheureux, Celui qui, échappant à la perception, rend perceptible ce monde fait d'éléments, le Tout-Puissant, se manifesta, repoussant les ténèbres.

« Il brilla de lui-même, et, désirant émettre de son corps les diverses races de créatures, il émit d'abord les eaux et y déposa un germe.

« Ce germe devint un œuf d'or, resplendissant comme le soleil; dans cet œuf, de lui-même naquit Brahma, le père universel.

« Dans cet œuf, le Bienheureux ayant une année habité, par la force de la pensée, le brisa.

« Des deux parties de la coque il fit le ciel et la terre, et au milieu le firmament; les huit régions et le siège éternel des eaux [1]. »

Si l'on fait abstraction de la personne de Brahma, qui n'est là que parce qu'il doit y être par nécessité de système, étant devenu le principe suprême à l'époque où ces lignes ont été rédigées, on trouve comme éléments derniers de la cosmologie brahmanique les eaux ténébreuses où germe l'Embryon d'or et la lumière d'Agni cachée dans la nuée.

§ 8. Cette lumière créatrice, cet Agni enfermé dans les eaux célestes, prenait dans certains mythes une forme particulière qui prêtait singulièrement au développement cosmologique. Dans toute une série, la lutte d'orage avait

---

[1] Manou, I, 5 sq.

pour objet, non point la conquête pure et simple de la lumière matérielle, mais la délivrance de la lumière vivante, de la belle créature radieuse, enlevée par le Serpent, devenue « l'Épouse du démon, » la *Dâsapatnî;* le drame naturaliste tourne ainsi en drame humain ; l'orage devient une lutte d'amour, le héros lumineux devient un *amant* délivrant son amante[1], et, par une généralisation postérieure, il devient le dieu de l'amour, Kâma[2]. Dès lors, le rôle cosmogonique joué par l'Embryon d'or, par Agni, pourra l'être à sa place par l'Amour, qui n'est qu'une de ses formes, qu'un de ses noms, mais une forme et un nom qui évoquent tout naturellement les idées de développement et de génération et provoquent la pensée cosmologique. Puisque l'amour à présent perpétue la vie, pourquoi ne l'aurait-il pas produite au début? Certes, à son origine, ce dieu d'amour, sorti du dieu amant qui lutte pour la conquête de l'amante, n'a qu'un rapport lointain, qu'un simple rapport de nom, avec l'amour abstrait et créateur. Les poètes védiques qui célèbrent Kâma invoquent en lui, non à la façon des Grecs, « le dieu aux molles langueurs, λυσιμελής », le dieu par qui la vie naît et se propage, mais un dieu tout de terreur et de lutte, un dieu frère d'Indra, le héros d'orage, frère d'Agni, le feu de la nuée. Ils l'invoquent pour qu'il tue leurs ennemis, pour que de ses flammes il brûle leurs demeures et qu'il les précipite dans l'abîme avec les mêmes armes dont Indra a pré-

---

1. Voir *Ormazd et Ahriman*, pp. 136, 150, 161.
2. Étant né dans les eaux, le poisson est un de ses déguisements mythiques ; il a pour attribut un monstre marin, le *makara*. La Grèce offre la contre-partie ; c'est l'*amante* (Vénus) qui est née des eaux ; le dauphin lui est consacré — Kâma a pour fille la vache (la nuée), que les sages appellent encore *Vâc Virâj* (cf. § 38).

cipité les démons [1]. C'est que cet amour n'est en effet qu'une des formes du dieu lumineux manifesté dans la nuée d'orage, un des noms d'Agni, de l'Embryon d'or [2]; mais, par suite, il pouvait, comme Agni, comme l'Embryon d'or, paraître à l'origine des choses et, par un développement oblique des idées que son nom éveille, mais qui dans l'abord ne lui étaient pas essentielles, prêter à la cosmogonie le plus fécond de ses principes. Les Védas ont les rudiments d'un système de ce genre : Kâma prend la place de l'Embryon d'or comme premier-né des eaux :

> Enveloppé dans la nuit au début
> tout cet univers n'était qu'une onde indistincte :
> l'Un formidable, enveloppé dans le vide,
> naquit alors par la puissance de la chaleur [3].

[1]. « Avec le beurre de l'oblation j'honore Amour, puissant tueur d'ennemis. Avec ta force si grande, abats mes ennemis, puisque je te loue.

« Que le redoutable, le puissant Amour, lâche l'insomnie, le malheur, le point d'enfants, point de foyer et la misère sur qui médite le mal contre moi.

« Repousse-le, ô Amour, repousse-le ; que dans la misère tombent mes rivaux! Jette-les dans la ténèbre inférieure, ô Agni! Brûle leurs demeures!

« O Indra, Agni, Amour, montés sur le même char, précipitez mes ennemis! Précipités dans les ténèbres inférieures, ô Agni, brûle leurs demeures!

« Amour a tué mes ennemis, il m'a fait large espace et fortune.

« Avec l'arme dont les dieux ont repoussé les Asuras, dont Indra a rejeté les Dasyus dans la ténèbre inférieure, avec cette arme, ô Amour, repousse mes ennemis, loin, loin de ce monde ! » (Atharva Véda, IX, 2, 1-3-4-9-11-17.)

[2]. Kâma est explicitement assimilé à Agni : « Agni, le dieu qui dévore tout, et que l'on appelle aussi Kâma » (Atharva Véda, III, 21, 4). La Taittiriya-Samhita invoque Agni-Kâma.

[3]. *Tapasas* ; le mot a double sens, propre et figuré : *chaleur* et *ferveur* ; dans ce dernier sens, il joue un grand rôle dans la philosophie indienne, comme puissance spirituelle et mystique. Dans notre vers, le sens primitif domine, mais le sens figuré semble déjà né.

Oui, l'Amour, voilà l'être qui naquit au début,
l'Amour qui fut le germe premier de la pensée,
et en qui les sages, s'ils interrogent leur cœur,
découvrent le lien du non-être à l'être[1].

Cet Amour, qui est le premier-né des eaux ténébreuses et qui s'y développe par la puissance de la chaleur, est bien encore l'Amour-Agni de l'Atharva et identique à l'Embryon d'or; mais la réflexion éveillée ente l'abstraction sur l'image, et les formules métaphysiques sortent du mythe naturaliste et concret.

§ 9. S'il sort du siège de l'orage, du siège de la lutte, le monde est fils de la haine autant que de l'amour. C'est en délivrant les *dâsapatnîs* prisonnières qu'Indra crée le monde; mais c'est aussi, et cela revient au même, en tuant le Serpent:

O Indra, quand tu as tué le Premier-né des Serpents,
alors, créant le Soleil, le Ciel, l'Aurore,
alors, certes, tu n'as plus trouvé d'ennemi.

Il ne s'est point dégagé de là de formule cosmogonique, la personne d'Indra étant trop au premier plan, ce qui retenait le mythe dans le temps, dans la période secondaire, dans le domaine des créatures, et l'empêchait de se perdre dans la période de l'impersonnel, antérieure à toute créature, humaine ou divine.

Mais, à défaut de formule cosmogonique, une épopée cosmogonique naquit de là: tandis que le monde sort du

---

1. RV. X, 129, 3-4.

chaos, à peine est-il créé, une lutte inouïe s'engage pour sa possession entre dieux et démons, Asuras et Devas, et les incidents de cette lutte, sujet favori de la poésie classique, marquent les moments de la création.

§ 10. La mythologie naturaliste offrait une dernière image, également propre à éveiller les idées de développement cosmologique. Les nuées s'entrelacent et s'agitent comme les branches d'un arbre gigantesque : le même nom, *vana*, désigne la forêt et la nuée. L'arbre prêtait autant que l'œuf au symbole cosmogonique et le monde pouvait devenir une ramification de l'arbre céleste, aussi bien qu'une germination de l'œuf céleste. Le Brahmanisme contient des allusions à des mythes de ce genre : l'Univers est dit « l'arbre de Brahma, » c'est un açvattha dont les racines sont dans les hauteurs, dont les branches tombent en bas et en qui tous les mondes reposent [1]. Le rôle cosmogonique de l'arbre, ou mieux de la plante, se présente directement et plus clairement dans les mythes du lotus de Brahma. Au commencement de la période présente du monde, du présent *kalpa* les eaux couvraient le monde, faisaient le monde même : sur ces eaux flotta un lotus d'or, et de ce lotus d'or sortit Brahma, qui, des diverses divisions du lotus, créa les diverses parties du monde. On reconnaît trait pour trait la cosmologie de l'œuf de Brahma : des deux côtés, au début, les eaux ; ces eaux contiennent soit l'œuf d'or, c'est-à-dire le noyau nébuleux où germe la lumière, soit le lotus d'or, c'est-à-dire la nuée-plante où

---

1. De là, déjà dans le Véda, l'idée que le ciel et la terre ont été taillés dans un arbre immense : « Quelle est la forêt, quel est l'arbre dans lequel ils ont taillé le ciel et la terre ? » (RV. X, 31, 7; 81, 4; cf. § 18).

percent les couleurs de la lumière ; le lotus d'or de la nuée en se déchirant, comme l'œuf d'or de la nuée en se brisant, fera paraître le monde, fera le monde.

§ 11. L'Inde, en résumé, nous a présenté jusqu'ici sept idées ou sept formules cosmologiques : le monde vient des eaux, des ténèbres, de l'œuf, de la lumière, de l'amour, de la lutte[1], de la plante ; idées ou formules qui reviennent toutes à une seule et même image : le monde sort de la nuée.

1. Cette dernière idée exprimée en mythe, mais non réduite en formule.

CHAPITRE III.

PRINCIPES COSMOLOGIQUES DE LA GRÈCE.

§ 12. Cosmologies grecques.
§ 13. L'Océan.
§ 13. *bis.* Système de Thalès.
§ 14. Le Chaos.
§ 14. *bis.* Système d'Anaximène.
§ 15. L'Œuf cosmique.
§ 16. L'Amour.
§ 16. *bis.* Phérécyde, Parménide, Aristote.
§ 17. La Lutte, Phérécyde, Héraclite, Empédocle.
§ 18. L'Arbre. ץע
§ 19. Conclusion.

§ 12. La plupart des systèmes formés ou ébauchés par l'Inde, la Grèce va nous les représenter : elle les a même plus nettement séparés, mais par là même obscurcis, cette distinction des systèmes établissant une opposition apparente entre des idées identiques dans le fond ; une seule et même conception se cachait sous toutes ces formules ; en les isolant, la Grèce a voilé l'image unique qu'elles reflètent.

§ 13. Aux Rishis védiques disant : « Au début étaient les eaux, » répond Homère : « Okéanos est l'origine de toutes choses, γένεσις πάντεσσι τέτυκται [1] ». Ce fleuve lointain

1. *Iliade*, XIV, 246.

qui coule aux bornes de la terre, dans la région de la nuit, de qui sortent les fleuves, les fontaines, les sources et toutes les mers, a pu être assimilé de bonne heure à l'infini des vagues qui se prolonge au couchant lointain [1]; mais c'était avant tout l'océan atmosphérique, qui fait le tour de la terre, mais dans les hauteurs; ténébreux, mais de la nuit des nuées : c'est dans ses demeures humides qu'a été élevée la déesse de la lumière céleste, l'épouse du dieu du ciel, Héra [2], et s'il est « le père des dieux, θεῶν γένεσις » [3], c'est au même titre et dans le même sens qu'en Inde les eaux portent en elles le « germe premier dans lequel sont contenus tous les dieux [4]. »

§ 13. *bis*. De là une philosophie. Le rêveur du *Cratyle* fait d'Homère une sorte de précurseur d'Héraclite : « Le fleuve Okéanos est le père des choses, parce que le monde est un fleuve courant, parce que tout passe et rien ne demeure [5]. » Retournons le rapprochement : il y a en effet

---

1. *Iliade*, XIV, 200.
2. Ἥρα est de nom et de nature identique à la *Sûryâ* védique, incarnation féminine de la lumière céleste et, comme Héra, type mythique de l'*épouse* (R V. X, 85).
3. *Iliade*, XIV, 201, 302.
4.   Avant le ciel, avant cette terre,
   avant les dieux seigneurs,...
  les eaux portaient le germe premier
   dans lequel furent contenus tous les dieux (X. 82, 5-6).
5. Ὅμηρος, εἰπὼν
 Ὠκεανόν τε θεῶν γένεσιν καὶ μητέρα Τηθύν,
 πάντα εἴρηκεν ἔκγονα ῥοῆς τε καὶ κινήσεως· (*Cratyle*, 402 B).
Homère, dit Porphyre, est meilleur philosophe qu'Hésiode, quand il fait de l'Océan le principe premier, parce que de l'eau vient tout développement : elle est la vie de tout et est à la tête des quatre éléments ; c'est pourquoi Pindare l'appelle la meilleure des choses (Ὅμηρος δὲ φιλοσοφώτερον· τὸ γὰρ ὕδωρ πάντων ἡ ζωὴ καὶ προέχει τῶν τεσσάρων στοιχείων, ὅθεν ὁ Πίνδαρος ἄριστον αὐτό φησίν ; ap. Schœmann, *Opuscula Academica*, II, 29).

dans la formule homérique, non pas une philosophie, mais le germe d'une philosophie ; non la philosophie de l'écoulement, mais la philosophie des physiciens, celle de Thalès. Thalès, cherchant la matière première antérieure à toute autre et de laquelle toute autre serait faite, fait de l'eau le principe premier [1]. Aristote *suppose* [2] qu'il fut conduit là par cette remarque que la nourriture de tous les êtres est humide, que la chaleur vitale vient de l'humide et s'entretient par lui, et que les germes de toutes les choses sont humides [3]. « Beaucoup supposent, ajoute-t-il, que les anciens théologiens pensaient de même de la nature, faisant d'Océan et de Téthys les parents universels » [4]. C'est à ce souvenir que songeait sans doute Aristote quand il disait que « le faiseur de mythes est une sorte de philosophe (Ibid. I, 2) » ; mais ce n'est point Homère qui annonce Thalès, c'est Thalès qui répète Homère et ne le comprend plus ; le système naît du mythe par contre-sens. Thalès et ceux de son école ont fait de l'eau le principe premier, parce que de vieilles formules traditionnelles faisaient d'Océan le père des choses, et, remplissant de leurs arguments naïfs le vide des formules dont le sens premier s'était évanoui, ils étayaient de raisonnements une croyance que des raisonnements n'auraient point créée.

1. Θαλῆς μὲν ὕδωρ εἶναί φησιν (τοῦτο στοιχεῖον καὶ ταύτην ἀρχήν... τῶν ὄντων) (*Métaph.*, I, 3).
2. Λαβὼν ἴσως τὴν ὑπόληψιν (*ibid.*).
3. Ἐκ τοῦ πάντων ὁρᾶν τὴν τροφὴν ὑγρὰν οὖσαν καὶ αὐτὸ τὸ θερμὸν ἐκ τούτου γιγνόμενον καὶ τούτῳ ζῶν... καὶ διὰ τὸ πάντων τὰ σπέρματα τὴν φύσιν ὑγρὰν ἔχειν (*ibid.*). Les successeurs d'Aristote donnent cette conjecture pour fait et y ajoutent leurs propres hypothèses ; Thalès a observé que les plantes se nourrissent d'eau, que ce qui meurt se dessèche, etc. (Zeller, *Histoire de la philosophie grecque*, tr. Boutroux, I, 202).
4. Εἰσὶ δέ τινες οἳ καὶ τοὺς παμπαλαίους καὶ πολὺ πρὸ τῆς νῦν γενέσεως καὶ πρώτους θεολογήσαντας οὕτως οἴονται περὶ τῆς φύσεως ὑπολαβεῖν· Ὠκεανόν τε γὰρ καὶ Τηθὺν ἐποίησαν τῆς γενέσεως πατέρας (Arist., *ibid.*).

Du développement de sa cosmogonie on ne connaît qu'un trait certain : « la terre repose sur les eaux, elle y nage comme le bois sur l'eau [1], » souvenir du temps où, selon la formule védique, tout l'Univers n'était qu'eaux.

§ 14. Aux Védas disant : « Au début étaient les ténèbres, » répond Hésiode : « Tout d'abord fut le *Chaos*... et du Chaos naquirent l'*Érèbe* et la *Nuit noire*, et de la Nuit à son tour naquirent l'Éther et le Jour, qu'elle enfanta, unie d'amour à Érèbe [2]. »

Ce Chaos primordial, la Grèce n'a pas entièrement oublié ce qu'il est. Sans descendre jusqu'aux Orphiques, qui le définissent tour à tour l'abîme monstrueux, la nuit ténébreuse, les ténèbres épaisses, la nuée ténébreuse, σκοτόεσσαν ὀμίχλην [3], dans Hésiode même l'identité du Chaos et de l'atmosphère nébuleuse éclate. Le Chaos n'est pas seulement lieu de ténèbres, ζοφερός [4] : il est à son heure lieu de flammes ; quand Zeus précipite les Titans, « une flamme inouïe traverse le ciel, un resplendissement de foudre et d'éclair les aveugle, et une conflagration divine emplit le Chaos » [5] : chose naturelle, si le Chaos est le siège même de

---

1. Ἐφ' ὕδατος κεῖσθαι (τὴν γῆν), ὡς διὰ τὸ πλωτὴν εἶναι μένουσαν ὥσπερ ξύλον ἤ τι τοιοῦτον ἕτερον (Aristote, *De cælo*, II, 13).

2. Hésiode, *Théogonie*, 116 :
Ἤτοι μὲν πρώτιστα Χάος γένετ᾽,...
ἐκ Χάεος δ᾽ Ἔρεβός τε μέλαινά τε Νὺξ ἐγένοντο·
Νυκτὸς δ᾽ αὖτ᾽ Αἰθήρ τε καὶ Ἡμέρη ἐξεγένοντο,
οὓς τέκε κυσαμένη, Ἐρέβει φιλότητι μιγεῖσα.

3. Χάσμα πελώριον, νύκτα ζοφερὰν, ἀτρυγὲς σκότος, σκοτόεσσαν ὀμίχλην (ap. Lobeck, *Aglaophamus*, 473, 474).

4. *Théog.*, vers 814.

5. ..... φλὸξ δ᾽ ἠέρα δῖαν ἵκανεν
ἄσπετος, ὄσσε δ᾽ ἄμερδε καὶ ἰφθίμων περ ἐόντων
αὐγὴ μαρμαίρουσα κεραυνοῦ τε στεροπῆς τε.
Καῦμα δὲ θεσπέσιον κάτεχεν χάος (*Théog.*, 697).

la lutte, s'il est la région atmosphérique, si *le Vide* [1] que son nom désigne est le vide qui sépare le ciel de la terre. Ainsi l'entendait certes le vieux poète qui montre l'aigle volant « dans le Chaos stérile [2]; » ainsi Euripide, quand il dit [3]: « Ce ciel qui est au dessus de nous et la terre sont le siège commun des mortels et des génies; *au milieu, entre le ciel et la terre, ce qu'on appelle le Chaos;* » ainsi les oiseaux d'Aristophane, quand, bâtissant leur cité aérienne, ils se promettent de prendre les dieux par la famine, s'ils ne consentent à payer tribut, en empêchant la graisse des victimes d'*arriver au ciel à travers leur cité et le Chaos* [4]. C'est de ce Chaos que vient le monde, parce que c'est dans ce Chaos, dans ce vide entre ciel et terre, que réside le principe créateur, la nuée. Phérécyde, qui, comme Thalès, fait de l'élément humide le principe premier, appelle ce principe Chaos [5]. Quand le Socrate de la comédie annonce pour dieu nouveau le Chaos avec les Nuées, il le montre du

---

1. Sens littéral de χάος; il est à χαίνω (hiare) dans le même rapport que φάος à φαίνω.

2. Bacchylide, oncle d'Eschyle (ve siècle), dans le scholiaste de la *Théogonie*, vers 116 :
Νωμᾶται δ' ἐν ἀτρυγέτῳ χάει.

3. Οὐρανὸς ὑπὲρ ἡμᾶς κοινὸν βροτῶν ἕδος δαιμόνων, τὸ δ' ἐν μέσῳ, τοῦ οὐρανοῦ τε καὶ χθονός οἱ μὲν ὀνομάζουσι χάος (Euripide, *Cadmus* dans *Probus*, ad Virg. Ecl. VI, 31). Le texte a été restitué comme il suit (éd. Didot) :

Οὐρανός θ' ἡμᾶς ὑπὲρ
καὶ Γῆ, βροτῶν κοινόν τε δαιμόνων θ' ἕδος·
τὸ δ' ἐν μέσῳ τούτ' οὐρανοῦ τε καὶ χθονός,
χάος μὲν ὀνομάζουσιν.

L'incertitude de la restitution ne modifie en rien le sens en ce qui touche le mot χάος.

4. Διὰ τῆς πόλεως τῆς ἀλλοτρίας καὶ τοῦ χάους
τῶν μηρίων τὴν κνῖσαν οὐ διαφρήσετε (*Oiseaux*, 192).

5. Tatius ; Isagoge, apud *Schœmann.*

doigt [1], parce que le Chaos n'est autre que le lieu de la nuée. Socrate n'invente pas, comme le veut Aristophane, des dieux et des rapports nouveaux, il n'abandonne pas les vieilles divinités pour des créations de fantaisie, il remonte aux plus anciennes traditions des Hellènes et des Aryens : le novateur dénoncé n'est qu'un attardé de la vieille foi, qui semble nouvelle étant oubliée. Le bon Plutarque, à défaut d'Aristophane, comprendrait ce Socrate : « *L'eau* est le premier des éléments, a dit Pindare ; ainsi parle aussi Hésiode : Tout d'abord était le *Chaos* [2]. »

Les deux enfants du Chaos, c'est-à-dire de la région nuageuse, ne sont, l'un, la Nuit, qu'un attribut du Chaos, l'autre, l'Érèbe, qu'une autre forme du Chaos même. Si, dans la mythologie classique, l'Érèbe, siège de la nuit éternelle, est caché dans les entrailles de la terre, il reste des indices qu'il n'en a pas toujours été ainsi. L'Érèbe, dans l'Odyssée, commence au delà du fleuve Océan, là où roulent dans l'Achéron le Phlégéton enflammé et le Cocyte ; tous ces fleuves de flamme et de ténèbres ont commencé par être le fleuve d'en haut, le fleuve de la nuée d'orage, où roulent la lave et la nuit ; ces demeures souterraines où gisent les démons vaincus ont été tout d'abord la demeure d'en haut où les démons attaquaient, luttaient, succombaient. Seulement, comme l'atmosphère ne se révélait que par intermittence comme le siège de la nuit et des créatures de la nuit, on les rejeta dans les cavités souterraines, pleines d'inconnu et de terreur, où jamais la

---

1. Νομίζεις ἤδη θεὸν οὐδένα, πλὴν ἅπερ ἡμεῖς,
τὸ Χάος τουτὶ, καὶ τὰς Νεφέλας, καὶ τὴν γλῶτταν, τρία ταυτί (*Nuées*, 441).

2. Ἄριστον μὲν ὕδωρ, ὁ δὲ χρυσὸς, αἰθόμενον πῦρ,
φησὶν ὁ Πίνδαρος· ὥστε οὗτος μὲν δευτέραν ἄντικρυς τῷ πυρὶ χώραν ἔδωκε· συμφωνεῖ δὲ καὶ Ἡσίοδος, εἰπών,
Ἤτοι μὲν πρώτιστα Χάος γένετο (*Aqua an Ignis sit utilior*, 4).

lumière du ciel ne pénètre. L'Érèbe a été la nuit d'en haut avant d'être la nuit d'en bas, et la grammaire comparée, confirmant les inductions de la mythologie, reconnaît dans son nom, Ἔρεβος, l'équivalent exact du sanscrit *rajas*, nom de l'atmosphère, de la région nébuleuse[1]. L'enfer a été dans le ciel avant d'être sous terre ; c'est le ciel d'orage qui en a fourni le premier type, et si naturelle était cette conception qu'à trois mille ans de distance Milton la retrouvait : dans le conseil que tiennent les anges vaincus, précipités du ciel dans l'enfer, Mammon, les exhortant à se résigner et à se faire un palais de leur prison, s'écrie : « Est-ce ce profond univers de ténèbres que nous redoutons ? Que de fois parmi les épais et sombres nuages le Seigneur tout souverain du ciel établit sa résidence et de la majesté des ténèbres enveloppe son trône, du fond desquelles les tonnerres profonds rugissent, concentrant leurs rages, et le ciel prend l'aspect de l'enfer[2]. »

Mais de ces nuages, de ces ténèbres, de cet enfer, doit sortir le ciel lumineux ; de cette nuit, le jour ; c'est pourquoi « de la Nuit naquirent l'Éther et le Jour, qu'elle enfanta unie d'amour à Érèbe. »

---

[1] Ascoli, *Fonologia*, § 26, 4 : c'est le gothique *rikvis*, ténèbres. Le rapprochement proposé avec le sémitique *arb*, occident, soir, n'est qu'un rapprochement de son : il faudrait, pour l'admettre à discussion, que *arb* eût une valeur mythique en sémitique, ce que l'on n'a pas songé à établir.

[2]   This deep world
    Of darkness do we dread ? How oft amidst
    Thick clouds and dark doth heaven's all ruling sire
    Choose to reside (his glory unobscured),
    And with the majesty of darkness round
    Covers his throne ; from whence deep thunders roar
    Mustring their rage and heaven resembles hell.
                    (*Paradise Lost*, II, 262.)

§ 14 *bis*. Remplaçons Χάος par un de ses équivalents, ἀήρ[1], l'atmosphère; remplaçons l'expression mythique et personnelle par l'expression générale et abstraite, et nous avons Anaximène[2]. Socrate, proclamant dieux le Chaos et la Nuée, ne fait que ramener aux formules primitives le système d'Anaximène. L'air est le principe premier, parce que, disent les interprètes postérieurs, il se transforme aisément[3], ou, selon un critique moderne[4], parce que c'est par l'air que les créatures respirent et vivent et qu'il doit être par suite le principe universel. Peut-être est-ce ainsi en effet qu'Anaximène s'expliquait lui-même son système ; mais, pour le trouver, il n'avait eu qu'à écouter et recueillir les vieilles formules théogoniques : elles lui avaient appris que le monde sort du Χάος, de la Νεφέλη, c'est-à-dire de l'ἀήρ; déjà, avant lui, Épiménide, variant Hésiode, au lieu de mettre au début le Chaos et la Nuit, avait mis l'Air et la Nuit. Anaximène n'invente pas, il répète ; seulement ἀήρ, le nom de l'atmosphère nébuleuse[5], avait pris aussi un sens plus abstrait et plus technique, une valeur *élémentaire* ; l'antique cosmologie si claire s'obscurcit en système philosophique.

Cette atmosphère nébuleuse est le siège des eaux et elle est le siège de la flamme. De là deux écoles, citées en passant par Aristote, l'une prenant pour principe un élément

---

1. Χάος, dit le Scholiaste d'Aristophane, pour ἀήρ (χάους ἀντὶ τοῦ ἀέρος). Il donne comme exemple ce vers d'Ibycus :
Ποτᾶται δ' ἐν ἀλλοτρίῳ χάει.
2. Né dans la 63ᵉ olympiade (entre 528 et 525).
3. *Simplicius*, ap. Zeller, tr. Boutroux, p. 247.
4. ZELLER (p. 248), d'après Plutarque (*De Plac. Phil.*, I, 3 ; vide infra, § 31) et d'après les théories de Diogène d'Apollonie, disciple d'Anaximène.
5. C'est le sens propre du mot par opposition à αἰθήρ, l'espace de la lumière céleste.

intermédiaire entre l'air et l'eau, l'autre entre l'air et le feu [1].

§ 15. La nuée, en Grèce comme en Inde, est l'œuf où germe la lumière : c'est de l'œuf que naît, au bord de la rivière, la fille de Zeus, la fille du ciel, Hélène, « la Resplendissante », la lumière-femme [2]. En Grèce donc, comme en Inde, et pour le même motif, l'œuf sera le symbole de la création. Cette forme cosmogonique, moins classique que les précédentes, est surtout connue par le développement qu'elle a pris dans les systèmes mystiques de la fin du paganisme. Dans les mystères de Dionysos, l'œuf était le symbole de l'univers, engendrant et contenant toutes choses dans son sein [3] : on est déjà assez loin ici du sens primitif et de l'image naturaliste ; les poètes orphiques y demeurèrent, et le développement des images élémentaires arrive à des versions coïncidant presque absolument avec les versions brahmaniques. Au début, le Chaos, la Nuée et la Nuit ; le Chaos, roulant sur lui-même, se condense, se limite et prend la forme d'un œuf monstrueux ; l'œuf, en

---

1. Ὕδατος μὲν λεπτότερον, ἀὴρ δὲ πυκνότερον, ὃ περιέχειν φασὶ πάντας τοὺς οὐρανοὺς ἄπειρον ὄν (De cœlo, III, 5). — Ἢ πῦρ ἢ ὕδωρ ἢ πυρὸς μὲν πυκνότερον ἀέρος δὲ λεπτότερον (Metaph., I, 7).

2. Hésiode fait d'elle une fille d'Okéanos et de Téthys (fr. 35, éd. Didot ; Schol. Pind. Nem., X, 150) ; elle est en effet aussi bien la fille d'Okéanos que de Zeus, de la rivière céleste que du ciel, sortant de l'une aussi bien que de l'autre (Ἡσίοδος οὔτε Διὸς οὔτε Νεμέσεως εἶναι τὴν Ἑλένην, ἀλλὰ θυγατέρα Ὠκεανοῦ καὶ Τηθύος).

3. Ὡς μόρμα τοῦ τὰ πάντα γεννῶντος καὶ περιέχοντος ἐν ἑαυτῷ (PLUTARQUE, Sympos., II, 3, 2). — (In sacris Liberi patris) ex forma tereti ac pæne sphærali atque undique versum clausa, et includente intra se vitam, mundi simulacrum vocatur (MACROBE, Saturn., VII, 16). L'œuf est donc antérieur à la poule. — Cf. le Minokhired et Varron, cités § 25.

tournant, germe, et se brise en deux moitiés qui forment le ciel et la terre; du centre de l'œuf sort l'être qui doit créer le monde, l'être divin et merveilleux, le dieu des orphiques, aux mille noms, Éros, Métis, Éricapéos, l'être lumineux, la lumière suprême, que les mortels appellent Phanès, parce que le premier il se laissa voir dans l'éther[1]. On reconnaît, sous cette forme tourmentée et savante, la même idée que dans les formules védiques qui montrent caché dans les eaux l'Embryon d'or qui doit créer le ciel et la terre.

Chez les Orphiques, cet être qui germe dans la nuit reste tantôt ce qu'il est de nature, l'être lumineux, *Phanès*; tantôt, par voie de généralisation, il devient le dieu de vie universelle et de sève qui se réveille chaque année au printemps ou chaque matin à l'aurore, *Éricapéos*[2]; ou, par une abstraction plus haute, *Métis*, la pensée, l'intelligence universelle. Enfin un autre de ses noms nous ramène à un autre symbole cosmologique que nous avons déjà rencontré dans le védisme, *Éros*, l'Amour.

---

1. Ἔφρασε δὲ (ὁ Ὀρφεύς) ὅτι τὸ φῶς ῥῆξαν τὸν αἰθέρα ἐφώτισε τὴν γαῖαν εἰπὼν ἐκεῖνο εἶναι τὸ φῶς τὸ ῥῆξαν τὸν αἰθέρα τὸν ὑπέρτατον πάντων· οὗ ὄνομα Ὀρφεὺς ἀκούσας ἐκ τῆς μαντείας ἐξεῖπε, Μῆτιν, Φάνητα, Ἠρικαπαῖον, ὅπερ ἑρμηνεύεται βουλή, φῶς, ζωοδοτήρ (CEDRENUS, ap. Lobeck, 179). Cf. DAMASCIUS, *De prim. princ.*, et la citation des *Argonautiques*, § 16.

2. Ἠρικαπαῖος, défini ζωοδοτήρ, est littéralement « celui qui souffle au matin (de ἦρι et κάπος: κάπος = ψυχή, ἄνεμος ap. Hesychium). GOETTLING (*Opusc. Acad.*, 1869, p. 213) traduit *vernalium ventorum afflatus*. Mais ἦρι, qui signifie *au printemps*, signifie aussi *au matin* et il peut s'agir également de la brise matinale qui ramène la vie après la nuit. Voici un vers védique d'un hymne à l'aurore qui peut servir de commentaire au ζωοδοτήρ de Cedrenus : « Levez-vous ! voici venue notre vie, notre souffle ; les ténèbres sont évanouies, la lumière vient; elles ont laissé au soleil la voie où il va marcher ; nous sommes allés où la vie se prolonge. » (RV. I. 113, 16.) Ainsi Hâfiz : « L'haleine du vent du matin répandra le musc autour de nous, et le vieux monde redeviendra jeune à nouveau. »

§ 16. L'Amour, pour les Hellènes comme pour les Indous, est le premier-né des dieux : « D'abord fut le Chaos, dit Hésiode, puis la Terre au large sein, et l'Amour, le plus beau des immortels[1]. » Philosophes et poëtes le répètent à travers les siècles, depuis l'auteur de la *Théogonie* jusqu'à celui des *Argonautiques*. Si le sens naturaliste du symbole est oublié, si la Grèce ne sait plus que le dieu Amour n'est autre que le héros orageux et lumineux qu'elle célèbre ailleurs sous les noms d'Hercule et de Persée, que c'est le dieu conçu comme amant de la lumière qu'il délivre, du moins laisse-t-elle encore voir, jusque dans les formules des derniers mystiques, que l'Éros grec, comme le Kâma indien, est le dieu Lumière, et sa nature vraie perce toujours, quoique inexpliquée. Écoutez les derniers des Orphiques : « J'ai chanté l'insondable loi du Chaos primordial, — et Kronos, comment dans ses flancs infinis il enfanta l'Éther, — et l'illustre Amour, à double forme, aux yeux de flamme, fils de la Nuit éternelle, que plus tard les hommes ont appelé Phanès, parce que le premier il apparut aux regards (ἐφάνθη)[2]. » Cet être aux yeux

---

1. Ἤτοι μὲν πρώτιστα Χάος γένετ', αὐτὰρ ἔπειτα
 Γαῖ' εὐρύστερνος...
 ἠδ' Ἔρος, ὃς κάλλιστος ἐν ἀθανάτοισι θεοῖσι (v. 116).
 De même Ibycus : Ἴϐυκος δὲ καὶ Ἡσίοδος ἐκ Χάους λέγει γενέσθαι τὸν Ἔρωτα (*Schol. ad Apoll. Rhod.*, III, 26 ; Bergk, fr. 28) ; et Acousilaos (Damascius, *De prim. princ.*, § 124). Même conception, en d'autres termes, dans le vers orphique qui met au début « la *Nuit*, que nous appellerons *Cypris* » :
 Νὺξ γένεσις πάντων, ἣν καὶ Κύπριν καλέσωμεν.
 De là, dans Cicéron, *Amor*, né de l'*Érèbe* et enfant de la Nuit (*De Nat. Deor*, III, 17)

2. Ἀρχαίων μὲν πρῶτα χάους ἀτέκμαρτον ἀνάγκην,
 καὶ Κρόνον, ὃς ἐλόχευσεν ἀπειρεσίοις ὑπὸ κόλποις
 Αἰθέρα, καὶ διφυῆ, πυρσωπὰ, κυδρὸν Ἔρωτα,
 Νυκτὸς ἀειγνήτης υἷα κλυτόν, ὃν ῥα Φάνητα
 ὁπλότεροι κλῄζουσι βροτοί· πρῶτος γὰρ ἐφάνθη. (*Argon.*, [...]).

de flamme, qui sort de la nuit et le premier se rend visible, révèle sa nature lumineuse presque aussi clairement que dans le bel hymne cosmogonique jeté par Aristophane au milieu d'une de ses plus folles comédies :

« D'abord fut le Chaos, et la Nuit, et le noir Érèbe, et le vaste Tartare ; la terre n'était point, ni l'atmosphère, ni le ciel. Et au début, dans les flancs infinis de l'Érèbe, la Nuit enfanta un œuf sans germe [1], la Nuit aux ailes noires, et, les temps roulant, germa et sortit Amour le désirable, faisant éclater sur ses épaules deux ailes d'or, rapides comme les tourbillons des vents [2]. »

§ 16 *bis*. L'identité de cet Éros avec le dieu brillant qui sort de la nuée éclate à chaque ligne. Mais le poète, emporté par le nom même du dieu et par les idées qu'il éveille, dévie dans l'abstraction et explique par l'action de l'Amour, conçu comme une force générale de la nature, toutes les choses qu'avaient faites Amour, être mythique et personnel : « Et, avant que l'Amour eût mêlé toutes choses, point n'était la race des immortels ; et les éléments se mêlant les uns aux autres, se produisit le Ciel, et l'Océan, et la Terre, et la race impérissable de tous les

---

1. ὑπηνέμιον se dit des œufs vides, que l'on croyait engendrés par le vent : ᾠὰ τὰ δίχα τοῦ ὀχεῦθῆναι γεννώμενα (HESYCHIUS) ; quidam et vento putant ea generari ; qua de causa etiam zephyria appellantur (PLINE, X, 60, 80). La cosmologie védique offre la même image (voir § 10).

2. Χάος ἦν καὶ Νὺξ Ἔρεβός τε μέλαν πρῶτον καὶ Τάρταρος εὐρύς,
Γῆ δ' οὐδ' ἀὴρ οὐδ' οὐρανὸς ἦν· Ἐρέβους δ' ἐν ἀπείροσι κόλποις
τίκτει πρώτιστον ὑπηνέμιον Νὺξ ἡ μελανόπτερος ᾠόν,
ἐξ οὗ περιτελλομέναις ὥραις ἔβλαστεν Ἔρως ὁ ποθεινός,
στίλβων νῶτον πτερύγοιν χρυσαῖν, εἰκὼς ἀνεμώκεσι δίναις.

(*Les Oiseaux*, 693.)

dieux bienheureux[1]. » L'Amour-sentiment, force générale de la nature, a pris la place d'Amour, être concret et personnel, identique au dieu lumineux qui sort sur des ailes d'or de la nuée ténébreuse. Déjà, dans Hésiode, la pensée philosophique et abstraite a recouvert la vieille image mythique : lui, non plus, ne sait plus que l'Éros créateur n'est qu'un déguisement de la lumière, une forme d'Héméra ; ce n'est plus Amour, c'est l'Amour, « le dieu de langueurs, qui dompte le cœur de tous les dieux et de tous les hommes[2] ; » c'est déjà l'Amour abstrait des philosophes, « l'Amour par qui se sont faits les commencements sacrés de la nature et se sont développés les éléments de tout l'Univers[3]. » Phérécyde est plus près du mythe quand son Zeus, pour créer le monde, se transforme en Éros[4] ;

---

1. Οὗτος δὲ γὰρ πτερόεντι μιγεὶς νυχίῳ κατὰ Τάρταρον εὐρὺν
ἐνεόπτευσεν γένος ἡμέτερον καὶ πρῶτον ἀνήγαγεν εἰς φῶς.
Πρότερον δ' οὐκ ἦν γένος ἀθανάτων πρὶν Ἔρως συνέμιξεν ἅπαντα,
ξυμμισγομένων δ' ἑτέρων ἑτέροις γένετ' οὐρανός τ' ὠκεανός τε
καὶ γῆ, πάντων τε θεῶν μακάρων γένος ἄρδιον (*Ibid.*, 700).

2. Ἠδ' Ἔρος, ὃς κάλλιστος ἐν ἀθανάτοισι θεοῖσι.
λυσιμελής, πάντων τε θεῶν πάντων τ' ἀνθρώπων
δάμναται ἐν στήθεσι νόον καὶ ἐπίφρονα βουλήν (*Théogonie*, 120.)

« Hésiode, dit Aristote, et les autres qui, comme Parménide, ont mis l'Amour ou le Désir au début comme principe des choses, sont les premiers qui aient eu l'idée d'une cause première de mouvement ». (ὡς δέον ἐν τοῖς οὖσιν ὑπάρχειν τιν' αἰτίαν ἥτις κινήσει καὶ συνάξει τὰ πράγματα ; *Métaph.*, I, 4).

3. Amor ille, per quem rerum naturæ sacra primordia totiusque mundi elementa creverunt (QUINTILIEN, *Declamat.* XIV, ap. Schœmann, *De cupidine cosmologico*, opuscule plein de faits, où sont rassemblés tous les textes importants sur le rôle d'Éros dans la cosmologie grecque ; *Opusc. Acad.* II, 6).

4. Καὶ ὁ Φερεκύδης ἔλεγεν εἰς Ἔρωτα μεταβεβλῆσθαι τὸν Δία μέλλοντα δημιουργεῖν, ὅτι δὴ τὸν κόσμον ἐκ τῶν ἐναντίων συνιστὰς εἰς ὁμολογίαν καὶ φιλίαν ἤγαγε καὶ ταυτότητα πᾶσιν ἐνέσπειρε καὶ ἕνωσιν τὴν δι' ὅλων διήκουσαν (PROCLUS, *Comm. ad Timæum*, 156 A). L'explication ὅτι δὴ est sans doute de Proclus ; il est douteux que l'idée fût aussi nettement dans la pensée de Phérécyde, qui, dans tout ce qui reste de lui, se montre pur mythologue, sans ombre de métaphysique.

Parménide également, quand il place Aphrodite, son principe premier, au milieu des zones alternées de nuit et de lumière dont se forme l'univers, et lui fait créer Éros comme première de toutes les créatures [1]; mais il est philosophe quand il la définit le « génie qui gouverne toute chose, principe en toute chose du douloureux enfantement et de toute union, envoyant l'élément femelle se mêler à l'élément mâle et l'élément mâle à l'élément femelle [2], » et quand à son nom d'Aphrodite il joint les noms d'Ἀνάγκη, la Nécessité, Δίκη, la Loi, Κυβερνῆτις, celle qui gouverne, Κληροῦχος, la Destinée [3]. Il était réservé au génie le plus net et le moins rêveur que la Grèce ait produit de rajeunir le vieux mythe décoloré par des générations de philosophes, en lui donnant une valeur nouvelle, plus mystérieuse qu'il n'avait jamais eue. Aristote, en quête du mouvement initial, ne pouvant le mettre au sein de son Dieu, trop parfait et trop au dessus du monde pour déchoir au mouvement, se retourne vers la vieille formule des mythologues : c'est l'Amour qui sera avec lui, comme il l'a été avec Hésiode, avec Acousilaos, avec Parménide, avec les Orphiques, avec les Rishis védiques, le branle de la vie universelle [4]; mais ce n'est plus l'amour des choses pour

---

1. Πρώτιστον μὲν Ἔρωτα θεῶν μητίσατο πάντων (ARISTOTE, loc. cit.; PLUTARQUE, Amatorius, 12; SIMPLICIUS, Phys., fol. 9 a).
2. Ἐν δὲ μέσῳ τούτων Δαίμων ἣ πάντα κυβερνᾷ.
Πάντη γὰρ στυγεροῖο τόκου καὶ μίξιος ἀρχή,
πέμπουσ' ἄρσενι θῆλυ μιγῆναι, ἐναντία τ' αὖθις
ἄρσεν θηλυτέρῳ.
(Fragm., 126, éd. Mullach; de Simplicius, Phys., f. 9 a.)
Sur ces zones alternées, voir STOBÉE, Eclogae I, 23 (482); CICÉRON, De Nat. Deor., I, 11; PLUTARQUE, De placitis philos., II, 7.
3. STOBÉE, l. l.
4. Κινεῖ ὡς ἐρώμενον, κινούμενον δὲ τἆλλα κινεῖ (Metaph., XII, 7).
La matière est emportée par le désir de sa nature vers le divin et l'excellent dont elle est l'opposé et auquel elle aspire (Ὄντος γὰρ τινὸς θείου καὶ ἀγαθοῦ καὶ ἐφετοῦ, τὸ μὲν ἐναντίον αὐτῷ φαμὲν εἶναι, τὸ δὲ ὃ πέφυκεν ἐφίεσθαι καὶ ὀρέγεσθαι αὐτοῦ κατὰ τὴν ἑαυτοῦ φύσιν).
Mais d'où vient cet amour dans la matière? demande Proclus.

les choses, la sympathie des éléments qui se rencontrent : c'est un vague et mystique amour du monde pour son principe suprême et voilé, une sorte d'effort ardent et douloureux de l'Univers vers un Idéal obscur auquel il aspire et qui met le ciel en marche vers Dieu. Ce n'était point la peine de tant railler Platon et ses métaphores poétiques. La philosophie, d'ailleurs, une fois qu'elle entre dans le mystère premier, peut-elle en sortir autrement qu'à coups de métaphore ? Et le mieux n'est-il pas ou de rester au bord, ou, si l'on y plonge, de s'abandonner franchement, et sans se duper soi-même, à la poésie et au rêve, jusqu'au bout ?

Tel fut le dernier terme d'abstraction où parvint le vieux mythe aryen qui, transportant aux héros de ses luttes naturalistes les passions de l'âme humaine, avait installé l'Amour au foyer de la création. Et quand la poésie, de nos jours, a lancé les mondes autour du soleil sur les ailes de l'amour, c'est un écho lointain des formules que chantaient les ancêtres de la race aryenne qui retentit dans les vers de l'*Enfant du siècle* :

> J'aime ! c'est là le mot que la nature entière
> Crie au vent qui l'emporte, à l'oiseau qui le suit !...
> Oh ! vous le murmurez dans vos sphères sacrées,
> Étoiles du matin, ce mot triste et charmant !
> La plus faible de vous, quand Dieu vous a créées,
> A voulu traverser les plaines éthérées,
> Pour chercher le soleil, son éternel amant.
> Elle s'est élancée au sein des nuits profondes,
> Mais une autre l'aimait elle-même ; et les mondes
> Se sont mis en voyage autour du firmament [1].

---

[1]. C'est sur le même cri que Dante ferme sa Divine Comédie :
L'Amor che muove'l sole e l'altre stelle.

§ 17. Nous avons vu Indra créer le monde en abattant le Serpent :

O Indra, quand tu as tué le Premier-né des Serpents,
alors, engendrant le Soleil, le Ciel, l'Aurore,
alors, certes, tu n'as plus trouvé d'ennemi [1].

Ces vers védiques résument l'épopée cosmologique de Phérécyde et son histoire du roi Serpent, Ophion, maître de l'Olympe au début des temps et précipité de là par Kronos [2]. Ces images, qui fournissent à la mythologie de la Grèce l'histoire des luttes initiales contre les Géants et les Titans [3], comme elles ont fourni à l'Inde celle des luttes initiales contre les Asuras, lèguent à sa philosophie cette formule que le monde est né de la lutte, qu'à l'origine est la guerre, la rivalité, la jalousie, Πόλεμος, Ἔρις, Νεῖκος. C'est la guerre, dit le poète d'Éphèse, qui est le père de toutes

---

1. Voir § 5.
2. Il décrivait leurs armées, leurs défis, leurs conventions, comment celui qui serait précipité dans Ogenos (l'Océan) céderait l'Olympe à son rival (Celse, dans Origène, VI, 42). Preller observe qu'Apollonius de Rhode semble suivre Phérécyde dans le chant qu'il prête à Orphée (I, 503) :

 Ἤειδεν δ' ὡς πρῶτος Ὀφίων Εὐρυνόμη τε
 Ὠκεανὶς νιφόεντος ἔχον κράτος Οὐλύμποιο,
 ὥς τε βίῃ καὶ χερσὶν ὁ μὲν Κρόνῳ εἴκαθε τιμῆς,
 ἡ δὲ Ῥέῃ, ἔπεσον δ' ἐνὶ κύμασιν Ὠκεανοῖο.

Cette lutte est antérieure à l'organisation du monde, à en juger d'après l'ordre dans lequel Maxime de Tyr énumère les divers actes du drame cosmologique dans Phérécyde : ἀλλὰ καὶ τοῦ Συρίου τὴν ποίησιν σκόπει, καὶ τὸν Ζῆνα καὶ τὴν Χθονίην καὶ τὸν ἐν τούτοις Ἔρωτα καὶ τὴν Ὀφιονέως γένεσιν καὶ τὴν θεῶν μάχην καὶ τὸ δένδρον καὶ τὸν πέπλον (Dissert. X, ap. Preller, Pherecydes, dans le Rheinische Museum, 1844).

3. La titanomachie n'est qu'un dédoublement de la gigantomachie, postérieur au développement de l'idée des dynasties et des rivalités divines.

choses, le roi de toutes choses[1]. Empédocle ente là dessus son dualisme de Νεῖκος et Φιλότης. De Maistre et Darwin auraient souscrit des deux mains à l'oracle d'Héraclite, et peut-être lui-même y voyait déjà vaguement quelque chose d'analogue aux conceptions modernes. Mais ici encore la pensée philosophique n'est qu'une déviation du mythe. Cette lutte qui crée la concorde n'est point dès l'abord la lutte métaphorique des éléments, leur rencontre hostile et féconde; c'est la lutte qui a précédé l'apparition visible du monde et qui, en dissipant la nuée ténébreuse, a fait jaillir l'univers sous le resplendissement de la lumière. Un disciple de Thalès, Hippon, nous fournit le chaînon intermédiaire[2]. L'humide est le principe premier; de l'eau naît le feu; le monde naît de la victoire du feu sur l'eau[3]. L'Amour orphique a gardé le souvenir de ces luttes : l'Amour créateur, le mol Amour, est décrit sous les formes monstrueuses que la mythologie prête aux démons de l'orage : il naquit mâle et femelle, avec des têtes de bélier, de taureau, de lion, de dragon, « plus semblable à Typhée qu'à l'Amour, » observe avec étonnement un critique[4];

---

1. Πόλεμος πάντων μὲν πατήρ ἐστι, πάντων δὲ βασιλεύς (fr. 44; ap. Hip. Refut. Hæres.; IX, 9; Cf. Plut., Isis et Osiris, 48). — On attribuait les mêmes principes à Linus; mais les fragments conservés sous ce nom sont apocryphes.

2. Logiquement, sinon historiquement. Son époque est inconnue. On le place sous Périclès, parce que Cratinus l'a ridiculisé dans une de ses comédies (Scholie aux Nuées, 96); l'induction n'est pas absolument décisive. Aristote le classe avec Thalès (Métaph., I, 3). Par la pensée, il appartient à l'enfance de la philosophie; à peine un philosophe, dit Aristote (διὰ τὴν εὐτέλειαν αὐτοῦ τῆς διανοίας). Sa théorie de l'identité de la semence avec la moelle, et de l'âme avec la semence, appartient à la plus vieille physiologie indo-européenne.

3. ἀρχὰς ἔφη, ψυχρόν τὸ ὕδωρ καὶ θερμόν τὸ πῦρ, γεννώμενον δὲ τὸ πῦρ ὑπὸ ὕδατος, κατανικῆσαι τὴν τοῦ γεννήσαντος δύναμιν, συστῆσαι τε τὸν κόσμον (Origène; Philosoph. apud Mullach, Frag. phil., I, 81).

4. Schœmann, l. l., p. 73.

étonnement hors de propos, car au fond l'Amour est identique à Typhée; il vit dans le même monde, dans la même région de nuée et d'orage, dans le même Chaos, et, avant de se manifester en Phanès triomphant, sur les ailes d'or de la lumière créatrice, il n'apparaît que sur les ailes de l'éclair et sous les formes de créatures monstrueuses que l'œil dessine dans les masses difformes de la nuée[1]. La Grèce, comme l'Inde, a donc eu des mythes où la création sortait de la lutte du dieu et du démon. Mais on conçoit combien une telle cosmologie, si légitime qu'elle fût, étant donné son point de départ, cessait d'être satisfaisante à mesure que la pensée philosophante s'habituait à chercher aux origines du monde quelque chose qui ressemblât au néant. Ces solutions, qui transportaient purement et simplement dans la création première les circonstances et les agents de la création renouvelée, devaient ou disparaître ou se transformer, et les philosophes grecs conservèrent les formules traditionnelles où ils avaient été nourris en convertissant la lutte concrète entre adversaires vivants en une lutte abstraite et métaphysique.

§ 18. Enfin l'arbre de Brahma a aussi poussé des branches dans le ciel hellénique. Sans nous arrêter aux preuves de l'équivalence de la nuée et de l'arbre dans la mythologie grecque proprement dite[2], nous trouvons directement

---

1. « N'as-tu jamais vu, en regardant au ciel, de nuée semblable à un centaure, à une panthère, à un loup, à un taureau ? » (*Nuées*, 316.)

2. Par exemple, la nymphe Melia (Μελία, le frêne), fille de l'Océan, épouse le fleuve Inachos et en a le premier homme, Phoroneus, le Prométhée argien qui apporte le feu du ciel. C'est le frêne de la nuée, d'où le feu est descendu sur terre dans l'éclair (Kuhn, *Descente du feu*).

l'arbre de Brahma dans le chêne ailé [1] sur lequel le Zeus de Phérécyde déploie le ciel, la terre et l'Océan [2]. Cette conception, qui n'est plus attestée directement que par une ligne échappée par hasard au naufrage de cette vieille cosmologie, a laissé pourtant dans la philosophie grecque un écho permanent : c'est ce mot qui joue un si grand rôle dans sa métaphysique, ὕλη, « le bois, la forêt, » et qui, avant de devenir la pâle et insaisissable matière des métaphysiciens, fut d'abord le chêne dont Zeus a fait le monde, l'arbre dans lequel les dieux védiques ont taillé le ciel et la terre [3], l'arbre de Brahma, l'arbre flottant dans les airs, l'« arbre des tempêtes » de la Germanie [4].

§ 19. Ainsi tous les éléments que nous avons distingués dans les cosmologies indiennes se retrouvent dans les cos-

---

1. Ailé parce qu'il court dans le ciel. Les Indous racontent de même que les montagnes volaient d'abord dans le ciel : c'est Indra qui les fixa. Toutes les nuées sont des Symplégades.

2. μάθωσι τί ἐστιν ἡ ὑπόπτερος δρῦς ἢ τὸ ἐπ' αὐτῇ πεποικιλμένον φᾶρος πάντα ὅσα Φερεκύδης ἀλληγορήσας ἐθεολόγησε (CLÉMENT D'ALEXANDRIE, *Stromates*, 6 § 2, A). L'exactitude de ἀλληγορήσας, d'après tout ce qu'on sait de Phérécyde, est plus que douteuse. — Ce tissu (φᾶρος) est le tissu du monde ; voir § 40.

3. Voir plus haut, § 10, note.

4. Voir plus bas, § 27. — Comparer les nombreuses formules christianisées, latine, bretonne, provençale, anglaise, galloise, serbe et bulgare, récemment rassemblées par M. Kœhler (*Revue Celtique*, IV, 447), et qui, cherchant le support du monde, arrivent comme dernier terme à un chêne planté au début des temps par Jésus-Christ et, dans quelques formules, identique à Jésus même. Voici la formule latine :

Quid sustinet cœlum ? Terra.
Quid sustinet terram ? Aqua.
Quid sustinet aquam ? Petra.
Quid sustinet petram ? Quatuor animalia.
Quæ sunt illa quatuor animalia ? Lucas, Marcus, Matheus, Johannes.
Quid sustinet illa quatuor animalia ? Ignis.
Quid sustinet ignem ? Abyssus.
Quid sustinet abyssum ? Arbor, quæ ab initio posita est, ipse est Dominus Jesus Christus.

mologies grecques : le monde, en Grèce comme en Inde, naît des eaux, des ténèbres, de la lumière, de l'œuf, de l'amour, de la lutte, de l'arbre, et ces sept principes nous ramènent à une même conception mythique : le monde est né des mêmes éléments dont il renaît dans la nuée d'orage. Cinq de ces éléments sortent directement d'images naturalistes : les eaux, les ténèbres, la lumière sont les eaux de la nuée, les ténèbres de la nuée, la lumière de la nuée ; et l'œuf et l'arbre sont deux de ses formes. Le sixième, l'amour, sort d'une image anthropomorphique, le dieu lumineux caché dans la nuée étant conçu comme dieu amant, parce qu'il arrache la déesse-lumière aux serres du démon ; le dieu-amant devenu dieu-amour fournit à la cosmogonie un principe nouveau tout abstrait d'apparence et la lance dans les voies métaphysiques. Le dernier principe enfin, la lutte, est l'expression directe du mythe primitif.

Tous ces éléments cosmologiques étaient déjà définis dans la période de l'unité indo-européenne : les rapports frappants des deux cosmologies, grecque et indoue, sont trop précis pour être le fruit du hasard et trop particuliers pour être le fruit de développements identiques, mais indépendants. Quant à l'hypothèse d'un emprunt de la Grèce à l'Inde, l'idée n'en viendra à personne : ni Homère, ni Hésiode, ni Aristophane n'ont appris des Védas que l'Océan, que la Nuit, que l'Amour, que la Lutte, sont à l'origine des choses : le système même de l'œuf cosmique, quoiqu'il n'apparaisse entièrement formé que dans les Orphiques, est aussi ancien que les autres, et c'est dans l'œuf qu'Aristophane fait germer l'amour créateur[1].

---

1. On peut suivre cette forme cosmologique jusqu'au siècle de Solon si la cosmogonie prêtée à Épiménide est authentique, ce qui semble le cas : au début, l'Air (l'Atmosphère) et la Nuit (ἀέρα καὶ νύκτα) ; de là, par deux intermédiaires mal définis, l'œuf d'où sortent les créatures (ὧν μιγθέντων ἀλλήλοις ᾠὸν γενέσθαι..., ἐξ οὗ πάλιν ἄλλην γενεὰν προσελθεῖν; DAMASCIUS, De primis princip., § 124).

Les ancêtres de la race aryenne possédaient donc déjà ces sept formules, différentes de forme, identiques de sens : le monde est né des eaux, le monde est né de la nuit, le monde est né de la lumière, le monde est né de l'œuf, le monde est né de l'arbre, le monde est né de l'amour, le monde est né de la lutte.

CHAPITRE IV.

COSMOLOGIES DE PERSE ET DE SCANDINAVIE.

§ 20. Caractère des cosmologies persanes.
§ 21. L'Eau et le Feu.
§ 21 *bis.* Hippon, Héraclite.
§ 22. La Nuit.
§ 23. L'Amour.
§ 24. La Lutte.
§ 25. L'OEuf cosmique.
§§ 26 et 27. Cosmologies scandinaves : l'Eau et le Feu, l'Arbre.

§ 20. La religion de la Perse, le Dualisme ou Mazdéisme, a fait subir des modifications profondes aux vieilles croyances indo-européennes. Elle a coordonné d'une façon systématique et nouvelle les éléments légués par la période antérieure, en séparant d'une façon tranchée le monde et les dieux en deux camps, celui de la lumière et celui des ténèbres, du bien et du mal. Deux principes suprêmes et primitifs, lumière et ténèbres; deux êtres suprêmes incarnant ces deux principes, Ormazd et Ahriman : ces deux êtres créent, chacun de leur côté, toute une série d'êtres lumineux et bons, ténébreux et méchants, et la lutte de ces deux principes, de ces deux êtres, de ces deux mondes, constitue l'histoire de l'univers. Comme toute l'activité créatrice est reportée à ce dieu des dieux et à ce démon des démons, il n'y a pas à parler d'une cosmogonie à la façon grecque et indoue, toutes choses venant d'eux et non d'ailleurs. Mais, à l'arrière-plan, les vieilles conceptions cosmologiques subsistent, et, mal fondues dans la nouvelle qu'elles troublent, n'en attestent que mieux leur puissance et leur antiquité. Ce sont principalement les sectes qui en ont conservé le souvenir.

§ 21. La secte des Zervanites, qui ramène le dualisme à l'unité en faisant sortir Ormazd et Ahriman d'un être antérieur, Zervan, le Temps sans bornes, enseigne que Zervan, voulant avoir un fils, Ormazd, qui créât le ciel et la terre, commença par créer l'eau et le feu, du mélange desquels naquit Ormazd[1]. Nous voici de nouveau de plain-pied sur le terrain des mythes indo-grecs. Cette eau, mêlée au feu pour produire le dieu de la Lumière, nous reporte à la nuée sillonnée de l'éclair, d'où doit sortir la lumière du jour, à l'onde indistincte des Védas.

Ce débris de cosmologie diffère des formes correspondantes de l'Inde et de la Grèce par la présence du feu, qui là-bas sort de l'eau, qui ici y réside et partage avec elle le rôle de premier principe.

§ 21 bis. Rien de plus légitime que cette union, dans les fonctions cosmogoniques, de l'eau et du feu, puisque c'est de leur union dans la nuée que le monde sort. Le feu qui

[1]. Sur les Zervanites, voir *Ormazd et Ahriman*, §§ 241-256.

fait paraître l'univers en brisant la nuée pouvait, on le conçoit, arriver à usurper pour lui-même le premier rang et devenir le principe suprême. Les formules védiques sur l'Embryon d'or, Agni, première créature qui doit créer le monde[1], les formules orphiques sur Phanès[2], semblent sur la voie d'un pareil système, — sans y aboutir, parce qu'elles se souviennent que l'Embryon d'or et Phanès sortent des eaux, et qu'il y a quelque chose qui leur est antérieur. Hippon le sait encore, mais déjà le feu usurpe : quoique postérieur à l'eau dont il est né, comme un *Apâm Napât* védique[3], il lutte contre elle, et de sa victoire naît le monde[4]. Avec Héraclite, le vainqueur devient principe universel et premier; le monde est un feu immortel qui s'allume suivant une loi et s'éteint suivant une loi[5], et la foudre est le gouvernail du monde[6].

§ 22. Il est une des idées de la Grèce et de l'Inde que l'Iran ne pouvait conserver; que le monde naquit de la nuit, il y avait là, dans la forme nouvelle que la religion avait prise, une impossibilité morale, un blasphème : la nuit pouvait bien enfanter le monde d'Ahriman, des ténèbres et du mal; l'autre partie de la création ne pouvait sortir de ses entrailles. Cette conception, chassée du grand jour de la religion, laissa sa trace dans les sectes : les

1. Voir § 7.
2. Voir § 15.
3. Voir plus haut, page 111, note 1.
4. Voir § 17.
5. Πῦρ ἀείζωον, ἁπτόμενον μέτρῳ, καὶ ἀποσβεννύμενον μέτρῳ.
6. Τὰ δὲ πάντα οἰακίζει κεραυνός (fr. 51, ap. Hippolyte, *Refut. Hæres.*, 282 : λέγει δὲ καὶ τοῦ κόσμου κρίσιν καὶ πάντων τῶν ἐν αὐτῷ διὰ πυρὸς γίνεσθαι, λέγων οὕτως· τὰ δὲ πάντα οἰακίζει κεραυνός, τοῦτ' ἐστὶ κατευθύνει κεραυνὸν τὸ πῦρ λέγων τὸ αἰώνιον).

Zervanites croyaient que le ténébreux Ahriman naquit avant Ormazd : il prit l'empire pour neuf mille ans ; ce temps écoulé, son lumineux rival règnera à jamais [1]. L'Iran ne sait plus que la Nuit est mère du jour, que Nyx a enfanté Héméra ; mais il garde du moins un souvenir lointain et détourné de l'antériorité de la nuit : elle n'est plus la mère, elle est du moins la sœur aînée.

Ainsi en fut-il en Grèce, chez les philosophes ; sans doute, dans Eschyle, ce n'est que par métaphore poétique que la Nuit est mère de l'Aurore [2] ; il y a plus dans Thalès, quand il enseigne que de la Nuit et du Jour, c'est la Nuit qui fut la première [3].

§ 23. Le plus beau des immortels, Éros, Kâma, l'Amour, a perdu également l'empire cosmologique qu'il exerçait dans la période indo-européenne. Il n'en reste qu'une trace fugitive : le *désir* de Zervan d'avoir un fils qui puisse créer le ciel et la terre [4].

§ 24. La création par la lutte est le fond même du mazdéisme ; la lutte est la vie du monde du premier instant au dernier. Cette lutte a pris, il est vrai, un caractère

---

1. A la suite de conventions qui rappellent celles de Kronos et d'Ophion dans Phérécyde, § 17, note ; cf. *Ormazd et Ahriman*, pp. 115, 308).

2. ἔτι γένοιτο μητρὸς εὐφρόνης πάρα (*Agamemnon*, 265, éd. Didot).

3. πρὸς τὸν πυθόμενον εἰ πρότερον ἐγεγόνει, νὺξ ἢ ἡμέρα ἡ νὺξ, ἔφη, μιᾷ ἡμέρᾳ πρότερον. (Diog. Laert.) — Servius ad Ecl., III, 73. Constat prius noctem fuisse, post diem. — Dans l'Edda (Gylfaginning 10), le Jour (Dag) est fils de la Nuit (Nôtt) et d'un génie nommé Dellingr : *nox diem videtur* (Tacite, *Germania*, 11).

4. Voir § 36.

abstrait et moral. Cependant, même sous l'exposé récent et systématique des récits parses, les contours primitifs du mythe naturaliste se dessinent avec clarté : la création a lieu après la défaite d'Ahriman : le dieu et le démon se sont rencontrés dans « le vide qui s'étend entre la lumière infinie et les ténèbres infinies » et qui s'appelle *Vâi*, c'est-à-dire l'atmosphère [1] : Ormazd écrase son adversaire à coups de formules sacrées et crée, pendant son accablement, le ciel, la terre, le soleil et toutes les lumières matérielles.

La conception primitive, à peine voilée sous les formes mystiques qu'elle a revêtues ici, se retrouve, voilée autrement, sous des traits puérils empruntés à d'anciens contes, dans un mythe bizarre presque déchu en conte d'enfant. Un jour, Ahriman invita Ormazd à dîner : Ormazd, y étant allé, ne voulut pas manger que d'abord leurs fils ne se fussent battus ; et, le fils d'Ahriman ayant terrassé le fils d'Ormazd, les deux pères furent à la recherche d'un juge et, n'en trouvant pas, firent le soleil pour leur servir de juge. Ces deux fils d'Ahriman et d'Ormazd sont connus de l'Avesta : ce sont Ajis, « le Serpent, » et Atar, « le Feu, » les deux représentants du démon et du héros d'orage dans la mythologie iranienne [2].

Sous ce récit puéril se cache un mythe faisant sortir la création d'une lutte, un mythe analogue à ceux que nous avons rencontrés dans les Védas, dans Phérécyde [3] ; c'est de l'Empédocle mis en conte.

§ 25. Voici enfin l'œuf cosmique des Indous et des Grecs : « Le ciel et la terre et les eaux et toutes les autres choses

---

1. *Ormazd et Ahriman*, § 97.
2. Pour l'explication des détails, voir *ibid.*, p. 113, note 1.
3. Voir § 9 et § 17.

qui sont dans le ciel sont faites à la façon d'un œuf d'oiseau. Le ciel, au dessus et au dessous de la terre, a été fait par Ormazd à la façon d'un œuf. La terre, à l'intérieur du ciel, est comme le jaune dans l'œuf¹. » N'y a-t-il là qu'une comparaison *a posteriori*, ou bien ces mots : *a été fait par Ormazd à la façon d'un œuf*, sont-ils des souvenirs d'une conception où le monde naît réellement d'un œuf? Un mythe persan transmis par Plutarque tranche la question dans ce dernier sens : « au commencement du monde, Ormazd, créant les dieux, les mit dans un œuf; Ahriman perça cet œuf, et par là se fit le mélange du bien et du mal »². Cet œuf où résident les dieux et que le démon pénètre n'est autre que l'œuf védique, la nuée où germe l'Embryon d'or et « où sont contenus tous les dieux³ », c'est-à-dire le lieu où est en dépôt la lumière et où le démon d'orage pénètre, y mêlant ses ténèbres. C'est de cet œuf que l'univers sort dans la conception persane comme dans l'indo-grecque⁴; le détail seul diffère, les deux parties du monde, ciel et terre, étant ici les deux divisions naturelles de l'œuf — le blanc et le jaune, là les deux éclats de l'enveloppe.

Le Mazdéisme a donc connu les mêmes principes cosmologiques que l'Inde et la Grèce : Eaux, Nuit, Œuf,

---

1. Minokhired, 44, 8. Voir *Ormazd et Ahriman*, § 115. Cette comparaison se retrouve dans Varron (ap. Probum, *Eclog.* VI, 31) : « Cœlum ut testa, item vitellum ut terra, inter illa duo humor quasi ἐρεψ inclusus aer, in quo calor. » Cette ἐρεψ est « le siège éternel des eaux » de la cosmogonie brahmanique, siège d'*aer* et de *calor*, des vents et de la flamme.

2. *De Iside et Osiride*, 47 : Ἄλλους δὲ ποιῆσαι τέσσαρας καὶ εἴκοσι θεοὺς, εἰς ᾠὸν ἔθηκεν οἱ δὲ ὑπὸ τοῦ Ἀρειμανίου γενόμενοι, καὶ αὐτοὶ τοσοῦτοι, διατρήξαντες τὸ ᾠὸν γανοῦθεν (? lire avec Xylander : διέτρησαν τὸ ᾠὸν, ὅθεν) ἀναμέμικται τὰ κακὰ τοῖς ἀγαθοῖς.

3. Voir plus haut, § 43, note.

4. Voir § 7 et § 15.

Amour; il a de plus une forme particulière qui met au début les Eaux et le Feu combinés.

§ 26. C'est cette dernière combinaison qui domine la mythologie scandinave.

« Il y eut d'abord un temps, dit l'Edda, où point n'était l'Univers ; ni sable, ni mer, ni vagues salées ; point ne se trouvaient terre ni firmament ; un abîme béant[1]. » Bien des âges avant la création de la terre, au nord de cet abîme nommé le Ginnunga-gap, se produisit Niflheim, sombre et froid ; au sud, Muspelheim, la région des flammes, chaude et brillante. Il y avait une source dans Niflheim, d'où jaillirent douze ruisseaux qui remplirent de leurs flots le vide du Ginnunga-gap. Quand les eaux se furent assez éloignées de leur source pour perdre leur chaleur, elles se transformèrent en glace. Cette glace s'arrêtant et se fixant, les vapeurs qui passaient par dessus gelèrent, et ainsi glaçons s'amassèrent sur glaçons jusqu'à remplir l'abîme. Le côté du Ginnunga-gap qui regardait le Nord, le Niflheim, s'emplit de lourds amas de glaces et de neiges et là régnaient l'orage et la tempête ; la région qui regardait le sud fut adoucie par les étincelles qui sortaient de Muspelheim, et, quand la chaleur qui en venait rencontra la glace, elle fondit, les gouttes s'animèrent et en naquit le géant Ymir, dont plus tard le cadavre forma le monde. De sa chair fut faite la terre, et la mer de sa sueur ; de ses ossements les montagnes, les arbres de sa chevelure, de son crâne le firmament[2].

1. Voluspa, 3.
2. Gylfaginning, 4 sq. — Les théories nouvelles de MM. Bange et Sophus Bugge, tout en ébranlant l'authenticité de beaucoup des mythes de l'Edda et de toute la doctrine eschatologique, laissent intacte celle de la cosmogonie.

Laissons de côté le géant Ymir, dont la naissance rentre dans un cercle mythique étranger, celui de l'apparition de la vie sur la terre : tenons-nous en à la matière même du monde ; nous voyons qu'elle s'est formée de la rencontre du feu et de l'eau : or, l'eau est fournie par le ténébreux *Nifheim*, littéralement « la demeure des nuées », de sorte que cette cosmologie, qui, de toutes celles que nous avons vues jusqu'ici, semble la plus étrange et la plus tourmentée, fournit, au premier mot, le mot même de son énigme. C'est la nuée ténébreuse qui, ici comme en Inde, comme en Perse, comme en Grèce, plane au seuil du monde. Seulement la vieille cosmologie élaborée en Asie dans les temps préhistoriques, en passant par les glaces éternelles des Dofrines et de l'Islande, s'est glacée en route. Les eaux de la nuée laissaient autrefois le monde sortir de leur sein en se dissipant ; ici, elles en fournissent la matière en se glaçant. Les eaux de la nuée faisaient autrefois paraître le monde sous l'action du feu de l'éclair ; la mythologie transie des Scandinaves ne peut plus comprendre l'union intime du feu avec cette nuée qu'elle a glacée : elle sépare donc les deux principes, les oppose l'un à l'autre au lieu de les combiner, oppose Muspelheim à Niflheim comme dans une ébauche de dualisme : Muspelheim, l'ancienne région de la flamme orageuse, identique de nature à Niflheim, la région de la nuée, devient, quand Niflheim s'est glacé, la région douce et bénie, où expirent la froidure et le gel. Mais le dualisme naissant n'a pas su effacer les traces de l'ancienne union des deux principes : les rivières qui sortent du séjour glacé de Niflheim sont des rivières ardentes, souvenir d'un temps où Niflheim, n'étant que la nuée, contenait encore la flamme en son sein ; et Muspelheim, ce séjour bienheureux et béni, recèle en son sein, nous apprend l'Edda, le démon Surtur, qui doit consumer le monde à la fin des siècles[1]; souvenir d'un temps où Muspelheim n'était que la région de la flamme atmosphérique et par suite le siège de l'orage et des démons[2].

§ 27. Nous avons vu dans l'Inde une des formes mythiques de la nuée, l'arbre, fournir le principe d'une cosmologie secondaire, représentée en Grèce par Phérécyde. En Germanie, de même. En Inde, le monde est l'arbre de Brahma ou l'épanouissement du lotus d'or ; en Germanie, le monde est une ramification du frêne Yggdrasil. Yggdrasil est le plus grand et le plus beau des arbres ; ses racines s'étendent sur tout l'univers et vont jusqu'au ciel. Trois racines le tiennent fixe, qui au loin s'étendent : l'une où sont les Ases (les dieux), l'autre où sont les Hrimthursen (les géants de la gelée, les démons), l'autre va sur Niflheim[3]. Séjour des dieux, séjour des démons et Niflheim sont primitivement une seule et même chose : c'est le Niflheim même, la nuée, d'où naissent nuit et lumière, démons et dieux ; et ce frêne universel est identique à celui que le paysan allemand aujourd'hui encore contemple au ciel dans l'arbre des tempêtes, le *Wetterbaum* : c'est le frêne de la nuée devenu principe cosmogonique[4]. Voilà pourquoi Yggdrasil est arrosé de

---

1. Edda, Gylfaginning, 4, 51.
2. L'abîme au sein duquel se fait la création s'appelle *Ginunga-gap*, « le vide béant ; » c'est le *Chaos*, non seulement de fait, mais littéralement ; car *Ginunga* est dérivé de la même racine que χαίνω (χάος), la racine χαν, en germanique *gin* (allemand *gähnen*, anglais *yawn*).
3. Simrock, *Deutsche Mythologie*, p. 36, 4e éd.
4. C'est une nymphe Μελία, qui ne s'est pas arrêtée dans son ambition et ne s'est pas contentée de produire le feu et le premier homme, mais le monde entier. Les formules citées plus haut (§ 18, note) semblent se rattacher plus directement au mythe germanique.

blancs nuages et pourquoi de ses branches tombe la rosée des vallées[1]. L'arbre germanique pousse dans les mêmes régions, dans les mêmes eaux que le lotus indien. Que le monde sorte des rivières du Ginnunga-gap ou des branches de l'Yggdrasil, dans un cas comme dans l'autre, nous nous trouvons reportés au vide nébuleux qui s'étend entre ciel et terre, dans ce que les Grecs appelaient le Chaos.

---

1. Et probablement les ondées de la pluie : *yggr* signifie « ondée », et *drasil* semble signifier « qui porte ».

CHAPITRE V.

COUPLES COSMOGONIQUES.

§ 28. Le Ciel-Père et la Terre-Mère.
§ 29. L'indistinction primitive.
§ 30. Anaxagore. Le Νοῦς; Identité du Νοῦς avec πνεῦμα et Ἀήρ.
§ 31. Anaximène.
§ 32. Anaximandre.

§ 28. La mythologie indo-européenne possédait une autre série cosmologique, différente des précédentes, et qui, au lieu de prendre son point d'appui comme celles-ci dans les régions de l'atmosphère nébuleuse, le prenait dans les deux vis-à-vis de l'atmosphère : le Ciel et la Terre. Ce système est représenté par l'Inde, par la Grèce et par Rome.

Dans l'Inde védique, le Ciel-Père, *Dyaus Pitar*, et la Terre-Mère, *Prithivî Mâtar*, sont les parents universels :
« J'offre l'hymne et le sacrifice au Ciel et à la Terre, fondateurs de l'ordre, grands, intelligents; êtres merveilleux qui ont les dieux pour enfants....
« J'adore, en leur offrant les libations, la pensée du Père non méchant et la puissance intime de la Mère, les deux parents féconds qui ont fait le monde et qui ont au

large dans les générations déroulé l'Immortalité [1]. »
Ailleurs le poète, se perdant dans la recherche de leur
origine, s'écrie :

« Quel des deux fut le premier ? Quel le dernier ?
Comment nés ? O sages, qui le sait ? Ils portent en eux
toute créature qui est ; en eux roulent comme deux roues
le Jour et la Nuit.

« Bien que ne marchant pas, ils conçoivent dans leur
sein toute créature qui marche : bien que sans pied, toute
créature qui a pied. Comme un fils caché dans le giron
de sa mère, ô Ciel et Terre, protégez-nous de tout mal !...

« Puissions-nous marcher dans votre protection,
n'étant jamais irrités, ô Ciel et Terre ! O parents des
dieux, père et mère des dieux, dans les deux faces de la
journée, protégez-nous de tout mal, ô Ciel et Terre [2] ! »

Cette génération du monde est la suite de l'hymen du
Ciel et de la Terre. Ce sont surtout les deux mythologies
classiques qui s'étendent sur ces images. « Le Ciel pur, saisi
d'amour, veut blesser la Terre, et le désir saisit la Terre
de réaliser l'union nuptiale : la pluie, tombant du ciel en
amour, a fécondé la Terre, et elle enfante pour les mortels
les troupeaux qui les nourrissent et l'aliment de Déméter,
et de l'hymen humide les arbres font mûrir leurs fruits [3]. »
Mêmes images à Rome, et chez les disciples des Grecs et

---

1. RV. I, 159, 1-2.
2. RV. I, 185, 1, 2, 4.
3.   Ἐρᾷ μὲν ἁγνὸς οὐρανὸς τρῶσαι χθόνα,
     ἔρως δὲ γαῖαν λαμβάνει γάμου τυχεῖν·
     ὄμβρος δ' ἀπ' εὐνάεντος οὐρανοῦ πεσὼν
     ἔκυσε γαῖαν· ἡ δὲ τίκτεται βροτοῖς
     μήλων τε βοσκὰς καὶ βίον Δημήτριον·
     δενδρῶτις ὥρα δ' ἐκ νοτίζοντος γάμου
     τέλειός ἐστι.
                (Eschyle, les Danaïdes; ap. Athénée, XIII, p. 600, A.)

L'hymen de *Dyaus pitar* et de *Prithivî mâtar* se retrouve textuellement transcrit dans l'hymen de Ζεὺς πατήρ et de Δημήτηρ (si δὴ, comme le veut la tradition grecque, est un synonyme de γῆ).

chez les poëtes populaires : « Nous sommes tous, dit Lucrèce, enfants du germe céleste ; tous ont le même père, de qui la terre nourricière recevant les gouttes fluides, fécondée, enfante les brillantes moissons et les riches arbustes et la race humaine :

> *Denique cælesti sumus omnes semine oriundi.*
> *Omnibus ille idem pater est, unde alma liquentis*
> *Umoris guttas mater cum terra recepit,*
> *Feta parit nitidas fruges arbustaque læta*
> *Et genus humanum »* (II, 991).

Tel dans les Géorgiques, « Éther, le Père tout-puissant, descend en pluies fécondes au sein de l'Épouse réjouie, et immense, se mêlant au corps immense, y va nourrir tous les germes :

> *Tum pater omnipotens fecundis imbribus æther*
> *Conjugis in gremium lætæ descendit et omnes*
> *Magnus alit magno commixtus corpore fetus »(Georg., II, 325).*

Tel encore, dans la veillée de Vénus, Éther, qui, le premier, « s'unit en hymen pour ranimer au printemps l'année sous les nuées créatrices, s'épand en pluie conjugale au sein de l'épouse nourricière et brûle de porter la vie au grand corps où il se mêle.

> *Cras et is, qui primus Æther*
>   *Copulavit nuptias,*
> *Ut paternis recrearet*
>   *Vernus annum nubibus,*
> *In sinum, maritus imber,*
>   *Fusus almæ conjugis,*
> *Inde vitam mixtus ardet*
>   *Ferre magno corpore. »*

Dans toutes ces descriptions, il est vrai, c'est de la création annuelle qu'il s'agit, de la création printanière, non de la création première. Mais le monde est né de la même façon qu'il se renouvelle[1], et le même hymen qui dans la série des temps le ranime, l'a animé au début des temps. Dans la théogonie d'Hésiode, la Terre au large sein est le premier être qui sort du Chaos, et elle produit d'abord le Ciel étoilé, aussi grand qu'elle-même, qui l'enveloppe de toutes parts et à qui elle s'unit pour enfanter l'Océan, et les Titans et Thémis et Mnémosyne, c'est-à-dire les eaux de l'atmosphère, avec les génies lumineux ou orageux qui s'y ré....ent, et les voix de sagesse qui en descendent[2]. L'hymen ... la Terre et du Ciel fut le premier Hymen : c'est le prototype du mariage, le mariage divin par excellence, le γάμος[3].

§ 29. Selon un mythe recueilli par Euripide, au commencement du monde, Ciel et Terre ne faisaient qu'un, et plus tard, en se séparant, produisirent tout ce qui est :

---

1. Non alios prima nascentis origine mundi
 Illuxisse dies aliumve habuisse tenorem
 Crediderim : ver illud erat, ver magnus agebat
 Orbis..... (Georg., II, p. 336.)

2. Cf. § 38.

3. Alii dicunt favere nuptiis Cererem, *quod prima nupserit Jovi* et condendis urbibus praesit, ut Calvus dicit :
 Et leges sanctas docuit et cara jugavit
 Corpora connubiis et magnas condidit urbes.
 (*Servius ad Georg.*, IV, 58.)
La cosmologie Océanique dédouble, par analogie, l'élément humide en Océan père et Téthys mère (*Iliade*, XIV, 202) : de leur hymen naît le monde.

« Le Ciel et la Terre, fait-il dire à Mélanippe[1], ne présentaient qu'une forme : quand ils se furent séparés l'un de l'autre, ils enfantèrent toutes choses et produisirent à la lumière les arbres, les oiseaux, les bêtes fauves, et ceux que nourrit l'onde salée et la race des mortels. »

Ce n'est là qu'une formule nouvelle de la création hors du Chaos, la création du monde n'étant que la séparation du ciel et de la terre confondus dans ce Chaos.

L'Inde a conservé un souvenir de cette image : mais ici, moins fidèle que la Grèce, elle oublie que cette confusion et cette séparation sont au début des temps et antérieures à tous les êtres : elle renverse le sens du mythe, et cette séparation, au lieu d'être une création qui donne aux deux grands êtres leur vie et leur forme distincte, devient le divorce de la terre et du ciel, le ciel refusant à la terre ses ondes fécondes :

« Ces deux mondes (terre et ciel) étaient ensemble : ils se séparèrent; il n'y avait plus ni pluie ni soleil; les cinq classes d'êtres ne s'accordaient plus. Les dieux les rapprochèrent. En se réunissant ils contractèrent mariage selon le rite des dieux : le monde de là-bas approcha et enveloppa le monde d'ici-bas : de là se formèrent le ciel et la terre[2]. »

Cette confusion originelle des deux mondes, ce Chaos, nous ramène ici encore à l'élément premier des systèmes passés en revue dans les précédents chapitres, à la nuée :

---

1. Οὐρανός τε γαῖα τ' ἦν μορφὴ μία·
   ἐπεὶ δ' ἐχωρίσθησαν ἀλλήλων δίχα,
   τίκτουσι πάντα κἀνέδωκαν εἰς φάος
   δένδρη, πετεινά, θῆρας, οὕς θ' ἅλμη τρέφει,
   γένος τε θνητῶν.

2. *Aitareya Brâhmana*, IV, 27. La cosmologie Océanique a conservé une forme de ce mythe dans le divorce d'Océan et de Téthys (*Il.* XIV).

c'est dans la nuée d'orage que sont confondus le ciel et la terre, qui se forment en s'en dégageant :

« Où sont nés le Ciel et la Terre, s'écrie un poète védique, les Eaux le savent, les Eaux ruisselantes[1]. »

§ 30. Cette image, transcrite en formule abstraite, donne le système d'Anaxagore, le premier maître d'Euripide[2], qui tenait de lui le mythe qu'il met dans la bouche de Mélanippe[3] : « Tout était confondu et tout se fit par séparation; πάντα ἐν πᾶσιν, εἶτα ὕστερον διεκρίθη. »

Le mythe d'Euripide prouve que l'idée première de cette confusion avait été fournie par l'image du Chaos et qu'entre les éléments infinis et confondus du philosophe et la *rudis indigestaque moles* des poètes latins, l'univers indistinct des Rishis, il n'y a que la distance d'une abstraction. Le monde sort de cette indistinction par l'action du Νοῦς ; cette formule, chez les modernes, a valu à Anaxagore l'honneur de passer pour le fondateur du théisme, pour l'inventeur du dieu organisateur et personnel : le mot fait illusion ; il fit illusion même aux anciens, qui cependant s'aperçurent à la fin qu'ils étaient dupes. Le livre d'Anaxagore fut la grande déception de Socrate : dans un joli passage du *Phédon*, il raconte quel ravissement il éprouva un jour qu'il entendit lire un fragment d'Anaxagore où il était dit que le Νοῦς est la règle et la cause de tous les êtres, et

---

1. RV., VII, 34, 2.
2. Diodore, I, 7.
3. Ἀναξαγόρᾳ προσεφοίτησεν Εὐριπίδης. Ἀναξαγόρου δὲ λόγος ἐστὶν ὅτι πάντα ἐν πᾶσιν, εἶτα ὕστερον διεκρίθη· μετὰ ταῦτα ὡμίλησε καὶ Σωκράτει, καὶ ἐπὶ τὸ ἀπορώτερον ἤγαγε τὸν λόγον. ὁμολογεῖ οὖν τὴν διδασκαλίαν τὴν ἀρχαίαν διὰ τῆς Μελανίππης·

Κοὐκ ἐμὸς ὁ μῦθος, ἀλλ' ἐμῆς μητρὸς πάρα.
ὡς οὐρανός τε γαῖα τ'... (Denys d'Halicarnasse, V).

avec quelle passion il se mit à la lecture du livre, espérant trouver là, expliquée, la cause de toutes choses : « mais quelle déchéance de mes merveilleuses espérances, quand, avançant dans la lecture du livre, je vis un homme qui ne faisait nul usage du Νοῦς, qui n'invoque point les causes pour l'organisation des choses, mais explique tout par des airs, des éthers, des eaux et autres absurdités [1]. » Anaxagore, dit Eudème, laissant là le Νοῦς, explique tout mécaniquement [2]. Passe pour un philosophe des temps modernes, après nos orgies de dieu personnel, de réagir en réduisant le rôle du dieu à un minimum, à la chiquenaude initiale, laissant le reste au mécanisme : de tels scrupules à un tel temps ne se comprendraient pas, et la nouveauté de l'idée eût conduit son inventeur à en user et abuser, non à la laisser dormir : voyez le dieu du *Timée*. Serait-ce par hasard que le mot Νοῦς ne disait pas à Anaxagore tout ce qu'il pouvait dire au temps de Platon ou d'Aristote ? Tel est le cas en effet : Aristote, qui remarque qu'Anaxagore se sert de son νοῦς comme d'un *deus ex machina* quand il est embarrassé d'expliquer les choses, et que, dans les autres cas, il les explique par toute chose plutôt que par le νοῦς, remarque aussi qu'il emploie indifféremment νοῦς ou ψυχή [3] : « il semble distinguer les deux termes, dit-il, mais il s'en sert comme si les deux choses étaient une [4]. »

---

1. ὁρῶ ἄνδρα τῷ μὲν νῷ οὐδὲν χρώμενον οὐδέ τινας αἰ ; ἀπαιτιώμενον εἰς τὸ διακοσμεῖν τὰ πράγματα, ἀέρας δὲ καὶ αἰθέρας καὶ ὕδατα αἰτιώμενον καὶ ἄλλα πολλὰ καὶ ἄτοπα.
2. Ἀναξαγόρας δὲ τὸν νοῦν ἐάσας καὶ αὐτοματίζων τὰ πολλὰ συνίστησιν (ap. Simplicius, *Phys.*, 73 b.).
3. Ἀναξαγόρας τε γὰρ μηχανῇ χρῆται τῷ νῷ πρὸς τὴν κοσμοποιίαν, καὶ ὅταν ἀπορήσῃ διὰ τίν' αἰτίαν ἐξ ἀνάγκης ἐστί, τότε παρέλκει αὐτόν, ἐν δὲ τοῖς ἄλλοις πάντα μᾶλλον αἰτιᾶται τῶν γιγνομένων ἢ νοῦν. (*Met.*, I, 4.)
4. Ἀναξαγόρας δ' ἔοικε μὲν ἕτερον λέγειν ψυχήν τε καὶ νοῦν, ὥσπερ εἴπομεν καὶ πρότερον, χρῆται δ' ἀμφοῖν ὡς μιᾷ φύσει (*De Anima*, I, 2).

§ 31. Or, qu'est-ce que ψυχή? Demandons au maître d'Anaxagore[1], à Anaximène. « L'âme qui nous gouverne est air[2], elle est en nous ce que l'air est dans le monde qu'il embrasse et pénètre » : ψυχή n'est point l'intelligence des modernes, le νοῦς du temps de Platon; c'est le souffle, c'est l'*anima*, c'est l'air; et par suite le νοῦς-ψυχή d'Anaxagore n'est lui non plus qu'un souffle surnaturel, un *spiritus*, identique de nature au vent qui, dans la cosmogonie védique, s'élève du chaos indistinct et précède l'éclosion de l'amour[3]; identique au vent qui, chez les Orphiques, fait germer l'œuf d'amour[4] dans le sein infini du Chaos. Le Νοῦς d'Anaxagore sort de l'Ἀήρ d'Anaximène : c'est le vent qui souffle dans la nuée première et qui, en la séparant, fera paraître les êtres confondus dans l'indistinct. Ce vent, qui est dans le monde ce que l'âme est dans la créature, a pris sans doute dans la pensée d'Anaxagore quelque chose de l'intelligence humaine; mais, trop peu dégagé des formules primitives pour prendre conscience de son idée tout entière avec toutes ses conséquences, il reste embarrassé dans les définitions des physiciens. Son Νοῦς ne réussit pas à devenir la force personnelle et consciente qui organise le monde suivant un plan : c'est une force vague et immanente qui agite la matière indistincte et donne le branle au mouvement par lequel elle va s'organiser[5].

---

1. Diog. Laert., II, 6.
2. Οἷον ἡ ψυχή, φησὶν ἡ ἡμετέρα, ἀὴρ οὖσα συγκρατεῖ ἡμᾶς, καὶ ὅλον τὸν κόσμον πνεῦμα καὶ ἀὴρ περιέχει· λέγεται δὲ συνωνύμως ἀὴρ καὶ πνεῦμα (Plut., *De plac. phil.*, I, 6).
3. Voir § 40.
4. ὑπηνέμιον, éclos par le vent; voir § 16.
5. Virgile même confond encore *spiritus* et *mens* :
   Spiritus intus alit totamque effusa per artus
   Mens agitat molem.
Probus observe : Nam quod Anaxagoras νοῦν, hic spiritum dixit (*Eclog.* VI, 31).

§ 32. De ses deux principes, l'indistinct primitif et le Νοῦς qui le sépare, Anaxagore doit le second à son maître Anaximène, il doit le premier au maître d'Anaximène, Anaximandre. Anaximandre, c'est Anaxagore sans le Νοῦς: une matière infinie et indistincte, ἄπειρον, d'où tout sort par séparation. La première production de cette matière infinie est l'humide premier (πρῶτον ὑγρόν, πρώτη ὑγρασία)[1], d'où la terre sort sous le feu qui la dessèche. Nous voici, après une étape, au point de départ de Thalès, aux eaux premières, à l'onde indistincte de l'Univers indien.

1. ZELLER, *l. l.*, p. 331, note 2.

CHAPITRE VI.

COSMOLOGIES MYSTIQUES.

§ 33. Principes des cosmologies mystiques.
§ 34. Puissance du sacrifice.
§§ 35 et 36. Le monde créé par le sacrifice ; en Inde ; en Perse.
§ 37. Rapports de la cosmologie mystique avec la cosmologie naturaliste.
§ 38. Le monde créé par la parole.
§ 39. Le monde créé par les Druides.

§ 33. Toutes les conceptions que nous avons parcourues jusqu'ici nous ramènent d'un accord unanime à la nuée créatrice : tous les éléments qu'on y peut isoler, Eau, Nuit, Feu, Amour, Lutte, ne sont que les éléments mêmes qu'elle renferme, et les formes que revêt l'élément créateur, Œuf ou Arbre, ne sont que les formes mêmes de la nuée. Tous ces éléments, toutes ces formes sont indo-européennes ; se retrouvent indifféremment avec plus ou moins de précision sur quelque point que ce soit de la terre aryenne, et les divers types cosmologiques que présentent la Grèce, l'Inde, la Germanie, la Perse, s'étaient produits déjà dans la période de l'unité générale, dans la religion indo-européenne primitive.

Mais il est une conception plus dégagée des images naturalistes, et qui mettait à l'origine des choses, non plus des forces matérielles et visibles, mais des forces mystiques et invisibles, celles du culte, à savoir : le Sacrifice et la Parole.

D'ailleurs, entre ces deux conceptions si diverses, il n'y a pas un abîme : elles sortent l'une de l'autre.

Dans la conception naturaliste, le monde naît des Eaux, des Ténèbres, du Feu, de l'Amour, de la Lutte, de l'OEuf, de l'Arbre, parce que de nos yeux, dans l'orage, nous voyons le monde, ciel et terre, sortir de la nuée qui est eaux, qui est œuf, qui est arbre, qui est ténèbres, qui recèle la flamme, qui abrite des amours et des haines. Mais s'il en sort sous nos yeux, sous l'action d'un dieu combattant, on peut dire aussi bien qu'il en sort sous l'action du sacrifice, de la prière.

§ 34. En effet, dans les idées des Aryens, le dieu n'agit point par sa seule force, il n'est point tout puissant par lui-même ; il est plus fort que les héros humains ; mais sa force n'est point d'une autre nature, et elle est soumise aux mêmes fragilités, parce qu'elle s'alimente aux mêmes sources. Pour que le dieu soit robuste, il faut qu'il mange, il faut qu'il boive ; pour qu'il soit ardent à l'œuvre, il faut qu'il ait l'appât de la gloire, l'aiguillon de la prière qui appelle au secours, de la louange qui exalte avant le combat, magnifie après la victoire. Ces aliments de l'âme et du corps, le sacrifice les fournit : il gorge le dieu de *Miyedha* et de *Soma*, de viande et de liqueur ; il le grise d'hymnes et de paroles enivrantes. Aussi tous les exploits ordinairement attribués au dieu fulgurant, au bras armé de la foudre, peuvent être reportés au Soma, à la liqueur enivrante qui anime le dieu, qui arme son bras, ou bien à l'hymne qui l'enflamme. C'est dans l'ivresse du Soma qu'Indra tue le Serpent [1], fait lever le soleil. Soma partage la gloire avec lui, puis la prend pour lui-même tout entière. « A vous deux, dit un hymne, à vous deux, ô Indra et Soma, vous avez conquis le soleil, à vous deux le ciel; vous avez abattu toutes ténèbres et tous ennemis. O Indra et Soma, vous faites briller l'aurore : ô Indra et Soma. vous tuez Vritra, le serpent qui enveloppe les eaux; le soleil a suivi votre pensée, vous avez lancé les courants des rivières, vous avez étendu les vastes Océans [2]. » De là, passant à l'indépendance absolue, le dieu Soma est à lui seul « tueur de démons, conquérant du soleil, conquérant des eaux, et comme, en style mystique, conquête de la lumière et création sont identiques, il est « celui qui crée le soleil, le ciel, les eaux, la haute lumière commune à tous les hommes. »

Ce que le Soma fait, l'Hymne, le *Brahman* [3], le fait au même titre : l'Hymne qui, par la louange, la prière, le reproche anime le dieu, l'arrache au découragement, à l'angoisse, et le lance agrandi contre le démon; l'Hymne qui met la foudre aux mains du dieu, qui la guide contre le Serpent : c'est à la voix des prêtres Angiras que le dieu arrache aux ténèbres le soleil et les vaches célestes. La parole devient donc, comme le Soma, conquérante et tueuse de démons : c'est en chantant les paroles de l'hymne que nos pères pour la première fois ont brisé la pierre de

---

1. Voir § 5.
2. RV. VI, 72, 1 sq.
3. *Brahman*, substantif neutre, signifie littéralement l'*Elévation*; c'est un des noms de la prière, « de la pensée qui *s'élève* vers le ciel, *brihatî dhî, ûrdhvâ dhî.* » Au masculin, c'est le nom du prêtre.

l'étable céleste et poussé au dehors le troupeau lumineux et ruisselant. Elle s'incarne en un dieu, B*r*ihaspati ou Brahma*n*aspati, le « Maître de la Prière », qui, comme Soma et pour les mêmes causes, tantôt aidant le héros orageux, tantôt aidé de lui, tantôt à lui seul, brise la montagne nuageuse, ouvre l'étable, lâche le torrent des eaux enfermées dans les ténèbres, dévoile le ciel. La prière devient alors toute puissante sur la nature et sur le dieu même qu'elle avait d'abord invoqué ou exalté. Comme, d'ailleurs, elle est en général d'accord avec le cours même des choses, qu'elle appelle la pluie dans la sécheresse, la lumière dans les ténèbres, et que toute sécheresse finit en pluie, toutes ténèbres en lumière, elle croit dominer la nature dont elle n'est que le prophète, elle croit avoir produit ce qu'elle n'a que prédit, et elle s'érige en puissance, se croyant obéie parce qu'elle est satisfaite. Il est des paroles entendues des dieux qui font tomber la pluie ; les prêtres par leur prière sucent le lait de la terre et du ciel ; c'est en chantant un *Mantra* que les Atris ont trouvé Agni ; il y en a qui ont inventé un *Sâman* avec lequel ils allument le soleil. C'est par la prière que se succèdent l'ordre régulier des temps ; la nuit et l'aurore font le tour du monde sur les ailes de l'hymne. Sur cette illusion, la prière entre au Panthéon : elle sera, sous le nom de Brahman, le principe suprême du brahmanisme, le principe universel[1].

§ 35. La combinaison de l'offrande et de la prière constitue le sacrifice. Des deux parts de l'Himâlaya, en Inde et en Perse, des mythes cosmogoniques se formèrent qui mettaient le sacrifice au début du monde. En Inde, c'est

---

1. *Ormazd et Ahriman*, § 68.

par un sacrifice de mille années que Prajâpati, « le Maître des générations » (un des noms brahmaniques du principe suprême), crée tout ce qui est, univers, dieux et démons. Déjà, dans le Rig Véda, un hymne célèbre montre le monde se formant, par le sacrifice, du corps de Purusha, « le Mâle, » personnification de l'être premier et universel :

« Purusha a mille têtes, mille yeux, mille pieds ; enveloppant la terre de toutes parts, il la dépasse encore de son entier [1].

« Purusha est tout ce qui est, qui a été et qui sera : il est le maître et de ce qui est immortel et du mortel qui croît par nourriture.

« Telle est sa grandeur, et plus grand encore Purusha. Par un de ses pieds [2] il est l'ensemble des êtres, et par les trois autres il est la substance immortelle au ciel.

« Et que Purusha monte au ciel avec ses trois pieds, il en restera un encore, avec lequel de toutes parts il pénètre tout ce qui vit d'aliments ou sans aliments [3].

« De Purusha est née Virâj, et de Virâj est né Purusha ; aussitôt né, il dépasse la terre et par devant et par derrière.

« Quand, avec Purusha pour oblation, les dieux offrirent le sacrifice, le printemps fut le beurre sacré, l'été la bûche, l'automne l'oblation.

« Pour victime sur le gazon saint, ils arrosèrent Purusha, né au début des temps ; et ils l'offrirent en sacrifice aux dieux, aux saints et aux Rishis.

« De ce sacrifice universel, le beurre ruisselant qui était

---

1. Littéralement « des dix doigts ».
2. Jeu sur le mot *pâda* qui signifie à la fois *pied* et *quart*.
3. C'est-à-dire « l'animé et l'inanimé, » et aussi « les créatures mortelles et les dieux. »

offert fit sortir les bêtes des airs, celle des forêts et des étables.

« De ce sacrifice universel naquirent les hymnes saints et les chants; de lui les mètres naquirent, et les formules du sacrifice.

« De lui naquirent les chevaux et tout ce qui a deux rangées de dents, et de lui naquirent les vaches et les chèvres et les brebis.

« Quand ils ont dépecé Purusha, en combien de parts l'ont-ils partagé? Où est sa bouche? Où sont ses bras? Où sont ses cuisses? Où sont ses pieds?

« C'est le Brahmane que devint sa bouche; c'est le Kshatriya que devint son bras; c'est le Vaiçya que devint sa cuisse; c'est de son pied qu'est né le Çûdra.

« La lune est née de sa pensée, et de son regard le soleil[1]; de sa bouche Indra et Agni; de son souffle est né Vâyu.

« De son nombril sortit l'atmosphère, et de sa tête se fit le ciel; de ses pieds sortit la terre, de son oreille les régions de l'horizon : c'est ainsi que les dieux ont formé le monde[3]. »

Puisque le sacrifice journalier entretient la vie du monde, que c'est une création continue[4], un sacrifice

---

1. Dans les formules indiennes, soleil et lune, regard et pensée font couple (sûrya-candramâs; cakshus-manas), les deux premiers par liaison naturelle, les deux autres par liaison métaphorique, la pensée étant le regard intérieur. Or, le soleil, œil du monde, est né de l'œil de l'Homme-Univers; donc, la lune a dû naître de sa pensée.

2. Le vent.

3. RV. X. 90, 1-14. — Les derniers vers fournissent l'exemple le plus ancien du macrocosme; dans l'Edda, le monde est formé du corps du géant Ymir; chez les Orphiques, le monde est le corps de Zeus (§ 26).

4. Bhagavad Gîtâ, II, 14.

reporté au début des temps expliquera la création elle-même.

§ 36. La Perse est arrivée de son côté à une conception analogue. « Avant que rien existât, disent les Zervanites, ni ciel, ni terre, ni aucune des créatures qui sont dans le ciel et la terre, il y avait un être nommé Zervan (le Temps). Mille ans durant il sacrifia, pensant qu'il lui naîtrait un fils nommé Ormazd, qui ferait le ciel et la terre et tout ce qu'ils contiennent. Et, après avoir sacrifié pendant mille ans, il commença à réfléchir et se dit : Ces sacrifices que j'accomplis me serviront-ils? me naîtra-t-il un fils Ormazd, ou si ma peine sera en vain? Comme il se disait ces choses, Ormazd et Ahriman furent conçus dans le sein de leur mère, Ormazd pour le sacrifice, Ahriman pour le doute[1]. » Laissant de côté l'existence de Zervan, mis au premier plan en vertu des principes propres à la secte, l'on voit que le véritable créateur est le sacrifice, agent si puissant et si infaillible dans ses effets que ses imperfections même produisent, et que, tandis qu'il amène à l'existence le futur créateur de la lumière et du bien, le mal et les ténèbres naissent de l'ombre qui l'a traversé.

§ 37. On est ici bien loin en apparence du naturalisme primitif, des images matérielles et sensibles qui dans les cosmogonies précédentes nous renvoyaient d'un accord unanime aux phénomènes créateurs de la nuée ténébreuse ; moins cependant qu'il ne semble. Dans les deux mythologies aryennes d'Asie, l'orage est souvent conçu, non

---

1. Ezsig (cité dans *Ormazd et Ahriman*, § 234).

plus comme une lutte entre adversaires, mais comme un office religieux célébré par des dieux-prêtres dans la région d'en haut [1] ; la pluie qui inonde la terre n'est plus que la libation des coupes sacrées vidées dans le ciel, et c'est le cantique entonné par les chantres divins qui retentit dans les vibrations prolongées du tonnerre, hymne sublime, qui remplit les deux mondes. Cette cosmogonie abstraite, avec sa création liturgique, nous renvoie donc dans la même région que les cosmogonies concrètes qui créaient le monde du sein des eaux, des ténèbres, de l'œuf ou de l'arbre. Seulement elle ne pouvait se former que dans un temps et chez des peuples où la liturgie s'était élevée au rang des puissances suprêmes ; le culte était devenu une des forces de la nature.

§ 38. L'hymne en particulier, une fois retrouvé dans la voix du tonnerre, arrivait aisément à un rôle surnaturel. Dans l'hymne cité plus haut, on a rencontré cette ligne bizarre : « Purusha naquit de Virâj et de Virâj Purusha. » Or, Virâj n'est qu'un des noms de Vâc, « la Parole, l'os », primitivement la voix du ciel entendue dans la nuée [2], formule sacrée lancée par les êtres d'en haut et qui devient une des expressions les plus hautes de la pensée mystique immanente et créatrice, un Brahma femelle. Voici un hymne où les souvenirs de sa valeur naturaliste première, des combats auxquels elle prenait part dans les hauteurs nébuleuses, des conquêtes qu'elle y fait sur le démon et pour l'homme, se mêlent, dans un mysticisme d'une trans-

1. Abel BERGAIGNE, la Religion Védique, introd. et 197 sq.
2. C'est pour cela qu'elle est fille de l'Amour (conçu dans sa valeur mythique d'Agni, § 8).

parence singulière, avec des ambitions nouvelles de souveraineté universelle :

« C'est moi qui vais avec les Rudras et les Vasus, moi avec les Adityas et tous les dieux. C'est moi qui suis le support de Mitra et Varuña ; moi, d'Indra et Agni ; moi, des dieux Açvins.

« C'est moi qui suis le support de Soma, plein de sève ; moi, de Tvashṭar et Pûshan et Bhaga ; c'est moi qui donne la fortune à qui offre libation, au sacrificateur zélé qui presse le Soma.

« C'est moi la reine en qui affluent tous les biens ; la divinité intelligente, la première de celles qui ont droit au sacrifice ; c'est moi que les dieux ont mise à tous les coins du monde, moi qui fixe et qui fais passer.

« C'est par moi que se nourrit tout être qui voit, qui souffle, qui entend parole ; en moi, ils reposent sans le savoir ; écoute, écoutez, je dis parole de foi.

« C'est moi qui de moi-même prononce la parole qui réjouit les dieux et les hommes. Celui que j'aime, celui-là je le fais redoutable, je le fais Brahman, *Rishi*, Sage.

« C'est moi qui tends l'arc de Rudra [1] pour lancer la flèche qui tuera l'ennemi de Brahma ; c'est moi qui lutte pour le genre humain ; je suis celle qui pénètre le ciel et la terre.

« J'enfante mon père en sortant de son front ; mon lieu de naissance est dans le sein des eaux, dans l'Océan ; de là je me lève et vais toucher tous les mondes, le ciel et le firmament.

« C'est moi qui vais soufflant comme le vent, m'empa-

---

[1]. Rudra est un des noms du dieu d'orage ; l'éclair est appelé « la flèche de Rudra. »

rant de tous les univers, par delà le ciel, par delà cette terre, tant est grande la grandeur dont je suis¹ ! »

Ainsi s'exprime la déesse désignée par les Indiens eux-mêmes sous le nom de *Vâc Ambhrinî*, « la voix née du nuage », nom plus que transparent et qui fait comprendre pourquoi elle remplit les deux mondes, pourquoi les dieux l'ont mise à tous les coins de l'Univers, pourquoi son lieu de naissance est dans les eaux, pourquoi enfin elle enfante son père en naissant de son front ; en sortant du front du ciel², ne le crée-t-elle pas à son tour, puisqu'à sa voix il sort de la nuit et reparait? Voilà pourquoi, naissant de Purusha, il naît d'elle.

De là des mythes où l'être premier et la Voix agissent ensemble et où la Voix devient l'élément femelle de la création : « Prajâpati était tout l'Univers, il se dédoubla en *Vâc* (la parole); il s'unit à elle, elle conçut, s'éloigna de lui et enfanta toutes ces créatures³. » Dans un autre mythe, la nature primitive de Vâc reparait, car elle agit avec la lumière : « Prajâpati créait les races ; il était épuisé ; Vâc, pour le ranimer, fit lever devant lui un rayon de lumière. Il dit : Qui m'a fait lever ce rayon de lumière? Elle répondit : Moi, qui suis tienne, Vâc⁴. » Tra-

---

1. RV. X. 125. — On a rapproché de *Vâc* le *Verbe* de saint Jean. Je crois que la ressemblance n'est qu'apparente. Le mot *Verbe* n'est qu'une traduction incomplète du terme grec λόγος, qui est, avant tout, la Raison, une forme de Σοφία. Les affinités véritables du λόγος sont du côté de la *Sagesse céleste* (Ecclésiastique, Proverbes; — Philon; — Formules Avestéennes sur l'*âsna khratu*, et Minokhired).

2. Le lecteur rapprochera de lui-même le mythe grec : Athéné sortant du front de Zeus (le ciel), en agitant ses armes étincelantes, et poussant un cri qui remplit le ciel et la terre.

3. *Kâthaka*, XII, 5 ; Muir, *Sanskrit texts*, V. 392.

4. Ap. Weber, *Indische Studien*, IX, 478.

duction mystique de l'union de la flamme et de la voix, de l'éclair et du tonnerre, dans la création orageuse. Vâc devient enfin l'instrument de la création : après avoir flotté un an dans l'œuf cosmique, Prajâpati sentit le besoin de parler : il dit terre! et la terre fut; atmosphère! et l'atmosphère fut; ciel! et le ciel fut [1]. Prajâpati lui-même semble devenir une des créations de Vâc : il est dit *Vâcya*, « né de Vâc [2] » ; elle devient enfin la matière première :

« La parole est l'incréé; c'est de la parole que l'artisan universel a fait les créatures [3]. »

La parole n'atteint pas en Perse à cette hauteur suprême : elle demeure subordonnée à l'être premier. Elle est antérieure au monde, mais elle est toujours parole d'Ormazd et non parole en soi. « Esprit très bienfaisant, dit Zoroastre à Ormazd, créateur des mondes matériels, saint! Quelle est la parole que tu as prononcée, ô Ahura Mazda, avant que fût le ciel, avant les eaux, avant la terre, avant le taureau, avant les arbres, avant le feu, fils d'Ahura Mazda, avant le premier homme, avant les démons, les reptiles et les hommes, avant tout l'Univers matériel, avant tous les biens créés par Ahura, qui ont leur germe dans le bien? » — « C'est l'Ahuna Vairya, répond Ormazd; cette parole, je l'ai prononcée avant la création de ce ciel, avant les eaux, avant la terre, avant les arbres, avant la création du taureau quadrupède, avant la naissance du premier homme, avant le soleil, etc. [4] ». La parole est une des

---

1. *Çatapatha Brâhmana*, XI, 1, 6 ; apud. Muir, *ibid.*, IV, 24.
2. Les Rishis attribuent à Vâcya Prajâpati la composition des hymnes III, 38, 54-56; IX, 84.
3. *Çatapatha Brâhmana*, VII, 5, 2, 21 ; apud Muir, IV, 22.
4. *Yasna*, XIX.

puissances suprêmes dans la lutte contre Ahriman : c'est par elle qu'au début des temps Ormazd repousse son adversaire envahissant la lumière : « il prononça les vingt et une paroles de l'Ahuna Vairya : au premier tiers de la prière, Ahriman de terreur courba le corps; au second, il tomba sur les genoux ; au troisième, il sentit son impuissance et retomba dans les ténèbres[1]. » C'est pendant cet abattement qu'Ormazd crée le monde.

Si la parole paraît en général comme instrument de lutte plutôt que de création, elle a dû néanmoins posséder aussi ce caractère, à tout le moins comme élément du sacrifice, le sacrifice étant créateur en Perse comme en Inde[2]. Et de fait, dans certaine version zervanite[3], ce n'est plus par un sacrifice de mille années que Zervan crée le monde, c'est en murmurant le *Vâj*[4] durant neuf mille neuf cent quatre-vingt-dix-neuf ans.

§ 39. En Grèce, rien de tel, semble-t-il. La Grèce a bien l'équivalent de l'*âc Ambhriṇî*, mais confiné dans le rôle primitif : c'est « la parole messagère de Zeus », ὄσσα Διὸς ἄγγελος[5] ; c'est une révélation dans une langue mystérieuse que l'augure interprète; elle est déesse même, c'est elle que les Athéniens semblent avoir adorée sous le nom de Φήμη[6] : mais elle ne crée pas.

---

1. Bundehesh, I.
2. Voir § 36.
3. Donnée dans Sharastani, *Sectes et systèmes*, tr. Haarbrücker, p. 277.
4. Nom d'une prière.
5. *Iliade*, 2, 94; *Odyssée*, 24, 413. Comparer le vers védique : *antar dúto na rodasî caráḍ vák* : « la voix a couru comme une messagère dans le ciel » (I, 173, 3).
6. PAUSANIAS, I, 17, 1 — θεός νύ τίς ἐστι καὶ αὐτή, dit Hésiode (*Opera et Dies*, v. 762).

A Rome, elle s'appelle *Fama*, personnage mythique et concret, voix tonitruante de la lutte orageuse, que la réflexion a peu à peu décolorée en pâle et inerte abstraction. Qui veut voir comment les mythes périssent en allégories n'a qu'à comparer *Fama* dans Ovide et dans Virgile. Dans l'un et dans l'autre, elle n'est plus qu'une abstraction ; mais Virgile, avec son instinct profond de poète, a recueilli un dernier écho de la tradition, qu'il ne comprend plus sans doute, mais où il sent vibrer encore quelque chose de divin : Fama est née dans la lutte des dieux et des géants, c'est le dernier effort de la race vaincue, son dernier cri [1].

Rien en Grèce ni à Rome d'analogue à cette cosmologie mystique de l'Inde et de la Perse [2], qui semble donc propre aux Aryens d'Asie et s'être développée après la séparation des deux branches. Un fait cependant défend de poser cette conclusion en termes absolus et définitifs : c'est qu'il y a en Europe une mythologie qui a connu une conception du même ordre : celle des Celtes. Les druides d'Irlande, avant le christianisme, enseignaient qu'il y avait eu au début trois druides qui créèrent le ciel, la terre, la mer, le soleil,

---

1.   Illam terra parens, ira irritata deorum,
  Extremam (ut perhibent) Coeo Enceladoque sororem
  Progenuit.
Ovide fait du palais de Fama un vaste appareil téléphonique :
  Nocte dieque patet : tota est ex aere sonanti,
  Tota fremit, vocesque refert iteratque quod audit...
Tout le reste est dans ce style (*Métam.*, XII, 46 sq.).

2. On trouve bien dans les Orphiques une mention de la Parole créatrice, mais dans un vers qui ne paraît pas avant saint Justin et qui est sans doute l'œuvre de quelque pieux faussaire, en quête du Verbe :

  Αὐδὴν ὁρκίζω σε πατρός, τὴν φθέγξατο πρῶτον,
  Ἡνίκα κόσμον ἅπαντα ἑαῖς ἐστηρίξατο βουλαῖς...

αὐδήν, interprété par Cyrille, devient naturellement τὸν μονογενῆ λόγον.

la lune et le reste du monde[1]. Ces trois druides sont antérieurs aux dieux, et c'est du ciel et de la terre par eux créés que sont nés les dieux.

Ces druides créateurs, avant d'appartenir à la race humaine, ont été évidemment des druides célestes, des dieux-druides, des frères de Brahmanaspati, de celui qui plus tard devint Brahma[2]. Les textes malheureusement ne nous disent pas par quel procédé ils ont créé : si c'est par le sacrifice ou par la parole. En tout cas, cette simple formule prouve que l'univers celtique, comme l'univers indien ou iranien, pouvait sortir à ses heures des forces mystiques du culte.

CONCLUSION.

§ 10. Les diverses cosmogonies que nous avons passées en revue, à quelque ordre qu'elles appartiennent, naturaliste ou mystique, ne résolvaient[3] qu'une partie du problème d'origine, à savoir cette question : D'où vient le monde? Il y avait une autre question que les Aryens

---

1. D'Arbois de Jubainville, *Esquisse de la mythologie irlandaise*, p. 4 (d'après le Senchus Mór, *Ancient laws of Ireland*, I, 22).

2. Plus tard, les controversistes chrétiens imaginèrent un philosophe antérieur à saint Patrice, « Caei aux beaux jugements, qui aurait le « premier contesté cette doctrine druidique. Vous avez, prétendez- « vous, créé le soleil, et vous l'avez mis au sud, disait-il aux druides ; « eh bien, pour nous prouver votre puissance, essayez de mettre le « soleil au nord, et si vous réussissez, nous vous croirons. » (D'Arbois de Jubainville, *l. l.*, 2.)

3. Expression impropre : à cette période du développement intellectuel, la pensée ne se pose point de problèmes, elle les résout tout d'abord, et c'est la solution qui peu à peu a éveillé la question.

s'étaient posée, plus anciennement même[1], à savoir : D'où vient l'ordre du monde ? J'ai essayé ailleurs[2] de montrer comment l'omniprésence et l'éternité visible du dieu du ciel, qui enveloppe le monde et le fait mouvoir dans son sein suivant un ordre immuable, avaient résolu ce dernier problème. J'ai essayé ici de montrer comment les renaissances du monde dans l'orage fournirent la solution du premier.

On voit par l'indépendance des deux réponses comment les deux questions se trouvèrent disjointes : l'ordre du monde et l'origine du monde se trouvèrent ramenés à deux principes différents : l'idée d'un dieu créateur resta absente et le dieu régulateur devint lui-même postérieur au monde. La matière est antérieure à son démiurge et le crée ; les dieux ne sont que les aînés des êtres, les premiers-nés de la matière préexistante ; ils sont au faîte de la création, mais ils en sont ; au plus haut du ciel, mais non pas en dehors[3]. Cette dualité de principe et d'action, à mesure que s'éveillait la réflexion raisonnante, devait y porter le trouble. Tandis que les Sémites bibliques, ayant posé de front le problème du monde dans son entier, expliquaient

---

1. *Plus anciennement*, comme le prouvent l'unité, la précision et l'identité parfaite de la solution dans les diverses mythologies. On est là en présence d'une idée arrêtée et bien définie qui est le fond de la *religion* indo-européenne. Quand l'unité aryenne se brisa, la cosmologie était moins avancée, les éléments existaient déjà, mais le choix n'était point fait : on a des *formules cosmologiques* indo-européennes ; on n'a pas *une cosmologie*.

2. Voir l'*Essai* précédent.

3. Voir l'hymne cité plus bas, vers 6, et le cri de Pindare : « Hommes et dieux, nous sommes une même race ; d'une même mère nous tenons le souffle. » Ce fut une nouveauté étrange quand Xénophane imagina que les dieux n'ont pas de commencement.

du même coup et son existence et l'ordre qui y règne[1] et concentraient tout le mystère sur un nom et sur un acte unique, les Aryens, ayant laissé leurs croyances se former une à une au hasard des formules et des images mythiques groupées par l'analogie, se trouvèrent bien vite plongés de toute part dans le mystère : les efforts infructueux qu'ils firent pour en sortir fondèrent la métaphysique. Un hymne du Rig Véda nous offre un écho de ces luttes qui s'engagèrent, il y a des siècles, dans la conscience des frères aînés de l'humanité aryenne ; c'est un des documents métaphysiques les plus anciens et les plus beaux de la race :

« 1. Le non-être n'était pas, ni l'être, alors ; l'atmosphère n'était point, ni le firmament au dessus d'elle : où donc était enveloppé le monde ? où ? dans quoi renfermé ? Les eaux étaient-elles ? le gouffre insondable ?

« 2. La mort n'était point, ni donc l'immortalité ; nulle distinction de la nuit ni du jour. — De soi-même un souffle s'éleva[2], sorti de nulle poitrine ! c'était l'être un, et rien n'était alors autre que lui ni au dessus de lui.

« 3. Les ténèbres furent[3]. Enveloppé dans la nuit au début, tout cet univers n'était qu'une onde indistincte[4]. L'Un formidable, enveloppé dans le vide, naquit alors par la puissance de la chaleur[5].

---

1. Il faut dire que ceci n'est qu'une interprétation postérieure de la cosmogonie de la Genèse, laquelle laisse indécise la question de l'origine de la matière et suppose plutôt un chaos, à la façon aryenne. Telle était, semble-t-il, la solution dans la vieille cosmogonie babylonienne d'où elle dérive.

2. Le souffle qui produit l'ὑπηνέμιον ὠόν d'Aristophane (§ 16), le Νοῦς-ψυχή d'Anaxagore (§ 30).

3. Hésiode, Épiménide.

4. Homère, Thalès, Hippon ; — Anaximandre, Anaxagore.

5. Voir § 8, p. 164, note 3.

« 4. L'Amour, voilà l'être qui naquit au début[1], l'Amour qui fut le germe premier de la pensée et en qui les sages, s'ils interrogent leur cœur, découvrent le lien du non-être à l'être.

« 5. Le rayon transversal qui fit la trame des mondes venait-il d'en haut, venait-il d'en bas[2]? Y avait-il des puissances fécondantes et des forces de croissance? Nature au dessous, énergie au dessus?

« 6. Qui sait? Qui pourrait dire d'où est sortie cette création? Les dieux sont postérieurs à son émission ; donc, qui sait d'où elle est sortie?

« 7. Cette émission, d'où elle est sortie et si quelqu'un l'a faite ou non, Celui qui du haut du firmament surveille ce monde, celui-là le sait ! — Peut-être ne le sait-il pas[3]. »

Les Indous ont attribué la composition de cet hymne à Prajâpati Parameshthin, c'est-à-dire à l'Être suprême en personne, mettant dans la bouche même de la divinité transcendante cet aveu d'impuissance, ce blasphème sublime, ce défi suprême jeté par le mystère à l'intelligence divine. L'inconnu, quel qu'il soit, qui eut assez d'audace dans la pensée pour acculer ses dieux à la même ignorance que lui-même, a place dans le chœur immortel. Pascal eût reconnu un frère, Spinoza lui eût tendu la main : jamais parole de puissance plus calme ne frappa la nuit du chaos. Mais plus d'une fois aussi la fièvre d'an-

---

1. Hésiode, Aristophane, Aristote.
2. C'est l'image de Phérécyde : l'étoffe cosmique sur laquelle Zeus a brodé la terre et Ogenos (l'Océan) et les demeures d'Ogenos (Φερεκύδης ὁ Σύριος λέγει · Ζὰς ποιεῖ φᾶρος μέγα τε καὶ καλὸν καὶ ἐν αὐτῷ ποικίλλει γῆν καὶ Ὠγηνὸν καὶ τὰ Ὠγηνοῦ δώματα : Clem. Alex. Stromata, VI, 741, éd. Dindorff).
3. RV. X, 129.

goisse fit trembler la voix tranquille du Rishi proclamant son ignorance hautaine, et, moins triomphant de l'ignorance divine qu'abattu de son impuissance humaine, il s'abandonna, découragé, triste :

« Non ! vous ne sauriez connaître ces choses, car autre est votre nature ! — Et les poètes s'en vont, enveloppés de ténèbres, et las de paroles vaines [1]. »

1. RV. X, 81, 7.

IV

A. RÉVILLE

PROLÉGOMÈNES DE L'HISTOIRE DES RELIGIONS[1]

On se souvient des débats animés que souleva, il y a deux ans, la proposition de créer au Collège de France une chaire d'histoire des religions. Le sentiment scientifique est encore si peu développé pour tout ce qui touche les choses de la psychologie, que les meilleurs esprits, dans les divers partis, avaient peine à comprendre que l'histoire de la religion pût et dût faire l'objet de recherches désintéressées, et c'était un enseignement de combat que redoutaient les uns et qu'appelaient les autres. Le cours de M. Réville aura, nous l'espérons, mis un terme à ces craintes et à ces espérances : le livre qui représente les leçons du premier semestre du cours nouveau[2] est un modèle d'impartialité philosophique que l'on ne saurait trop louer. L'éminent professeur a su concilier sans embarras le res-

---

1. Extrait de la *Revue philosophique*, janvier 1882.
2. Paris, G. Fischbacher, 1881.

pect qui est dû par l'enseignement de l'Etat à toutes les manifestations de la conscience religieuse, avec l'absolue liberté scientifique qui est le premier droit et le premier devoir du savant. C'est un grand service rendu à l'enseignement nouveau : le public commence à soupçonner que l'histoire des religions n'est pas nécessairement un champ de bataille et qu'au dessus de l'apologiste et du polémiste il y a place à l'historien, qui n'a les passions ni de l'un ni de l'autre, qui s'inquiète peu de la vérité en soi des choses qu'il étudie, mais seulement de leur histoire et de leurs destinées.

Ces prolégomènes se divisent en deux parties : dans la première, M. Réville analyse les diverses définitions qui ont été données de la religion et donne la sienne propre; il expose et discute les diverses théories qui ont été proposées sur l'origine de cet ordre de faits et présente une classification des religions. Dans la seconde partie, il passe en revue divers éléments de la religion constituée : le mythe, le symbole et le rite, le sacrifice, le sacerdoce, le prophétisme, l'autorité religieuse, et examine les rapports de la religion avec la théologie, la philosophie, la morale, l'art, la civilisation et la science. M. Réville, comme on le voit, n'est pas encore entré dans l'histoire proprement dite : quatre chapitres seulement — les chapitres sur le mythe, le symbole, le sacrifice et le sacerdoce — nous transportent au milieu des faits, et le livre pourrait plutôt s'intituler *Philosophie de la religion* : la question essentielle au point de vue pratique, la question de méthode, n'est pas traitée. La classification des religions est faite d'après leur caractère dogmatique au lieu d'être faite d'après l'ordre historique, qui est cependant ce qu'on attendrait dans un cours d'*histoire* religieuse. C'est donc en philosophe que M. Réville a abordé son sujet : peut-être aurait-il mieux valu, pour faire comprendre plus exactement au public le caractère parfaitement précis et tout expérimental de la science nouvelle, laisser de côté les discussions philosophiques et entrer *in medias res*, en se contentant de délimiter le sujet. M. Réville aura pensé, sans doute, qu'il y avait quelque danger à dépayser le public en le transportant du premier coup en face de faits qu'il n'est pas encore préparé à envisager comme purs faits, et il a voulu ménager la transition entre les habitudes anciennes du public et celles qu'il s'agit de faire prévaloir. Auguste Comte dirait que ce livre nous présente la période métaphysique de la science; certainement M. Réville ne s'y attardera pas, et le prochain volume nous fera entrer dans la période positive. Je me contenterai de toucher très rapidement deux des points traités dans ce livre.

M. Réville commence par donner sa définition de la religion : après avoir discuté un certain nombre de celles qui ont été proposées par divers philosophes, il conclut que la religion « est la détermination de la vie humaine par le sentiment d'un lien unissant l'esprit humain à l'esprit mystérieux dont il reconnaît la domination sur le monde et sur lui-même et auquel il aime à se sentir uni. » C'est là une définition un peu obscure et pénible, mais qui néanmoins peut très bien se défendre en prenant le mot religion au sens qu'il a chez les modernes; mais si l'on essayait, en partant de cette définition, de dresser le cadre de ce que peut et doit contenir la science des religions, je crains qu'on ne coure le risque de laisser en dehors bien des choses qui doivent y trouver place au premier plan. Je ne vois pas trop comment on ferait entrer dans le cadre de cette définition les idées *objectives* des religions anciennes, les cosmogonies, les mythologies, toutes choses qui font essentiellement partie de la religion ; la définition donnée n'embrasse que le côté *subjectif* de la religion et le culte. Il y a plus : ce sentiment de dépendance, dont on fait depuis Schleiermacher l'essence du sentiment religieux, ne peut servir de caractéristique à la religion, parce qu'il ne lui est pas particulier : l'homme, à l'étage scientifique, le ressent aussi fortement que l'homme resté à l'étage religieux. L'homme en tout temps a senti, et de tout temps sentira, qu'il n'est point son maître et qu'il y a des choses qui peuvent le déterminer; le sentiment de la dépendance est donc aussi profond et plus conscient dans l'état d'esprit moderne, que l'on ne peut pourtant faire entrer dans le cercle religieux sans faire violence au mot. D'autre part, ce sentiment de dépendance qui appartient à la science comme à la religion, et qui par suite ne peut servir à définir la religion, n'est pas sans réaction dans la religion, pas plus qu'il ne l'est dans la science. Cette réaction, très violente dans l'état scientifique où l'idéal pratique est de détruire la dépendance et d'établir le règne de l'homme sur les choses, — idéal d'ailleurs que la science elle-même se sait parfaitement impuissante à réaliser dans sa plénitude, impuissance qu'elle reconnaît et accepte, — cette réaction, dis-je, n'est pas moins réelle, et peut-être est-elle plus ambitieuse encore dans l'état religieux : l'homme à l'état de religion se sait dépendant, comme l'homme à l'état de science, mais il travaille à retourner cette dépendance, lui aussi, et il a pour cela ses procédés propres, comme le savant. L'homme de science s'affranchit de sa dépendance en s'assujettissant les forces de la nature par la découverte des lois et par les applications pratiques qu'il en fait; l'homme de religion s'affranchit de sa dépendance en s'assujettissant les dieux par les formules, les rites, le sacrifice, les pratiques de toutes sortes, bref, par un ensemble de procédés que l'on appelle, suivant leur degré d'organisation, culte ou sorcellerie.

Ce n'est donc point par le sentiment sous-jacent que l'on peut définir la religion et la distinguer de la science : l'une et l'autre ont le même objet et les mêmes ambitions, et le sentiment dans l'une et dans l'autre est le même ; il n'y a de différence entre elles que par les procédés mis en œuvre dans la méthode de connaissance et de réaction ; et, comme le terme de science est précis et prête peu à l'équivoque, la meilleure façon de définir la religion est de la définir négativement par la science : « La religion embrasse tout le savoir et tout le pouvoir non scientifique. » Son domaine s'est donc rétréci au fur et à mesure du progrès de la science : infini au début, limité avec le temps, réduit enfin de nos jours à l'inconnaissable et à l'invérifiable, soit sous le vieux nom de religion, soit sous le nom de métaphysique. La science de la religion comprend donc, outre la cosmogonie et la théogonie, outre le culte, outre la mythologie, l'immense et flottant domaine du *folk-lore*.

L'unité de ce vaste champ est donnée par la force unique qui le féconde et qui est la grande créatrice de mythes et de pratiques, l'*analogie*.

Le lecteur lira avec intérêt les chapitres consacrés à la discussion des vieilles théories sur la révélation primitive et sur la tradition primitive. Nous arrivons à une des parties les plus intéressantes du livre et qui seront neuves pour un grand nombre de lecteurs, les chapitres consacrés au culte et au symbole. M. Réville montre très bien que le culte est un symbolisme ; la théorie de Creuzer, fausse pour la mythologie, est vraie pour la latrologie. Il y aurait un beau livre à faire sur le culte, qui n'a pas encore été tenté : un certain nombre de mythologues ont déjà montré dans des points spéciaux comment le culte reproduit le drame céleste, est une ὁμοίωσις θεῷ; le lecteur en trouvera de beaux exemples dans la *Légende de Buddha*, de M. Sénart (la cérémonie du couronnement reproduisant le triomphe solaire) et dans la *Religion védique*, de M. Bergaigne (le sacrifice terrestre, reproduction d'un sacrifice céleste); il y aurait à montrer, en embrassant l'ensemble d'un groupe défini de religions, le groupe aryen, par exemple, comment le culte sort, comme par décalque, de la mythologie, et à retrouver sous chaque pratique la croyance qu'elle met en scène. Il y a plus : ainsi que je l'ai indiqué ailleurs, les pratiques survivant toujours, plus ou moins longtemps, au mythe qui les produit et qu'elles expriment, le culte d'une religion est en partie l'expression d'une religion antérieure; on peut lire, sous le culte d'une période, la mythologie des périodes qui précèdent, et le culte révèle à la science une mythologie plus ancienne que celle que révèle l'étude directe de la mythologie du même temps.

La place nous manque pour nous étendre sur toutes les questions intéressantes soulevées au courant du livre; terminons en rendant l'hommage mérité au talent de style bien connu de l'auteur, qui est un maître dans l'art de bien dire, et à la richesse d'aperçus délicats et fins semés dans le détail.

V

M. BRÉAL

MÉLANGES DE MYTHOLOGIE ET DE LINGUISTIQUE[1]

La mythologie et la linguistique, ces deux sciences sœurs qui, nées d'hier, promettent déjà de renouveler la psychologie en portant la méthode expérimentale et historique dans deux des domaines les plus vastes et les plus intimes de la pensée, la religion et le langage, n'ont point trouvé tout d'abord en France la faveur suivie qui s'attachait aux autres créations du siècle. S'il est cependant un pays où elles devaient attendre un sol favorable, c'était, semble-t-il, celui d'Anquetil, de Silvestre de Sacy, de Champollion, de Rémusat, de Burnouf. Elles y ont suscité des œuvres magistrales, mais isolées; des génies de premier ordre, mais point d'école ; elles y ont fait quelques-unes de leurs plus belles découvertes, mais sans y jamais pousser racine et sans y fonder une tradition. Nous n'avons pas à rechercher quelles causes, littéraires ou politiques,

---

1. Inédit : écrit en 1879.

ont arrêté si longtemps la formation d'une école française. Cette tradition, si lente à naître, est néanmoins en voie de formation depuis une vingtaine d'années, et c'est à l'auteur du livre dont nous allons parler qu'en revient en grande partie le mérite ; c'est dans les essais de mythologie qu'il présenta en 1863, comme thèse de doctorat, à la Faculté des lettres de Paris, que se trouva exposée, pour la première fois et d'une façon systématique, la méthode de la science nouvelle ; et son enseignement officiel au Collège de France a définitivement organisé l'étude de la grammaire comparée, à l'ombre de laquelle s'est développée la mythologie. Les nouvelles recrues qui, en France, depuis 1863, ont abordé l'une ou l'autre de ces études, suivant des principes rigoureusement scientifiques, relèvent presque toutes de l'auteur d'*Hercule et Cacus*.

Le présent volume, composé d'essais déjà antérieurement publiés et de diverses leçons faites au Collège de France, offre une image et un résumé de ce mouvement. Les études qui le composent, et qui, par la variété des sujets, touchent à presque toutes les branches de la mythologie et de la linguistique, ont marqué dans le développement de la science française, les unes en exposant les résultats acquis et en créant un public spécial, les autres par les recherches originales qu'elles renferment et les résultats nouveaux qu'elles ont fait entrer dans la science.

Ab Jove principium : commençons par les dieux et la mythologie. Les Essais de mythologie sont au nombre de

---

1. *Mélanges de mythologie et de linguistique*, par M. Michel Bréal, de l'Institut de France. Paris, 1877, Hachette.

cinq : trois sont d'un caractère tout spécial et traitent de l'ancienne religion de la Perse. L'un d'eux, l'un des plus courts du livre, n'est pas le moins important. Il traite de la *Géographie de l'Avesta* et ébranle les constructions historiques que l'on a si longtemps érigées sur les données géographiques apparentes des livres zends. Le premier chapitre de l'un de ces livres, le Vendidad, contient l'énumération des provinces successivement créées par le principe du bien, Ormazd, et des fléaux successivement opposés par le principe mauvais, Ahriman. On s'est accordé longtemps à voir dans cette énumération une description de l'Iran au temps de Zoroastre : l'ordre de l'énumération reproduirait la marche progressive de la conquête aryenne ; la liste se dirige vers l'ouest ; donc l'Iranvèj, cité comme la première production d'Ormazd, est le berceau primitif de la race, et la première patrie des Aryens est aux bords de l'Oxus et de l'Iaxarte. M. Bréal montre que nombre des terres citées dans cette énumération sont des terres *mythiques*, qu'en particulier la première d'entre elles, l'Iranvèj, est située primitivement, non aux bords de la Caspienne, mais dans le pays des Fées ; que les descriptions que les textes en donnent l'assimilent, non à aucune des terres situées sur la carte terrestre, mais au Var de Yima, c'est-à-dire au Paradis. La géographie de l'Avesta vaut donc son histoire ; l'une est entachée de fable comme l'autre ; et d'une façon générale, de même que les dieux, descendant du ciel, fournissent à chaque peuple, par un Évhémérisme renversé, les héros et les rois de sa tradition nationale, et que leurs exploits mythiques, transportés sur la terre, se déposent et se condensent en légende historique, de même les terres célestes descendent avec leurs habitants, la scène du drame avec les acteurs. Ainsi se forme une géographie imaginaire de pays dont on connaît l'existence, mais que nul n'a vus, Iles fortunées, Atlantides, Eldorados, terres flottantes dans l'espace, au gré de la fantaisie des poètes et des découvertes de l'homme qui sans cesse les force à reculer dans un lointain géographique plus profond. Mais, souvent aussi, une adaptation se fait entre les terres d'en haut et celles d'en bas; la géographie mythique, en se déposant, s'arrête et se fixe. Parfois elle se dédouble : les différentes peuplades aryennes, emportant la même géographie idéale, dont les premiers linéaments ont été tracés dans la période de leur primitive unité de religion et de langue, l'ont promenée avec elles dans leurs courses errantes et semée à plusieurs reprises à tous les méridiens et à tous les parallèles. Les diverses montagnes qui, dans les diverses mythologies aryennes, prêtent leurs sommets aux dieux pour y reposer leurs trônes, sont les dédoublements d'une seule et même montagne mythique, déjà descendue peut-être dans la période d'unité, et qui s'est déplacée avec les dieux qu'elle portait : le Mérou, l'Alborz, l'Olympe ont eu leurs racines dans le ciel, comme ils y ont leur sommet. Chez un même peuple, le site mythique se dédouble avec les tribus, et le mythe, a, lui aussi, ses dialectes : le *Hara berezaiti* de l'Avesta, après avoir longtemps flotté dans les rivières de l'atmosphère, se fixe dans l'Alborz au sud de la Caspienne, et dans l'Elbourz en plein Caucase.

Les deux autres Essais touchent plus directement aux mythologies classiques : l'un est consacré au mythe d'Œdipe, l'autre au mythe d'Hercule et de Cacus. Dans le mythe d'Œdipe, l'auteur montre comment les grands drames de la mythologie grecque, dont la trame est si suivie et si continue, se résolvent à l'analyse en phrases mythiques indépendantes, qui sont le plus souvent synonymes, quant à leur valeur naturaliste première, et qui peu à peu se combinent, s'adaptent, et forment la matière des actes successifs d'un drame complet. Qu'Œdipe tue le Sphinx, qu'il tue Laius, qu'il épouse Jocaste, c'est toujours le même phénomène naturaliste qui est à la base de ces formules diverses : c'est la victoire du héros mythique sur le démon, sur le *dasyu*, victoire qui a pour prix la possession de la vierge lumineuse, celle que d'autres mythes nomment Hélène, Andromède, Hésione, Clytemnestre, Pénélope. L'on voit clairement dans ce mythe comment l'idée morale se dégage du choc des formules naturalistes et en transforme le caractère. L'aveuglement d'Œdipe, expression de la lumière qui s'éteint, devient la punition du parricide et de l'inceste. Or, il y a eu un temps où ce parricide et cet inceste n'étaient point le crime d'Œdipe, mais son véritable et seul titre de gloire et de divinité. Dans toute une série de mythes, le dieu lumineux, sortant de la nuée ténébreuse et démoniaque, est le fils du démon, « le fils du père malfaisant, » comme disent les Védas (*açivasya pitur*), de sorte que le fils divin ne naît et ne règne que par la défaite ou le meurtre de son père : le lecteur se rappelle immédiatement Zeus, le dieu du ciel lumineux et pur, frappant son père, le sombre et ténébreux Kronos. L'inceste d'Œdipe n'était pas moins pur que son parricide : c'était primitivement la délivrance de la déesse de lumière enlevée par le démon. Mais le sens naturaliste des vieilles formules s'étant effacé, le crime, de divin devenu humain, perd sa sainteté première et tombe sous le coup de la morale qui le frappe. Le mythe, d'un même coup, s'obscurcit et s'épure en conte moral.

L'Essai sur le mythe d'Hercule et Cacus est le plus considérable de l'ouvrage : c'est celui qui a commencé la réputation scientifique de l'auteur et fait connaître pour la première fois, d'une façon définitive en France, la mythologie comparée, dans sa méthode, dans son objet et dans toute la fécondité de ses applications. Remontant d'Italie en Grèce et de Grèce en Inde, l'auteur retrouve le mythe d'Hercule et Cacus dans celui d'Héraclès et de Géryon; puis dans celui d'Indra et de Vritra, et ce dernier, grâce à la transparence du naturalisme védique, donne la clef des mythes grecs et latins : les vaches enfermées par le monstre dans la caverne noire, d'où il vomit la fumée et la flamme, se reconnaissent dans les vaches védiques, les vaches de la nuée féconde, enlevées par le noir démon, Vritra, Çambara, Çushna, et reconquises dans la fumée et la flamme de l'orage par Indra, le héros à la massue fulminante. Arrivé là, au cœur du mythe, l'auteur nous fait descendre dans les mythologies de Germanie et de Perse, et montre, dans le dernier exemple, comment un mythe spécial peut s'élargir et former le cadre d'une religion tout entière : la lutte du dieu et du démon dans l'orage donne l'idée première d'une lutte universelle entre deux principes, bon et mauvais, lumineux et ténébreux, et de là sort la religion de Zoroastre. Chacune des cinq mythologies, consultées pour l'interprétation du mythe latin, est caractérisée au passage dans ses traits principaux, et l'on voit comment le même fonds d'idées premières prend dans la pensée de chaque peuple une forme particulière et originale, et se teint des couleurs propres de son imagination, des reflets du ciel sous lequel le hasard l'a jeté. Rien de frappant dans sa concision comme le tableau de la mythologie latine, desséchée en abstractions et en formules liturgiques et se ranimant d'une vie factice au contact de la mythologie grecque qui, en se l'assimilant, la tue.

Cet Essai ouvre par deux chapitres de doctrine ; ils contiennent la théorie du mythe et l'histoire des systèmes mythologiques antérieurs à l'école naturaliste, Évhémérisme et Symbolisme. L'origine et l'erreur de ce dernier système sont expliquées du même coup par cette simple observation que les savants qui le créèrent étaient avant tout des archéologues ; or, la mythologie, interprétée par les monuments figurés, ne peut conduire qu'au symbolisme, la pierre ne parlant que par symbole. Quant à l'origine des mythes, M. Bréal partage le système de M. Max Müller : « Jamais le genre humain, dans son enfance, si vifs et si poétiques qu'aient pu être les premiers élans de son imagination, n'a pu prendre la pluie qui arrose la terre pour le lait des vaches célestes, ni le nuage dont les flancs recèlent la foudre pour un monstre vomissant les flammes, ni le soleil dardant ses rayons pour un guerrier divin lançant des flèches sur ses ennemis, ni le grondement du tonnerre pour le bruit de l'égide secouée par Jupiter, ni les premières ardeurs du soleil du printemps pour la pluie d'or tombant sur Danaé. » Les formules mythiques ne sont donc que des métaphores incomprises : la mythologie n'est qu'une maladie du langage. Nous ne pouvons nous empêcher de songer ici aux objections très fortes et, croyons-nous, très solides, élevées par M. Baudry contre ce système[1]. Les êtres mythiques sont créés directement et non par métaphore ; tout phénomène, tout changement, pour la pensée de l'enfant et, par suite, de l'humanité dans son enfance, cache un être vivant, une personne ; toute action lui révèle un agent, et d'autant plus puissant et merveilleux que l'action est plus puissante et plus loin de la prise humaine. L'enfant qui cherche la

---

[1]. *Revue germanique et française*, 1863.

petite bête cachée derrière le ressort de la montre loge dans sa petite tête les vingt mille dieux aryens. Le langage peut créer des mythes secondaires par le choc accidentel de formules mythiques déjà existantes; il ne peut créer des mythes primaires; ceux-ci sortent de la contemplation directe du phénomène naturel; ils jaillissent du cœur de l'homme, non de ses lèvres; la mythologie est une maladie de la pensée et non du langage. L'explication étymologique ne doit donc être admise que quand elle s'impose, et la mythologie n'est pas un chapitre de grammaire comparée. Aussi s'est-on peut-être trop hâté parfois de recourir à l'étymologie populaire, là où il y a mythe organique et direct. Les pommes d'or des Hespérides sont-elles, en effet, nées d'une confusion de μῆλον « chèvre » et de μῆλον « pomme », et ne sortent-elles pas plutôt du même jardin que la pomme d'or lancée par Éris aux noces de Thétis et que les pommes d'or d'Atalante? Est-ce un jeu de mots qui fait sortir Athéné resplendissante, dans le fracas de l'orage, de la tête de Zeus, le dieu du Ciel, quand l'on voit en Inde, Rudra, le dieu fulgurant, bondir du front de Brahma, enflammé par la colère?

Parmi les Essais de grammaire comparée, signalons rapidement au lecteur curieux d'idées générales les leçons sur la *Méthode comparative* et sur les *Progrès de la Grammaire comparée* qui, pour la clarté, la précision et le charme du style, peuvent prendre place près des célèbres Lectures de M. Max Müller. Les partisans de la réforme de l'enseignement classique trouveront, dans la leçon sur le *Rôle de la Grammaire comparée dans les classes* et la conférence sur l'*Enseignement du français*, tout un programme, qui, sans violence aucune aux traditions, sans changement extérieur apparent, sans introduire brusquement la grammaire comparée comme branche spéciale d'étude, en introduit, ce qui est infiniment moins ambitieux et infiniment plus fécond, l'esprit et la méthode, et la fait régner sans la faire paraître, « invisible et présente. »

Les psychologues trouveront dans les leçons sur la *Forme et la Fonction des mots* et sur les *Idées latentes du langage* des notions qu'ils ne trouveront pas dans les dissertations traditionnelles sur les signes : ils verront combien le langage répond peu à sa définition philosophique, et que le projet d'une langue universelle notant par un signe spécial chaque catégorie, chaque nuance de la pensée, doit prendre place à côté de la quadrature du cercle et du mouvement perpétuel; le langage est fait et ne peut être fait que de signes imparfaits et équivoques, que la pensée complète ou éclaire, selon le besoin de l'instant; les quantités exprimées ne sont qu'une fraction minime des quantités entendues; nulle fonction n'est stable, mais dans un perpétuel changement, multiple pour le même élément, selon les hasards de la pensée, et déterminée par des coefficients mentaux que le langage ne note pas et sans lesquels cependant il n'y a point de langage possible ni intelligible. Les étymologistes trouveront là aussi une leçon utile; ils apprendront que le sens usuel d'un mot n'est point par cela même son sens réel, c'est-à-dire, son sens originel, parce que, le plus souvent, quand un mot a eu une longue existence, le sens usuel a commencé par être latent, c'est-à-dire non exprimé, et ne s'est qu'à la longue attaché, puis substitué au sens exprimé, le seul qui pourrait renseigner sur l'étymologie du mot.

Signalons enfin à l'attention particulière du lecteur

l'étude sur les *Racines indo-européennes*, une des plus récentes productions de l'auteur, lue l'an dernier[1] à la séance annuelle de l'Institut et qui marquera une époque, le moment d'une réaction salutaire dans l'histoire de la grammaire comparée. Dans les vingt dernières années, cette science, justement fière de ses premières conquêtes, a cru pouvoir en reculer indéfiniment les bornes : non contente de restituer la langue indo-européenne, c'est-à-dire la langue parlée au moment où l'unité aryenne se brisa, elle a voulu aller au delà de cette restitution, remonter au delà de cette langue qu'elle avait recréée, la diviser en périodes, faire l'histoire de ses formes et de son vocabulaire. De là, après l'hypothèse légitime qui avait retrouvé la langue perdue à la lumière des langues existantes, hypothèse légitime parce qu'elle tirait l'inconnu du connu et pouvait se démontrer ou se réfuter au critérium de faits accessibles, un échafaudage d'hypothèses illégitimes et antiscientifiques qui tirent l'inconnu de l'inconnu ; hypothèses indémontrables et irréfutables, parce qu'elles ne reposent plus sur des faits accessibles ; édifice plus ou moins brillant selon le talent de l'auteur, mais sans base et sans support et qui s'effondre au premier souffle de la discussion. M. Bréal pénètre avec une véritable profondeur les diverses raisons qui ruinent tout d'abord toutes ces constructions ambitieuses ; il montre comment la langue indo-européenne, telle que la grammaire historique la restitue, n'est point une langue naissante et à l'état naissant, de sorte que l'on puisse saisir sur le fait les éléments de formation, et par suite en suivre le jeu plus ou moins loin dans le passé préhistorique : nous n'opérons que sur des résidus. Au moment et dans l'état où le hasard nous révèle la langue indo-européenne,

[1] 1876.

elle avait par derrière elle un long passé, de longues périodes d'évolution, où agissaient toutes les forces qui, dans la période historique, agissent pour la transformer et la défigurer. Or, pour retrouver ces actions, il manque à la science l'instrument essentiel qui la sert dans son œuvre de restitution : la comparaison historique. La comparaison de langue à langue, et dans chaque langue d'époque à époque, permet d'établir la généalogie des formes et d'arriver aux formes premières, chaque langue, chaque période livrant le secret des autres ; ici, tout manque. Les formes restituées de la langue mère ont un passé, mais le secret de ce passé est tout en elle ; nul témoin à côté pour le dévoiler : ici, la grammaire comparée et historique expire, parce qu'il n'y a plus ni comparaison possible ni histoire. La restitution de la langue indo-européenne est donc le but ultime de la science, non un point de départ pour de nouvelles restitutions : pour s'élancer de là plus haut, il faudrait un point d'appui dans le voisinage, par exemple le secours d'un groupe de langues qui seraient sorties dans une période antérieure d'une source commune plus ancienne ; pour pénétrer dans le passé de la langue mère, il faudrait pouvoir en sortir. Toute tentative, tant que cette condition n'est pas remplie, est contradictoire avec la définition même de la science [1]. Les conditions de la recherche comparative et les limites des conquêtes possibles de la gram-

---

[1]. Autre cause d'erreur : les philologues ne semblent pas se douter que l'histoire proprement dite est un des facteurs les plus importants dans la formation du langage : or comme, dans les périodes primitives, l'histoire n'existe pas pour nous, la philologie tombe à chaque instant, sans s'en douter et sans recours, dans l'étymologie populaire. Elle est sans cesse à jouer devant la galerie les *Deux Merles blancs* de M. Labiche :

ALIDOR, lisant.

Panthéon Nadar... qu'est-ce que ça veut dire ?... vous qu'êtes un homme instruit.

maire historique n'ont jamais été jusqu'ici si clairement vues et marquées : ce serait sans doute méconnaître la nature de l'esprit humain en général, et de celui des philologues en particulier, que de supposer que les vues exprimées par M. Bréal seront immédiatement acceptées par tous les architectes en restitution linguistique : mais tôt ou tard la force des choses imposera son *non amplius ibis*.

Le lecteur pourra juger, par ce résumé trop court et trop incomplet, de l'étendue, de l'importance et de l'intérêt des questions résolues ou agitées dans ce volume. L'auteur, à la fin de sa préface, exprime le vœu que ce livre contribue à répandre de plus en plus le goût des recherches historiques appliquées à la religion et au langage. Nous avons la confiance que ce vœu sera réalisé : sous une autre forme, les essais qui composent ce livre ont déjà commencé à produire ce résultat : s'adressant, sous cette forme nouvelle, à un public plus étendu, l'influence en sera plus puissante et plus large; et l'admirable lucidité de l'exposition, en faisant pénétrer dans le public littéraire des notions encore trop nouvelles pour la plupart, gagnera sans doute à la science nouvelle nombre d'amis et, ce qui vaut mieux encore, des travailleurs.

MOUILLEBEC, mettant ses lunettes.
Voyons ?... Panthéon Nadar... Panthéon... je comprends ça... ça vient du grec...

ALIDOR.
Ça signifie bâtiment !

MOUILLEBEC.
Mais Nadar ?... c'est Nadar qui m'embarrasse... je cherche la racine...

ALIDOR
Ne vous fatiguez pas... nous la demanderons au garçon.

Que de « Nadar » dans les Védas et ailleurs dont la philologie cherche et donne la racine !

VI

LA LÉGENDE D'ALEXANDRE

CHEZ LES PARSES[1]

I

Il y a deux Alexandre, celui de l'histoire et celui de la légende. Celui-ci est le seul qu'ait connu l'Europe du du moyen âge, et le seul que l'Orient ait jamais connu. De son vivant déjà, la légende avait commencé : elle s'était formée, au fur et à mesure de ses courses et de ses conquêtes, dans l'imagination ébranlée de ses soldats. Alexandre avait voulu être dieu, il l'était : non, il est vrai, comme il l'avait rêvé, fils de Jupiter Hammon, conçu des embrassements du serpent mythique; homme par sa naissance, homme par sa mort, mais au dessus de l'homme par sa vie.

Souvenirs historiques, agrandis et déformés, fables et contes flottant dans l'imagination orientale et recueillis au passage par l'imagination grecque, qui les fixait sur le

---

[1]. Extrait des *Mélanges publiés par la section historique et philologique de l'Ecole des Hautes Études pour le dixième anniversaire de sa fondation*. Paris, 1878.

nom de son héros, tous ces éléments vinrent se combiner dans le Pseudo-Callisthène, sous la main des rhéteurs d'Alexandrie. Ces contes, traduits, abrégés, paraphrasés en vingt langues, allèrent, durant des siècles, émerveiller les peuples d'Europe et d'Asie, d'Écosse en Arménie, d'Espagne en Syrie, du manoir féodal du baron français à la tente du nomade arabe.

Héros populaire en Europe et en Orient, Alexandre fut et il est, en Perse, un héros national. L'orgueil iranien refusa de voir un conquérant dans son vainqueur et fit couler dans ses veines le sang royal des Kéanides. Le Pseudo-Callisthène avait montré la voie : rédigé en Égypte, dans la cité d'Alexandre, il avait fait du héros macédonien l'héritier des souverains d'Égypte, le fils du roi magicien Nectanebus[1]. Alexandre devint, en Perse, le fils de Dârâb, roi des rois. Dârâb, vainqueur du roi de Roum, Filiqos, lui avait imposé tribut et reçu sa fille en mariage; il la renvoya le lendemain de ses noces, mais elle était enceinte, et mit au jour un fils, qui fut élevé comme fils de Filiqos, jusqu'au moment où il fut en âge de revendiquer ses droits d'héritier contre un frère puîné, né d'une autre femme, Dârâ (le Darius de l'histoire). La victoire d'Iskander n'est donc point l'écrasement d'Iran par Roum, c'est le passage d'Iran d'un maître légitime à un autre non moins légitime : ce n'est point un Roumi qui usurpe le trône de Djemshid, c'est un Kéanide qui succède à un Kéanide : « Hier au soir, dit l'Iskander de Firdousi, quand il rencontre Dârâ mourant, hier au soir quand des vieillards m'ont appris

---

[1]. Procédé ancien de légitimation, déjà employé par les Égyptiens pour faire de Cambyse un des leurs : Cyrus aurait épousé Nitétis, fille d'Apriès, le roi détrôné par l'usurpateur Amasis, ce qui faisait de la conquête de l'Égypte par Cambyse une restauration de l'héritier de droit (Hérodote, III, 2).

la chose, mon cœur s'est gonflé de sang et mes lèvres de plaintes. Nous sommes d'une même branche, d'une même souche, nés dans la même pourpre : pourquoi par ambition détruire notre race¹? » Une bénédiction s'élève de la terre d'Iran quand il monte sur le trône, car ses paroles sont toutes d'équité : il fait régner la justice sur toute la face de l'univers, et le désert se peuple et se féconde.

Les chroniqueurs lui donnent le second rang entre les grands hommes de la Perse, entre « les dix héros qu'on célèbre comme les phénix de leurs siècles, et comme des hommes incomparables. » Fils de Dàràb, fils de Bahman, c'était « un grand roi, sage et savant, possédant la science des vertus des simples. Il avait été disciple d'Aristote, qu'il fit son conseiller d'État, de qui il tint les principes, et à qui il fit écrire l'histoire naturelle dans toutes ses parties. Il se rendit maître de la Grèce, de la Chine, de la Tartarie et des Indes ². »

Cette tradition nationale n'est pourtant pas spontanée. M. Spiegel a montré que la légende d'Alexandre, telle qu'elle paraît en Perse, est d'origine étrangère et n'a rien de commun avec l'épopée purement iranienne ³. Il suffit de lire le récit de Firdousi, en faisant abstraction des épisodes musulmans, pour y reconnaître un écho fidèle du Pseudo-Callisthène. On a d'ailleurs le témoignage direct d'une chronique persane des plus estimées, le *Mudjmil-ut-Tewarikh*. « Les philosophes grecs ont beaucoup de tradi-

---

1. *Livre des Rois*, éd. Mohl, V, p. 88, v. 342.
2. CHARDIN, *Voyages*, d'après une chronique inédite (éd. Langlès, VIII, 216).
3. Nous n'avons pu nous procurer le premier ouvrage de M. Spiegel sur la légende d'Alexandre (Leipzig, 1851); mais il a repris le sujet dans ses *Antiquités iraniennes*, II, 582 (Leipzig, 1873); c'est à ce dernier ouvrage que nous renvoyons.

tions sur la sagesse, les discours et le tombeau d'Alexandre; elles ont été traduites en arabe, et Firdousi en a mis une partie en vers [1]. » Donc, dans cette partie de son œuvre, Firdousi ne suit pas ses sources ordinaires, les ballades populaires, les contes des Déqans, les récits du *Livre des Souverains* : ce ne sont pas des voix iraniennes dont ils nous fait entendre, comme dans le reste de son livre, le lointain écho.

Cependant, tout en reconnaissant que la légende persane, sous sa forme classique, est étrangère et non nationale, peut-être faut-il admettre qu'à tout le moins le nom du héros s'était maintenu vivant dans la pensée populaire, de sorte que le jour où les récits grecs s'introduisirent en Iran, ils éveillaient des souvenirs lointains, mais puissants : la Perse aurait-elle pu reconnaître en lui un héros national, si elle l'avait oublié tout entier et avait dû rapprendre son histoire à une source étrangère? Une croyance nationale ne s'importe pas du dehors et doit avoir germé dans le sol même où elle croit; n'est-ce pas parce que la Perse se rappelait Alexandre, parce qu'elle l'avait admiré et aimé, qu'elle accueillit avec tant d'enthousiasme les récits du dehors qui parlaient de sa gloire? N'est-ce pas parce qu'elle n'avait jamais séparé son nom de sa propre histoire qu'elle put les rattacher si étroitement l'un à l'autre dans la suite? Cette continuité de la légende, ou du moins du souvenir, il est impossible de l'établir directement; il est impossible de prouver que le nom d'Alexandre était resté un nom populaire en Perse à travers les douze siècles de révolutions politiques et religieuses qui séparent sa mort de l'instant où la légende s'offre à nous pour la première fois et déjà formée de toutes pièces. Mais il est une branche

---

1. J. Mohl, *Livre des Rois*, préface, XLIX, 11.

de la famille iranienne, depuis longtemps séparée de la famille, qui a conservé un souvenir direct, semble-t-il, du conquérant : ce sont les Guèbres ou Parsis, c'est-à-dire les derniers représentants de la religion qui régnait en Perse quand parut Alexandre. Ce souvenir rappelle bien peu celui qu'il a laissé en Iran : le héros admiré là-bas est à Bombay un tyran exécré et maudit. Mais cette différence même semble un indice que nous avons là une source indépendante, et il importe de la remonter aussi loin qu'il sera possible.

II

« Je n'ai rien trouvé de plus sensé dans les enseignements des Guèbres, écrit Chardin, que le mal qu'ils disent d'Alexandre le Grand. Au lieu de l'admirer et de révérer son nom, comme font tant d'autres peuples, ils le méprisent, le détestent et le maudissent, le regardant comme un pirate, comme un brigand, comme un homme sans justice et sans cervelle, né pour troubler l'ordre du monde et détruire une partie du genre humain. Ils se disent à l'oreille la même chose de Mahammed, et ils les mettent tous deux à la tête des méchants princes : l'un pour avoir été lui-même l'instrument de tant de malheurs, comme sont l'incendie, le meurtre, le viol et le sacrilège ; l'autre pour avoir été la cause, l'occasion. Ils connaissent assez que leur perte vient de ces deux usurpateurs, Alexandre et Mahammed ; en quoi ils ne se trompent pas [1]. »

Le Père Gabriel du Chinon, qui avait visité les Guèbres de Perse une vingtaine d'années avant Chardin [2], nous fait connaître les raisons de leur haine. Zoroastre avait rapporté du Ciel « sept livres de Loi que Dieu envoyait à ces peuples, pour être dirigés dans le chemin du salut ; sept autres, qui

---

1. Chardin, VIII, 378.
2. Vers 1650.

contenaient l'explication de tous les songes qu'on pouvait avoir, et sept autres où étaient écrits tous les secrets de la médecine et tous les moyens possibles pour se conserver longtemps en parfaite santé. Ils disent que, quand Alexandre le Grand soumit leur pays, après leur avoir fait une cruelle guerre, il envoya les quatorze livres qui traitaient de la médecine et de l'explication des songes en Macédoine, comme une rareté qui surpassait toutes celles de la nature, et, voyant qu'il ne comprenait rien de ce qui était écrit dans les sept autres, où était écrite toute leur loi, et que même ils étaient écrits en une langue qui n'était entendue que des anges, il les fit brûler. Après sa mort, qui fut une juste punition de sa témérité et de sa malice, leurs docteurs, qui s'étaient sauvés du carnage et avaient fui sur les montagnes pour conserver leur vie et leur religion, se rassemblèrent, et, voyant qu'ils n'avaient plus de livre, en écrivirent un de ce qui leur était resté en mémoire de ceux qu'ils avaient lus tant de fois [1]. »

Les témoignages écrits venant des Parsis mêmes confirment les renseignements du Père du Chinon. « Des vingt et un Nosks de l'Avesta, disent les Rivaets, Iskander le Roumi fit traduire en roumi tout ce qui traitait d'astrologie et de médecine et fit brûler le reste de l'Avesta (puisse l'âme d'Iskander en brûler dans l'enfer !), et quand il eut péri, les destours s'étant assemblés en conseil réunirent tout ce qu'ils avaient retenu de mémoire; ils écrivirent ainsi le texte complet du Yasht (Yaçna), du Vispéred, du Vendidâd, du Fravashi Yasht, du petit Avesta, du Daroun,

---

1. *Relations nouvelles du Levant*, Lyon, 1671, p. 436 ssq. Le passage a été presque littéralement copié par les rédacteurs des Voyages de Tavernier; seulement ils font périr Alexandre « d'une horrible maladie. »

de l'Afrînagân, du Chidah-i-Vadjarkard et du Bundehesh. Ils n'écrivirent pas tout, parce qu'ils ne se rappelaient pas tout [1]. » La conquête d'Alexandre fut suivie, suivant le Kissah-i-Sandjân [2], d'une longue décadence religieuse, à laquelle mit fin la dynastie nouvelle fondée par Ardeshir le Sassanide : « Sikander brûla les livres de la révélation; pendant trois cents ans la religion fut bas, et durant tout ce temps les fidèles furent opprimés. Après cela, durant de longues années, la vraie foi trouva protection : quand le roi Ardeshir eut pris le sceptre, la vraie foi se trouva rétablie et son excellence reconnue à travers l'univers. » Ces textes sont récents; le dernier est de la fin du xvi° siècle, et cette tradition est en telle contradiction avec tout ce que l'on sait de la politique d'Alexandre, que l'on a été quelquefois tenté de voir là une confusion établie entre la conquête d'Alexandre et la conquête arabe : ce sont les méfaits des successeurs d'Omar qui auraient été reportés au conquérant macédonien.

Rien en effet ne fut jamais plus étranger au paganisme ancien que l'intolérance à l'égard des autres religions. Le fanatisme est le privilège des religions morales, qui, s'étant fait un idéal élevé, et exclusif comme tout idéal, poursuivent tout ce qui s'en écarte d'une haine qui ne peut pardonner sans apostasie. Le paganisme, avec son large Panthéon ouvert à tout venant, vénérait les religions étrangères où il retrouvait ses dieux et en découvrait d'autres encore qu'il avait soupçonnés sans les connaître :

---

[1]. Anquetil, *Mémoires de l'Académie des inscriptions et belles-lettres*, XXXVIII, 216; Spiegel, *Journal de la Société germanique orientale*, IX, 174.

[2]. Récit en vers de l'émigration des Guèbres; il en existe une traduction par M. Eastwick, dans le premier volume du *Journal of the Royal Asiatic Society (Bombay branch)*, 1844, p. 172.

il savait bien que ses théologiens et ses aèdes n'avaient point épuisé tout le domaine du divin, et il prêtait une oreille curieuse à toutes les voix, si étranges qu'elles fussent, qui venaient lui parler du monde d'en haut. C'est surtout à l'époque d'Alexandre que commence à se faire sentir cette soif du divin étranger, et nul moins que lui n'était porté, par instinct comme par politique, à se faire le champion des dieux de la Grèce contre les dieux du dehors : Égyptien en Égypte, serviteur du Très-Haut à Jérusalem, il devait être serviteur d'Ormazd en Perse. Au passage de l'Euphrate, il sacrifie au Soleil, à la Lune et à la Terre; en Hyrcanie, il sacrifie aux dieux du pays suivant les rites nationaux ; au dessus des provinces conquises, il met des Perses de naissance, c'est-à-dire des adorateurs d'Ormazd, ou bien des Grecs persisés, comme ce Peukastès, qui avait oublié les mœurs grecques pour celles de la Perse. Les satrapes grecs qui ont insulté la religion de leurs sujets ou les ont opprimés sont mis à mort [1]. Tous les historiens grecs s'accordent à nous montrer Alexandre préoccupé d'entrer dans les préjugés de ses nouveaux sujets et non de les choquer et de les combattre : il savait qu'il avait plus à gagner à les flatter qu'à les détruire, et que, pour recevoir les adorations comme roi des rois, il n'avait qu'à faire appel à une religion qui faisait du roi un dieu terrestre et de la gloire royale un rayon de la gloire céleste. Ses soldats auraient moins murmuré s'il avait persécuté, et leurs plaintes, comme le dévouement des Perses, prouvent qu'il ne fut point ce que les Parses prétendent. Ainsi en jugeait Firdousi : Dâra mourant donne en mariage à Alexandre sa fille Roshanek (Roxane), avec l'espoir qu'elle lui donnera un fils glorieux, « qui fera revivre le nom d'Isfendiar, qui

[1]. Rhode, *Die heilige Sage des Zendvolkes*, 1820, p. 20.

allumera le feu de Zoroastre, qui prendra en main le Zend et l'Avesta ; qui observera les sorts et le feu du Sedeh, qui honorera le nouvel an et le temple du feu ; et Ormazd, et la Lune, et le Soleil, et Mithra ; qui de l'eau de la sagesse lavera son âme et sa face, fera fleurir la coutume de Lohrasp, et fera régner la loi de Gushtasp. » Iskander promet d'accomplir les volontés du mourant [1]. Étant donnée la fidélité ordinaire de Firdousi aux idées et aux passions de la Perse ancienne, son attachement profond aux souvenirs de la vieille religion, sa sympathie mal dissimulée pour les Guèbres, il semble étrange qu'il ait accepté de faire d'Alexandre un protecteur de la religion de Zoroastre, si les Guèbres de son temps voyaient en lui un ennemi de leur foi. Mais si étrange que soit le fait, il n'en est pas moins certain, et peut-être faut-il voir dans l'insistance même de Firdousi une protestation indirecte contre le rôle prêté à Alexandre par les Parses de son temps et par la généralité des historiens[2]. Car la tradition citée plus haut, si elle est très récente sous sa forme présente, est infiniment plus ancienne que les textes produits, et les plus anciens historiens musulmans (antérieurs à Firdousi) prêtent à Alexandre absolument le même rôle que les Parsis. Hamzah d'Ispahan, qui écrit vers 961, un demi-siècle avant Firdousi, raconte que Dârâ ayant été tué par un de ses gardes, Alexandre s'empara du pouvoir et versa à flots le sang des grands et des nobles. Il tenait captifs et enchaînés 7,000 des plus nobles de la Perse, et chaque jour il en faisait périr vingt-un. A la prise de Babylone (*sic*), enviant

1. *Schah-Nameh*, V, p. 90.

2. Ailleurs Firdousi s'oublie : « Iskander, ce vieux loup avide de vengeance », dit Khosroès Parviz, dans sa lettre au kaisar (traduction Mohl, éd. in-8, VII, 237).

la science des vaincus, il fit brûler tous ceux de leurs livres qu'il put saisir, et mettre à mort les mobeds, les herbeds, les savants et les sages [1]. Masoudi, qui écrit vers 943, sait aussi qu'Alexandre a fait brûler une partie de l'Avesta et massacrer les nobles [2]. Ainsi les documents historiques les plus anciens de la Perse musulmane s'accordent avec la légende parsie; pour eux, comme pour elle, Alexandre est le destructeur et le persécuteur de la religion de Zoroastre.

Ces documents, il est vrai, ne remontent pas au delà de l'invasion arabe : le plus ancien d'entre eux lui est encore postérieur de trois siècles; mais Hamzah et Masoudi travaillent ici sur des documents guèbres ou remontant à la période sassanide, de sorte que leur témoignage doit reproduire une croyance qui existait déjà dans cette période. Or, il existe un livre parsi, qui très probablement remonte au temps de la splendeur sassanide [3], et pour qui Alexandre est déjà un être infernal comme il l'est pour les Parses modernes, le *Minokhired* : le créateur du mal, Ahriman, voulait donner l'immortalité à ses trois créatures les plus funestes, Zohak, Afrasyab et Alexandre; Ormazd s'y opposa, pour le salut de l'univers [4]. Un livre pehlvi, de date incertaine, mais qui semble avoir appartenu également à la période sassanide, l'*Ardâ-Viráf*, décrit plus au long les ravages d'Alexandre. « Jadis le saint Zoroastre reçut la loi et la répandit dans le monde; trois cents ans durant, la loi fut pure et les hommes croyants. Mais alors

1. Ed. Gottwaldt, p. 5, 28, 29, 31 du texte, p. 15, 41, 45 de la traduction.
2. Ed. Barbier de Maynard, II, p. 125 ssq.
3. Voir la préface de M. West à son édition du *Minokhired*, p. 49.
4. Ch. VIII, 29.

le maudit Ahriman, le Mauvais, pour détourner les hommes de la foi, suscita le maudit Alaksagdar le Roumi, qui habitait en Égypte et qui vint porter en Iran la violence, la guerre, le massacre. Il tua les princes de l'Iran, détruisit la capitale et le royaume, en fit un désert. Or, les livres sacrés, l'*Avesta* et le *Zend*, qui étaient écrits sur parchemin en encre d'or, étaient déposés dans les archives d'Istakhar[1]; et le malfaisant, le sinistre, l'impie, le démon y fit venir le funeste Alaksagdar le Roumi, qui habitait l'Égypte, et il y mit le feu. Et il tua les destours, les juges, les herbeds, les mobeds, les docteurs et les sages de l'Iran, et il sema la haine et la discorde parmi les grands et les chefs de l'Iran, et, anéanti, se précipita dans l'enfer[2]. »

La légende parsie peut donc se suivre jusqu'au cœur de la période sassanide. D'autre part, si l'on considère que dans tous les documents historiques de la Perse, quels qu'ils soient d'origine, le caractère essentiel et dominant de la restauration sassanide est d'avoir été une restauration nationale et religieuse, il est probable que ce n'est pas après coup et à distance que les chroniqueurs et les Parses firent d'Ardeshir, fils de Sassan, le réparateur des désastres et des iniquités d'Alexandre, mais que, dans la réalité des faits, les choses s'étaient passées de cette façon. Autrement dit, il s'était présenté comme ayant la mission de réparer les calamités politiques et religieuses qui auraient été causées par le conquérant roumi, et, par suite, Alexandre, aux yeux de la partie fervente de la nation, était *le maudit* déjà à l'époque où se fonda la dynastie nouvelle, c'est-à-dire cinq siècles après sa mort.

Anquetil a émis une hypothèse qui rattache directement

1. Persépolis.
2. Ed. de Haug-West, ch. I.

cette légende à un incident célèbre de la conquête d'Alexandre, l'incendie de Persépolis : « Comme Persépolis, ou le palais des rois de Perse, devait renfermer beaucoup de prêtres et de savants, des livres de toute espèce, et surtout ceux de Zoroastre, peut-être le fait rapporté dans le Rivaet du destour Barzou n'est-il que cet incendie que les docteurs parsis, pressés sur la perte de plusieurs des anciens documents de leur religion, auront amplifié, pour couvrir la négligence qu'on pouvait leur reprocher [1]. »

Le début de l'*Ardâ-Vîrâf* confirme l'hypothèse : Alexandre incendie la citadelle d'Istakhar, où se trouvait déposée toute la littérature sacrée. Or, Istakhar est précisément le nom persan de Persépolis. D'autre part, les Parses parlent souvent d'un château édifié par Djemshid, et où il avait construit sept ouvrages merveilleux qui subsistèrent « jusqu'au moment où le maudit Iskander détruisit le palais [2]; » or, les ruines de Persépolis sont et ont été de tout temps pour les Perses les débris d'un palais construit par le roi Djemshid, dont le paysan montre au voyageur, parmi les ruines, le trône colossal. La destruction soudaine de ce palais merveilleux, auquel se rattachaient tant de souvenirs historiques et mythiques, dut produire une impression profonde sur l'imagination populaire, plus profonde que la chute même de la monarchie. Il est des monuments qui symbolisent tout un monde et où s'incruste l'âme d'un peuple, et il est telle pierre dont la chute retentit plus profondé-

---

1. *Mémoires de l'Académie des Inscriptions*, XXXVIII, 217.
2. Comparer les mots de Hamzah : « Quant à ces contes des historiens qu'Alexandre aurait fondé en Iran douze villes auxquelles il donna son nom (suit l'énumération), ils sont absurdes, car Alexandre était un destructeur, non un constructeur. » (Page 41 du texte, 21 de la traduction.) Hamzah parle dans la même page d'un pont merveilleux jeté sur le Tigre par Djemshid et détruit par Alexandre.

ment dans les cœurs que le bruit des hommes qui meurent, des dynasties qui passent, des trônes qui croulent. Longtemps les prêtres de Zoroastre durent venir errer avec des pleurs et des cris de colère à travers ces voûtes désolées, qui avaient abrité tant de splendeurs, tant de souvenirs des dieux et des hommes, et où à présent rôdaient de nuit des yeux luisants de bêtes fauves [1]. Mais la catastrophe de Persépolis n'aurait point suffi à transformer Alexandre en un persécuteur de la religion sainte, si la conquête n'avait été, en effet, le signal d'une décadence profonde du mazdéisme. Ce ne fut point l'œuvre d'une persécution, mais du simple rapprochement de la Grèce et de l'Orient. Les deux esprits, en se rencontrant, s'éclairèrent et s'obscurcirent l'un l'autre. L'Orient déborde sur la Grèce, et la Grèce sur l'Orient. Les idées et les rêves de l'Orient, absorbés au passage par la Grèce, vont fermenter dans cette grande cuve alexandrine où vont se déposer, plusieurs siècles durant, aux alentours du christianisme, tant de précipités étranges. Phénomène analogue en Orient. Euripide est applaudi à la cour sauvage des Parthes de Séleucie, et c'est au refrain d'un vers des *Bacchantes* qu'un acteur jette la tête de Crassus aux pieds de Huraodha l'Ashkanide [2]. Athéné et Mithra se disputent le revers des monnaies des rois grecs de la Bactriane. Le mazdéisme ne périt pas; les Arsacides sont disciples de Zoroastre, comme l'avaient été les Achéménides avant eux, comme le furent les Sassanides après eux; mais, imprégnés d'hellénisme, leur dévo-

---

1. They say the lion and the lizard keep
The courts where Jemshid gloried and drank deep.
(Tableau de M. Rivière à l'Exposition de l'Académie royale de Londres, 1878.)
2. Plutarque, *Crassus*, XXXIII.

tion fut, sans doute, plus souvent nominale que réelle et dut offrir des mélanges singuliers; la puissance de l'aristocratie sacerdotale était tombée avec le trône des Achéménides.

Aux regrets qu'excitait chez les Mazdéens fidèles le sentiment de cette décadence religieuse, se joignait chez beaucoup le regret de l'unité nationale perdue. C'est surtout dans la province de Perse que régnaient ces sentiments; c'était elle qui pendant des siècles avait dominé l'Iran, et elle était à présent tombée au rang de province sujette; des princes de tribu étrangère régnaient, qui se donnaient comme héritiers de Djemshid et de Dârâb, mais qui n'avaient point dans les veines une goutte de sang kéanide. Le grand coupable, c'était Alexandre, et à ce nom se rattachaient encore des souvenirs sanglants qui ne devaient pas contribuer à en rendre chère la mémoire aux habitants du Farsistan. Si le Macédonien avait fait souvent ostentation de générosité, ce n'était pas là, et les récits de massacres dont parlent les historiens persans et l'*Ardâ-Virâf* se trouvent confirmés par les aveux discrètement rapides de Plutarque : « La Perse est un pays très âpre et d'accès difficile; elle était défendue par les plus nobles d'entre les Perses, Darius s'y étant réfugié... Il y eut là un grand carnage des prisonniers. Alexandre lui-même écrit qu'il ordonna le massacre, le croyant utile à ses intérêts [1]. » Ces mots de Plutarque prouvent que la première page de l'*Ardâ-Virâf* est une page d'histoire.

Enfin, depuis que la Perse n'était plus à la tête de l'Iran, l'Iran était, ou paraissait aux yeux des Perses, plongé dans une irrémédiable anarchie. On racontait

---

2. *Alexandre*, XXXVII; cf. Diodore, XVII, 70.

qu'Alexandre, au moment de mourir, craignant que l'Iran ne vînt venger ses injures sur Roum, avait voulu mettre à mort les fils des princes qu'il avait fait massacrer après sa victoire; le rusé Aristote, son premier ministre, l'avait fait changer d'avis ; il valait mieux partager l'Iran entre eux; en lutte perpétuelle pour défendre leur héritage l'un contre l'autre, ils ne pourraient songer à la guerre de revanche. Alexandre suivit ce conseil; de là *les rois des tribus,* « Moulouk-ut-Tevayif, » et l'anarchie permanente [1].

Tels étaient les sentiments qui germaient dans la province qui avait été, durant des siècles, le cœur et la tête de l'Iran religieux et politique. L'esprit national s'y enflammait de l'esprit religieux, et en retour servait à l'entretenir ; le dévot et le patriote conspiraient dans la même œuvre; le mobed savait qu'il ne reprendrait son ancienne influence que quand la Perse aurait repris l'hégémonie; et les unitaires, de leur côté, sentaient que la religion serait dans leur main l'arme la plus puissante, et que c'était le seul lien capable d'établir l'unité. Ces idées trouvèrent leur représentant et leur champion dans la personne d'Ardeshir Babagan, de la famille des satrapes héréditaires de la Perse, qui leva l'étendard de la révolte contre son suzerain Arsacide et rétablit l'unité politique par la prédominance de la Perse, et l'unité religieuse par celle du mazdéisme.

Il suit de là que, s'il est *probable* que le passage d'Alexandre avait laissé en Iran un souvenir heureux, capable à un moment donné de produire ou de favoriser le développement d'une légende héroïque et nationale, il est

---

[1]. FIRDOUSI, V, p. 247 ssq.; HAMZAH, p. 29 ; MASOUDI, *l. c*, 133. L'*Ardâ-Vîrâf* fait allusion à cette tradition : « Il sema la haine et la discorde parmi les grands et les chefs de l'Iran. »

très probable qu'il avait laissé également, principalement en Perse, c'est-à-dire dans la partie vraiment nationale de l'Iran, un souvenir tout différent, pleinement justifié, d'exécration et de haine. Il s'était donc produit en Iran un double courant et de sens contraire : le courant hellénique ou étranger et le courant national ; les uns sont séduits par leur conquérant, par sa générosité, par la sympathie qu'il marque à leurs mœurs, par les nouveautés de la civilisation grecque ; les autres, en Perse surtout, ne se rappellent que Persépolis brûlée, les massacres qui ont signalé l'entrée du conquérant dans leur province, la perte de leur hégémonie. Les premiers sont tout prêts à accepter la légende d'Alexandre telle qu'elle leur viendra des Grecs et telle que peut-être eux-mêmes avaient dans le temps contribué à la former ; les autres en créent une eux-mêmes avec leurs souvenirs et leurs ressentiments, ou, pour être plus exact, il n'y a pas ici à parler de légende, il n'y a que des souvenirs historiques, envenimés, mais fidèles en somme. Peut-être, si les documents historiques étaient plus nombreux, trouverait-on qu'au fond de cette divergence il y a une différence et une lutte de races et que la conquête d'Alexandre fut la délivrance pour les uns et l'écrasement pour les autres. Les historiens persans attribuent souvent la victoire d'Alexandre aux fautes de Dârâ, à sa tyrannie, à la désaffection du peuple[1] ; la division, en réalité, fut, non entre le peuple et son roi, mais entre le peuple dominant et les peuples dominés, entre le Perse conquérant et les satrapies soumises, et, pour employer les termes mêmes du premier Darius, entre « le peuple de Perse » et « les provinces, » le *Pârça kâra* et les *Dahyu*[2] ; et c'est cette même

---

1. Tabari, trad. Zotenberg, p. 514.
2. *Inscription de Persépolis*, 1.

cause qui explique à la fois et les succès étonnants des Grecs et la formation des deux légendes, et plus tard les succès non moins étonnants des Arabes et la chute sans retour de la religion nationale.

La légende anti-alexandrine était infiniment plus développée qu'il ne semblerait d'après les maigres renseignements des Parsis. L'on en retrouve les débris là où l'on ne devrait guère s'attendre à en trouver, dans les récits même des chroniqueurs et des poètes musulmans qui ont donné à Alexandre un caractère de sainteté qu'il n'avait pas dans la légende ancienne, et qui, l'identifiant avec le Dhû-lqarnaïn du Coran, « le prophète aux deux cornes, » ont fait de lui un saint inspiré et le compagnon du prophète Élie. Rien d'odieux comme le rôle qu'il joue dans la Chronique de Tabari. Alexandre apprend que deux conseillers de Dârâ ont le projet de tuer leur maître; il leur fait promettre des trésors s'ils réussissent. Ils essayent de le tuer dans la bataille, mais ne trouvent pas l'occasion ; Alexandre est blessé et demande la paix. Dârâ refuse sur l'avis de ses deux conseillers; la lutte recommence. Alexandre effrayé prend la fuite, mais pendant ce temps le poignard des assassins travaille pour lui, et le fuyard se trouve vainqueur. Alors il peut en sécurité, comme le César de Lucain, pleurer et venger son ennemi, et les Persans, touchés de sa générosité, l'acclament. Supposez un journal publié à Persépolis, après la mort de Darius, par un des dibirs du roi; cette version sceptique n'y aurait pas été déplacée. Le crime de Bessus venait trop à propos pour ne pas éveiller les soupçons contre celui qui en profitait, et nous avons là une version parallèle à la version officielle et classique des historiens et du Pseudo-Callisthène, et qui peut-être n'est pas moins ancienne. Elle était si autorisée qu'elle s'impose, malgré les protestations de sa conscience, à Nizami : son Iskander, un prophète, un serviteur du Très-Haut, descendant d'Abraham, a quelque scrupule à accepter l'offre des satrapes ; mais, comme général, il ne croit pas avoir le droit de rejeter l'avantage que lui offre la fortune, et il en profite. Il est plus difficile de savoir si ce que Nizami raconte de la destruction des temples du feu remonte à une source ancienne : il a pu aussi bien lui prêter, comme prophète et bon musulman, le mérite de cette œuvre pie que répéter les plaintes des Guèbres.

III

Si la légende anti-alexandrine a pénétré la légende alexandrine, l'inverse s'est produit également. Les Parses ont connu celle-ci, et l'ont transformée au gré de leur passion. De là, le curieux récit que les Guèbres d'Ispahan faisaient au Père du Chinon sur la naissance d'Alexandre : « Ils ne le mettent pas au rang des hommes, crainte de faire tort à la renommée de leurs héros, et dire avoir été subjugués par un qui fût du nombre des mortels. Ils le font fils du démon et conçu par son moyen en cette manière :

« Ils feignent l'aïeul maternel d'Alexandre avoir été tributaire de leurs rois, et qu'ayant été sollicité par celui qu'ils nomment Dârâb, qui est sans doute Darius, à lui envoyer sa fille en mariage, pour en avoir entendu faire beaucoup d'estime, à cause de sa beauté, il fut fort aise de cette recherche, qui ne lui pouvait être que très avantageuse, et plus honorable. Ce roi ayant donc envoyé sa fille à ce Dârâb, le diable en devint aussi amoureux; et s'étant transformé en un tourbillon de vent, et d'une couleur aussi noire qu'on le dépeint, la fille fut enveloppée dans ce tourbillon; ce qui la rendit fort noire, et son ventre fort enflé. Elle fut conduite en cet état devant Dârâb, roi des Gaures, qui perdit tout l'amour qu'il avait pour elle, la voyant en cet horrible état. Il la renvoya à son père, et aussitôt elle enfanta un monstre de l'enfer, qui avait une figure hideuse, et surtout les oreilles d'âne. Ce fils fut nommé Alexandre, et vint ensuite en cette belle forme faire un horrible ravage dans toute l'Asie, où il s'assujettit tous les pays, par une force qui n'eût pas été appréhendée d'eux, si elle n'eût été plus qu'humaine[1]. » Il est aisé de retrouver les sources de ce récit bizarre : la première idée est tirée de Firdousi même. Dans le *Livre des Rois*, Dârâ renvoie Nahid le lendemain de ses noces, parce qu' « il trouvait que son haleine était mauvaise[2]. » Cela devient une possession du diable, le *gandagi* étant un attribut et une création d'Ahriman. On profite de l'occasion pour rattacher quelqu'un des mythes du type Borée-Oreithyia, avec moins de grâce, il est vrai, que ne l'aurait fait un poète grec. Enfin, les oreilles d'âne du conquérant sont la transformation humoristique des deux cornes dont lui ont fait présent les Arabes en l'identifiant à Dhu-lqarnaïn, et si, comme on le croit généralement, les cornes du prophète arabe dérivent des deux rayons lumineux dont la tradition rabbinique, d'après la Bible, fait resplendir le front de Moïse, c'est au verset 29 du chapitre xxxiv de l'*Exode* qu'Alexandre de Macédoine doit d'avoir vu indéfiniment s'allonger ses oreilles.

Mais une autre action, d'un sens tout différent, s'est exercée dans les derniers siècles, qui tend, au moins chez une partie des Parses, à les réconcilier avec la mémoire d'Alexandre. Dans son livre sur les miracles de Zoroastre, Edal Dâru, grand prêtre des Parses de la secte des Rasamis, absout Alexandre de l'accusation élevée contre lui[3].

---

1. *Loc. cit.*
2. *Livre des Rois*, V. 57.
3. D'après Wilson, *Journal of the Bombay branch Royal Asiatic Society*, I, p. 172, note.

Il s'appuie, dit-il, sur le témoignage du *Farhád-Námeh*, ouvrage qui aurait été composé par un mobed du temps d'Ardeshir, c'est-à-dire environ 550 ans après la mort d'Alexandre ; sur le témoignage du *Dabistán*, ouvrage postérieur à l'empereur mongol Akbar, et du *Sháristán*, ouvrage analogue composé sous Akbar. Il y a sans doute erreur pour le *Dabistán* ; du moins, le texte connu en Europe par la traduction de Shea et Troyer ne contient rien de tel ; le *Farhád-Námeh* aurait besoin d'être cité d'une façon plus explicite pour que l'on sache la nature et la valeur de son témoignage ; enfin, le témoignage du *Sháristán* se réduit, paraît-il, à ce fait que l'auteur du livre déclare avoir vu en songe Alexandre, qui lui affirma son innocence. Cela ne suffit pas sans doute à l'établir ; cela suffit du moins à établir qu'il y a dans notre siècle un Parse qui y croit, et peut-être qu'il y en avait un au xviie siècle qui y croyait. Mais si les raisons d'Edal Dàru et de l'auteur du *Sháristán* ne sont pas bien décisives, ils pouvaient invoquer une autorité meilleure que celle d'un songe, celle d'un livre qui aujourd'hui passe, chez les Parses ou une partie d'entre eux, pour révélé, le *Desatir*.

Le *Desatir* contient les prophéties des prophètes qui ont précédé Zoroastre durant des milliards de milliards de siècles et celles des prophètes qui le suivront ; il est écrit dans une langue que les hommes ne comprennent pas, mais accompagné d'une traduction persane et d'un commentaire. Silvestre de Sacy a montré que cette langue, comprise de Dieu seul, comme celle des livres que brûla Alexandre, est une langue forgée par l'auteur. Quant au système, c'est un essai de concilier et de combiner les idées de l'Inde brahmanique, de la Perse mazdéenne et de la Perse musulmane ; le livre est relativement ancien et remonte au moins au xviie siècle. Or, dans ce livre, Alexandre est un favori du Très-Haut, et à son intention un livre a été révélé à Zoroastre. « Quand les Iraniens se rendirent coupables d'actes criminels, dont l'un fut la révolte des deux ministres qui tuèrent Dàrà, le roi Sikander, fils de Dàra, roi des rois, petit-fils de Bahman, roi des rois, de la race de Gushtasp, vint punir les Iraniens. A la fin, par l'ordre de Dieu, du consentement des mobeds, il inséra son livre dans le *Desatir*. Ce livre est le livre inspiré que le prophète Zoroastre avait demandé à Dieu d'envoyer ici-bas, afin qu'Alexandre venu, les destours pussent le lui montrer et l'attacher par là plus étroitement à la foi pure. Dieu, approuvant la requête de son prophète, révéla une partie de sa parole sous forme d'avis à Sikander, et le livre fut déposé dans le trésor royal, scellé du sceau des destours. Quand Sikander devint maître de l'Iran, Peridoukht Roushenek (fille de Darius, femme d'Alexandre) lui remit le livre. Il en entendit la lecture, applaudit à la sainte religion d'Abad, loua la grandeur de Zoroastre et la vérité de Dieu et recommanda aux mobeds d'incorporer le livre dans le *Desatir*. Sikander fit ensuite traduire les livres des Iraniens en grec, et de là dériva la philosophie rationaliste des Grecs [1]. »

Ce récit est la combinaison d'une idée musulmane et d'une idée parsie. Aux Parses l'idée que c'est de leurs livres traduits par Alexandre que dérive la science grecque ; les Parsis ne le disent pas expressément, il est vrai, mais ils content qu'Alexandre a traduit leurs livres, et Hamzah d'Ispahan, qui travaille sur des documents parsis, nous apprend qu'il transporta en Occident les sciences de l'astronomie, de la médecine, de la philosophie et de

---

[1]. *The Desatir* (Bombay, 1818, éd. Mulla Firuz). *The book of Shet the prophet Zertusht*, §§ 55 ssq.

l'agriculture, dont il avait fait traduire les livres en grec et en égyptien ; il était jaloux de la science des vaincus, car la science n'était cultivée nulle part ailleurs. Mais, d'autre part, l'auteur du *Desatir*, trouvant un prophète Alexandre chez les Musulmans, le tire à lui, ne veut pas le laisser en dehors de sa religion universelle. Les deux légendes, l'alexandrine et l'anti-alexandrine, se fondent donc ici, mais au profit de la première ; la tradition parse se noie et s'évanouit dans la légende gréco-musulmane. Ainsi, sa bonne fortune a suivi Alexandre jusqu'au bout ; la longue lutte engagée autour de son nom, depuis vingt et un siècles, parmi les descendants de Gayomert, entre le parti étranger et le parti national, se termine enfin par la victoire de l'étranger ; le Roumi est relevé de l'anathème ; Zoroastre le revendique pour sien, et les flammes vont s'éteindre dont il brûlait dans l'enfer.

VII

COUP D'ŒIL

SUR L'HISTOIRE DU PEUPLE JUIF[1]

I

Le moment est encore loin où l'on pourra tenter une histoire d'ensemble du peuple juif, suivi dans toute la durée de son développement, c'est-à-dire depuis ses origines jusqu'à nos jours, et dans toute l'étendue de ce développement, c'est-à-dire dans sa religion, sa philosophie, sa langue, sa littérature, et dans l'aventure de ses destinées matérielles.

Dans ce renouvellement de la science historique qui sera une des gloires sûres de notre siècle, l'histoire du peuple juif occupera de jour en jour une place plus large, à mesure que les découvertes partielles, en se coordonnant, laisseront mieux paraître dans ses grandes lignes le développement de l'humanité aryo-sémitique. Ce qui, en effet, au regard de l'historien, fait l'intérêt propre de la nation juive, c'est que, seule entre toutes, il la retrouve à toutes les heures de l'histoire, et qu'en suivant le cours de ses destinées, il

---

[1]. Publié en brochure à la *Librairie nouvelle*, Paris, 1881.

se voit transporté tour à tour au milieu de presque toutes les grandes civilisations et de presque toutes les grandes idées religieuses qui ont marqué jusqu'ici dans le monde civilisé, dès l'aube de l'histoire. Il voit tour à tour défiler sur le chemin d'Israël les tribus nomades et polythéistes des Sémites primitifs, l'Égypte et son sacerdoce, la Syrie et ses dieux, Ninive et Babylone, Cyrus et les Mages, la Grèce et Alexandre, Alexandrie et ses écoles, Rome et ses légions, Jésus et l'Évangile. Puis, quand l'unité nationale se brise et que la dispersion jette les Juifs aux quatre vents du monde, l'historien qui les suit en Arabie, en Égypte, en Afrique et dans tous les pays de l'Europe occidentale, voit encore passer sous ses yeux Mahomet et l'Islam, l'Aristote des Scolastiques et leur philosophie, toute la science du moyen âge et tout son commerce, les Humanistes et la Renaissance, la Réforme et la Révolution. L'histoire du peuple juif comprend donc et suppose celle de tout le monde méditerranéen, de son premier jour au dernier, et il ne s'agit là que rarement et par accidents de l'histoire politique et matérielle, mais des idées, des religions, des faits sociaux, bref, des forces vives de l'humanité. L'histoire de tous les autres peuples, même de ceux qui ont exercé l'action la plus longue et la plus lointaine, ne s'étend qu'à une époque et à un lieu : chacun d'eux paraît et disparaît ; sa destinée n'a eu qu'un temps et il n'a assisté qu'à sa seule histoire ; le peuple juif a duré, et il a assisté à la destinée de toutes les grandes choses qui ont eu leur heure : c'est un témoin perpétuel et universel, et non pas un témoin inactif et muet, mais intimement mêlé comme acteur à presque tous ces drames par l'action et par la souffrance. A deux moments, il a renouvelé le monde : le monde européen par Jésus, le monde oriental par l'Islam, sans parler des actions plus lentes et plus cachées, mais non moins puissantes peut-être ni moins durables, qu'il a exercées au moyen âge sur la formation de la pensée moderne.

Cette grande histoire ne pouvait se tenter ni s'entrevoir avant ce siècle. Il fallait pour cela deux conditions qui ne commencent guère à se réaliser que de nos jours, l'une d'ordre moral, l'autre matériel. D'une part, comme cette histoire est avant tout religieuse, et, par suite, dans l'état présent des esprits, est un perpétuel appel à la plus irritable de toutes les passions, il fallait que la liberté de penser fût entrée, non seulement dans la loi, non seulement dans les mœurs, mais, chose plus difficile, dans l'intelligence même du savant ; il fallait que la recherche cessât d'être corrompue par l'esprit de secte ou de philosophisme, que l'histoire de la religion cessât d'être un champ de bataille. Certes, ceux qui s'occupent de ces études ne sont pas encore tous arrivés à ce degré d'impartialité sereine où le savant étudie les choses pour comprendre ce qu'elles ont été, et porte assez haut l'orgueil de la pensée pour ne pas se laisser dicter d'avance ses conclusions par les préoccupations passagères du politique, du croyant ou du métaphysicien. Mais quelques-uns se sont élevés jusque-là, et cela suffit pour que la science soit.

D'autre part, il fallait qu'une succession de découvertes inouïes et inattendues vînt combler les profondes lacunes de l'histoire juive et éclairer ses obscurités sans nombre. Des trois grandes périodes de cette histoire, — l'une allant des origines au retour de l'exil, la seconde du retour de l'exil à la dispersion, la dernière de la dispersion à la Révolution française, — chacune n'était représentée que par des documents incomplets ou inaccessibles. Pour la première, on n'avait qu'un livre, la Bible, œuvre des âges, faite de fragments, de feuillets détachés, où souvent une ligne, un mot est tout le débris d'un siècle. Pour la seconde, rien que ce chaos talmudique, que les Juifs seuls pouvaient sonder, mais où ils ne songeaient à chercher que des sujets d'édification ou de casuistique, et non des enseignements d'histoire. Pour la troisième enfin, l'immense amas des œuvres du moyen âge, en grande partie oubliées des Juifs mêmes et ensevelies dans la poussière des bibliothèques. La face des choses a changé, par un double mouvement, l'un du dedans, l'autre du dehors : du dedans, par l'emploi de la méthode historique appliquée par les savants juifs à l'étude directe des sources juives ; du dehors, par la découverte ou par l'emploi de sources non juives qui sont venues éclairer et compléter les premières.

C'est ainsi que toute une série de sciences nouvelles, nées d'hier, assyriologie, égyptologie, épigraphie phénicienne, viennent se mettre au service de l'interprétation biblique qui les paye de retour [1]. Babylone et Ninive sortent de terre avec leurs grandes pages d'histoire gravées par les Salmanazar, les Sennachérib, les Nabuchodnozor, et viennent déposer leur témoignage en face du Livre des Rois et des Prophètes [2]. L'Égypte soulève le voile de ses hiéroglyphes et une nouvelle colonne de feu vient éclairer l'exode des Hébreux [3]. Le sol punique nous envoie un commentaire du Lévitique, contresigné des Suffètes de Carthage [4]. Le Panthéon phénicien et syrien se relève sur des fragments de pierres gravées et nous rend toutes ces Astartés et tous ces Baals qui luttèrent contre l'Élôhim [5];

---

1. L'hébreu a été longtemps, et est encore quelquefois, la clef des inscriptions phéniciennes et assyriennes.
2. Rawlinson, Oppert, Halévy, Schrader, Lenormant, Smith, etc.
3. Brugsch, Chabas, Lepsius, Mariette, Maspero, etc.
4. Munk.
5. Movers, E. Renan, de Vogüé, Clermont-Ganneau, Berger, etc.

le sol épuisé de la Judée nous livre un hymne de triomphe de Moab, écrit aux jours d'Elisée, et que le prophète a pu lire de ses yeux[1]; c'est le cri même des combattants bibliques qui remonte jusqu'à nous du fond de vingt-sept siècles, le bruit même des « Guerres de l'Éternel. »

Arrivé à la seconde période, quand l'on s'est mis à débrouiller le chaos de la littérature talmudique[2], Mischna, Gemara, avec leurs innombrables annexes, il s'est trouvé que cette immense compilation, faite sans ordre et sans l'ombre d'une pensée historique, offre à l'histoire une mine inépuisable, et permet de suivre le développement de l'esprit juif, et jusqu'à un certain point de l'esprit oriental, sur une étendue de plus de six siècles, précisément durant l'époque qui a vu naître le christianisme, c'est-à-dire à un des moments décisifs de la civilisation, à un des tournants de l'histoire. A la même époque, tous les travaux que la science, laïque ou théologique, catholique ou protestante, accumulait autour des origines du christianisme, ramenaient la question chrétienne à une question juive, et imposaient cette double conclusion qu'on ne peut comprendre la formation du christianisme sans connaître avant tout le judaïsme du premier siècle, ni connaître le judaïsme dans toute son étendue sans cette branche qui s'appelle le christianisme primitif[3]. Tout ce que la science a gagné dans l'histoire des origines du christianisme s'est trouvé autant de gagné pour celle du judaïsme, et ainsi à côté de la littérature talmudique est venue se ranger cette vaste littérature apo-

1. Stèle de Mascha (au Louvre, salle judaïque).
2. Rappaport, Geiger, Derenbourg, Frankel, Jost, Graetz, Fürst, Zunz, etc.
3. Voir le Manuel de Schürer.

cryphique, journellement enrichie de nouvelles découvertes, et dont le caractère est si flottant que souvent l'on se demande si l'on a affaire à l'œuvre d'un juif ou d'un chrétien [1].

Dans la troisième période, celle de la dispersion, la recherche se subdivise à l'infini avec la destinée du peuple juif. Dans chaque branche de cette histoire, le même fait se représente de l'agrandissement de la recherche par la rencontre inattendue de deux mondes. Ici tout était à créer. D'une part, il fallait retrouver et étudier toutes les œuvres si diverses écloses sur tous les points de l'horizon juif durant tout le moyen âge [2]. D'autre part, il fallait que l'étude particulière des divers peuples musulmans ou chrétiens, chez qui le hasard avait jeté les Juifs, fût faite ou commencée : d'un côté et de l'autre, l'œuvre commence à peine. Or, ici encore, les deux mondes se rejoignent de jour en jour, et à mesure que l'on en pénètre l'histoire intime, on reconnaît de plus en plus l'impossibilité de les séparer et de les comprendre l'un sans l'autre : ici encore, l'historien du peuple juif est forcé de se faire l'historien des Arabes ou de l'Europe, et l'historien des Arabes ou de l'Europe rencontre à presque tous les grands changements de la pensée une action juive, soit éclatante et visible, soit sourde et latente.

Ainsi l'histoire juive longe l'histoire universelle sur toute son étendue, et la pénètre par mille trames. Elle ouvre par là à la recherche un champ d'une variété infinie et d'une unité parfaite, et elle offre à la psychologie histo-

---

[1]. Oracles Sibyllins, le 4ᵉ livre d'Esdras, Assomption de Moïse, Psautier de Salomon, livre d'Énoch, etc.

[2]. Zunz, Neubauer, Steinschneider, Institut de France (Histoire des Rabbins français, dans l'*Histoire littéraire*, par M. Ernest Renan).

rique un intérêt que nulle autre histoire n'offre au même degré : car elle présente la série la plus longue d'expériences qui ait encore été enregistrée, exercées dans les milieux les plus différents, sur une seule et même force humaine, connue et constante. Disons rapidement quelques-uns des problèmes les plus importants que cette histoire soulève.

II

A l'origine, une tribu nomade, de race sémitique; — après de longues migrations à travers les plaines de la Mésopotamie, de la Syrie et de l'Égypte, cette tribu établit sa demeure au milieu des peuples de Canaan, dans le voisinage des Phéniciens. L'histoire matérielle des Hébreux durant cette période est obscure; leur histoire religieuse plus encore; car le mouvement de leurs migrations peut se suivre dans les légendes qu'ils en ont gardées, tandis qu'il n'est point resté de trace distincte de l'itinéraire de leur pensée. La seule chose certaine et reconnue, c'est qu'ils sont primitivement idolâtres et polythéistes; ils le sont comme tous les peuples de la race dont ils sortent, sans qu'il soit possible cependant de déterminer les traits propres de leur mythologie, et en quoi elle se rapproche et diffère, aux diverses époques de cette première période, de la mythologie de leurs frères sémites. Quels étaient leurs croyances et leur culte avant de passer en Égypte? Qu'en ont-ils laissé en Égypte et qu'y ont-ils pris? Qu'ont-ils enfin emprunté en Canaan aux dieux des peuples voisins avec lesquels ils se sont trouvés en rapports d'amitié ou de haine? Toutes questions auxquelles la Bible ne répondra clairement, si jamais, que quand l'Égypte aura dit son dernier mot, quand l'histoire comparée des religions sémitiques sera définitivement constituée sur des données chronologiques, et que des générations d'épigraphistes auront fait parler tout ce peuple de témoins enfouis encore à l'heure présente à Carthage, à Ninive, à Hamath, à Saba, et sur toute l'étendue de la vieille terre sémitique.

Une fois établis en Palestine et constitués en nation, une révolution se fait lentement à l'intérieur de l'idolâtrie primitive, transformation religieuse parallèle à la transformation politique. Les Hébreux, à mesure qu'ils s'organisent en nation, s'assurent un dieu national, font contrat avec lui, l'opposent aux dieux nationaux des peuples voisins. Ce dieu national, cet Élohim, ne diffère pas encore essentiellement de ses voisins, ni par les attributs qu'on lui prête, ni par le culte qu'on lui rend ; il n'est pas encore la négation des autres dieux, ce n'est pas encore le dieu du monde, c'est le dieu d'Israël. Quand a commencé cette révolution ? Est-ce dès l'instant où Israel a pris conscience de son existence personnelle, c'est-à-dire dès la sortie d'Égypte, ou bien quand il a constitué son existence nationale, c'est-à-dire avec la royauté ? Et le nom de Moïse, que les souvenirs historiques d'Israël attachent à la sortie d'Égypte et à la première organisation de la nation, doit-il se lier aussi au premier mouvement de la transformation religieuse, ou si ce n'est que plus tard que l'instinct profond de la légende, l'évolution religieuse une fois achevée, l'a rattaché en arrière à la première heure de cette évolution politique, qui avait donné le premier branle à la pensée d'Israël ? Quoi qu'il en soit, cette évolution religieuse fut lente et dura des siècles : toute l'histoire de la royauté n'est qu'une lutte continue, souvent sanglante, entre le dieu national et les dieux étrangers, qui ne sont longtemps [1] que les prête-noms du parti national et du

---

1. Jusqu'au moment où Babylone entre en scène.

parti étranger. Cette lutte, à laquelle se rattachent les grands noms de l'ancien prophétisme [1], se termine par la victoire du dieu hébreu, vers la chute de la royauté : le dieu national triomphe au moment où la nation qu'il devait faire périr. Mais au même instant et du même coup, aux approches de la catastrophe, ce dieu lui-même subit une altération profonde. Ce n'est plus un dieu national à la façon des autres, conçu et adoré comme pourrait l'être Camosch ou Milcom : si ce n'est qu'un dieu national, un Camosch d'Israel, un Milcom de Juda, Israel a été trahi, et le roi de Babel, en poussant ses chars de guerre contre Jérusalem, pourra s'écrier lui aussi, mais sans craindre de retour comme autrefois l'Assyrien : « Ne te laisse pas abuser aux promesses de ton Dieu ! Où sont les rois d'Arpad, de Hamath, de Sepharvaïm ? Quel est le peuple que son Dieu a jamais sauvé de mes mains ? » Le dieu d'Israel, grandi par la défaite de son peuple, en devient le dieu universel, le dieu unique, le dieu d'Isaïe et des prophètes, le dieu du Décalogue, Jehovah, celui qui est. C'est toujours bien le dieu d'Israel, puisqu'il s'est révélé à Israel seul, qu'Israel seul a su le deviner ; mais c'est le Dieu sans second. Ce n'est plus le dieu jaloux du premier mosaïsme et des Élohistes, qui a faim de victimes et d'offrandes et punit les fautes des pères jusqu'à la quatrième génération : c'est le dieu de justice et d'amour, qui veut des cœurs purs et non des mains pleines, qui a horreur des sacrifices et de la grimace du culte [2] et qui ne veut plus qu'on dise : « Les pères ont mangé les raisins aigres et les fils en ont eu les dents agacées [3]. » Et puisque le peuple qui l'a

---

1. Les prophètes dont il ne reste que le nom.
2. Isaïe, I.
3. Ezéchiel, XVIII ; Jérémie, XXXI.

cherché et qui l'a trouvé est opprimé et saignant, c'est sans doute qu'il lui est réservé dans le lointain une éclatante et magnifique réparation : c'est des mains de Juda que les peuples mêmes qui l'ont écrasé viendront donc un jour prendre la vérité, et la félicité et la justice régneront sur le monde entier au nom du Dieu d'Israel. C'est ainsi qu'aux environs de l'exil, à la voix d'Isaïe, de Jérémie, d'Ézéchiel et du chœur des prophètes, commence la mission historique d'Israel : son grand dogme est trouvé et sa grande espérance : car le Dieu Un est fait et le Messianisme va naître.

Pendant l'exil et au retour, cet élément nouveau et universel se fond avec l'élément ancien et national, le Jéhovisme avec l'Élohisme, et la religion d'Israel prend sa forme définitive, le Judaïsme. De l'ancien élément national restent les rites, les cérémonies, les observances spéciales, legs bizarre de la vieille idolâtrie sémitique, qui a pris un sens nouveau avec la transformation religieuse, et qui, devenu d'abord le signe d'alliance de l'Hébreu avec son Dieu, devient à la fin le signe de ralliement du Juif avec le Juif, le lien d'unité dans la ruine de la nationalité; c'est l'élément qui l'isole et le fait durer. L'élément nouveau et universel, l'élément jéhoviste, lui donne les deux idées avec lesquelles il va renouveler le monde. Ainsi se forme une religion, la plus étroite et la plus large de toutes, toute d'isolement par le culte, toute d'expansion par l'idée, et agissant d'autant plus puissamment par l'une qu'elle se maintient plus énergiquement par l'autre, condition excellente pour durer et pour agir, et convertir le monde à ses principes sans se laisser entamer par les concessions opportunistes de la propagande.

De ce jour, le peuple juif a, seul entre tous les peuples qui l'entourent, pour le guider dans le monde, une philosophie de l'histoire ; il y a pour lui, dans le drame de l'univers, un plan rationnel, qui se développe suivant une loi et qui se dénouera pour le bien de tous. Ainsi, à travers les dominations successives de Babylone, de la Perse, de la Grèce, de l'Égypte, de Rome, dont le flot passe et se presse sur Israel sans l'engloutir, une nationalité religieuse se constitue, qui survivra à la résurrection éphémère de la nationalité politique sous les Maccabées. Or, en ce temps-là, le monde ancien, las de ses dieux usés et de ses systèmes impuissants, en quête d'une morale plus haute que ses prêtres ne peuvent lui donner, et d'espérances plus larges que ses philosophes n'osent lui offrir, est ouvert à la première parole, d'où qu'elle vienne, de foi et d'espérance, qui pourra remplir le vide douloureux de sa conscience. Les dernières convulsions de la Judée, en travail de son Messie et des temps prédits par les prophètes, vont donner au monde le branle qu'il attend. Parmi les Messies d'un jour, qui passent et disparaissent sans lendemain sur la scène prophétique, il s'en trouva un qui laissa une impression si profonde sur quelques-uns des Juifs qui l'avaient connu de près, que ceux-là, au lieu de continuer à dire comme leurs frères : « Le Messie va venir, » se prirent à dire : « Le Messie est venu, » et quand il fut mort : « Le Messie est venu ; on l'a tué, il va revenir juger les morts et les vivants. » Cette croyance et cette attente eurent peu de prise sur la masse des Juifs, tout au rêve de la patrie terrestre, et qui savaient trop nettement ce qu'ils désiraient et ce qu'ils attendaient pour prendre ainsi le change de l'espérance : mais elles eurent une prise merveilleuse sur les masses étrangères, à qui elles apportaient une si bonne nouvelle, que le mal allait finir, qu'un être merveilleux de justice et de douceur allait faire régner la paix et le bonheur, et qui s'entendaient, pour la première fois, prêcher cette morale de Hillel et des Haggadistes, à laquelle n'avaient jamais songé certes les prêtres de Jupiter et que n'étaient point venus leur porter dans leurs bouges les pédants des Écoles ni les orgueilleux du Portique. Avec le temps, à mesure que la réalité forçait les Chrétiens de reculer dans les lointains de l'avenir le plus beau de leur espérance, la figure et le rôle de Jésus devaient se transformer et l'abîme se creuser entre lui et Israel. Tandis que les chrétiens-juifs interrogeant la Bible pour justifier leur foi, après avoir expliqué la Bible par Jésus, finissaient par expliquer Jésus par la Bible et le transfiguraient en un type idéal à coups d'interprétations symboliques ; d'autre part, les chrétiens-gentils adaptaient la foi nouvelle aux milieux où ils la propageaient, par des emprunts, de jour en jour plus larges, aux mythologies de Grèce et de Syrie et à la métaphysique de leur temps. De là sortit une religion mixte, compromis entre le passé et l'avenir, et qui conquit le monde, auquel elle fit beaucoup de bien et beaucoup de mal, beaucoup de bien parce qu'elle relevait le niveau moral de l'humanité, beaucoup de mal parce qu'elle arrêtait sa croissance intellectuelle, en rajeunissant l'esprit mythique et en fixant pour des siècles l'idéal métaphysique de l'Europe aux rêves de la décadence Alexandrine et aux dernières combinaisons de l'hellénisme tombé en enfance. L'histoire du christianisme appartient à l'histoire juive jusqu'au moment où cet élément mythique et métaphysique triomphe, c'est-à-dire jusqu'au moment de la rupture définitive des deux Églises, jusqu'au jour, en un mot, où le Christianisme cesse d'être une hérésie juive pour devenir une branche nouvelle de la vieille mythologie aryo-sémitique.

L'histoire a donc ici double tâche : étudier le judaïsme dans le peuple juif et en dehors de lui. Chacune de ces tâches se complique à l'infini ; la seconde, difficile souvent à limiter, car la ligne qui sépare le fait exclusivement juif du fait exclusivement chrétien est flottante et variable, et ce sera à la science à la fixer sur chaque point de dogme et de culte ; la première, très nette et précise. Au premier plan, sur la scène, les vicissitudes sans nombre du drame politique, depuis l'exil jusqu'à la ruine de l'indépendance ; la renaissance sous Cyrus et les Achéménides, la première expansion au dehors sous Alexandre, l'établissement à Alexandrie, en Égypte et dans les îles ; les luttes contre les Séleucides, le réveil national sous les Maccabées, les premières alliances et les premières luttes avec Rome, les folies de la guerre civile, Hérode et les Hérodiens, Jérusalem jetant le défi à Rome, et brisant les forces de l'Empire, quatre ans durant, au pied de ses murs, la ruine de la cité sainte, le temple en flammes, et l'agonie dernière à Bittar. Par derrière le drame politique, le drame spirituel ; — les rencontres de l'esprit juif avec l'esprit étranger, de Chaldée, de Perse, de Grèce ; — ses emprunts aux religions des unes, ses incursions dans la philosophie de l'autre ; — la formation à l'intérieur du judaïsme d'une mythologie secondaire, étroitement subordonnée à un monothéisme strict qui domine tout, et dans laquelle se combinent en proportions variables les souvenirs de la vieille mythologie nationale, les emprunts anciens faits avant et pendant l'exil à celles de Syrie et de Babylone, et les emprunts récents faits après l'exil à Babylone et à la Perse ; — l'initiation du Judaïsme à la philosophie grecque et ses réactions sur elle, la naissance de l'hellénisme juif et la Bible conciliée avec Platon ; — la division des sectes et des écoles, la religion aristocratique des Sadducéens, démocratique et progressive des Pharisiens, ascétique et de renoncement des Esséniens; — le développement traditionnel de la loi fixé, les docteurs reprenant dans les discussions de l'École l'œuvre de salut où ont échoué les pamphlets ardents des faiseurs d'Apocalypses et le poignard des intransigeants, et les descendants des messianistes et des zélotes édifiant enfin autour du Livre sacré, dernier sanctuaire à l'abri des torches romaines, cette triple enceinte inexpugnable, le Talmud. Au sixième siècle de notre ère est achevée cette immense encyclopédie, où sont consignées avec une impartialité absolue toutes les opinions exprimées, dans toutes les branches de la science et de la croyance, six siècles durant, dans les écoles de Palestine et de Babylonie, œuvre sans unité apparente, puisqu'elle reproduit le contraste infini des milliers d'esprits dont elle est la Somme, tour à tour et suivant la voix qui parle, d'une étroitesse étrange et d'une largeur sans égale, terne et éclatante, ouverte à la science et fermée, avec toutes les timidités de la pensée et toutes ses audaces; mais le tout pénétré d'un souffle de foi et d'espoir qui met une unité dans ce chaos, la foi en un Dieu Un et l'espérance dans la justice à venir. L'observation superficielle n'a vu souvent dans ce livre que le radotage d'une casuistique raffinée, d'une superstition raisonnante et subtile : elle n'a pas aperçu le principe de vie qui était là, et qui a fait que la pensée juive a pu, grâce à lui, traverser, sans s'éteindre, la nuit intellectuelle du moyen âge : à savoir, la conscience profonde que le culte n'est point tout le Judaïsme, qu'il n'en est que le signe externe et passager, symbole matériel et conventionnel auquel se reconnaissent ceux qui ont reçu en dépôt la vérité, mais absolument distinct de cette vérité même qui est éternelle et universelle, qui est toute à tous et qui brûle de devenir un jour la propriété commune de tous les hommes. La pensée qui se dégage de ce livre, consacré presque tout entier à assurer la préservation du culte, c'est que le culte est transitoire, et que les pratiques juives cesseront quand les vérités juives seront partout reconnues[1]. C'est cette pensée féconde, explicitement exprimée par les docteurs du moyen âge, qui va assurer à la caste proscrite le privilège de la pensée, à l'heure où toute lumière s'éteint; et où, d'un bout de l'Europe à l'autre, l'Église fait régner l'ordre chrétien dans les intelligences pacifiées. La dispersion peut venir : l'unité morale est faite et la vie assurée.

Cette unité est si forte que l'œuvre qui la consacre d'une façon définitive et durable vient, non de Jérusalem, mais de l'étranger, des écoles de Babylonie[2]. C'est de là que le Talmud va se répandre chez tous les Juifs dispersés, et les prescriptions des Amoraïm de l'Euphrate vont devenir la loi de leurs frères, des bords du Nil aux bords de l'Aude. Quelques-uns veulent se soustraire à ce joug, les Caraïtes, qui remontent à la Bible comme loi unique : faute d'avoir vu que le Judaïsme n'est pas une religion figée et immuable, mais progressive et toute de changement, leur révolte contre le joug du Judaïsme talmudique n'aboutit qu'à un long suicide : en voulant supprimer six siècles de vie dans leur passé, ils se condamnent à rompre avec l'avenir, à ne plus compter dans le mouvement des esprits, et le Caraïsme, malgré le talent de ses premiers fondateurs, après la première expansion due à son libéralisme apparent, n'a plus que végété dans la stérilité et l'impuissance.

[1]. Avant même cette époque, le Juif peut, en temps de persécution ou en cas de danger, se considérer comme dégagé de toutes les prescriptions de la loi, sauf de trois, celles qui défendent l'idolatrie, l'impureté et l'homicide (Maïmonide).

[2]. Le Talmud de Jérusalem ne s'est pas répandu et compte pour peu dans le développement du moyen âge.

Nous entrons ici dans la troisième période, celle de la dispersion, période qui, d'ailleurs, ne commence pas à une date ni à une heure fixe, car elle a commencé bien avant la fin de l'unité nationale, et les histoires juives s'ouvrent en maint lieu avant la fin de l'histoire juive, elles s'ouvrent avant le christianisme même en Égypte, en Asie-Mineure, en Italie, à Rome, en Grèce, dans la Gaule méridionale, où les dissidents de la synagogue vont former le noyau des églises primitives. Dès une époque très reculée, des colonies sont descendues en Arabie, ont converti des tribus, fondé des états : leur propagande, née des échanges d'idées, du commerce quotidien plus que d'un plan suivi, gagne de proche en proche et agit même sur ceux qu'elle ne convertit pas; les Arabes idolâtres acceptent de leurs mains les traditions bibliques et rabbiniques, et refont leurs légendes généalogiques sur les récits de la Genèse. Plus tard, vient s'ajouter la prédication des sectes judéo-chrétiennes, refoulées par l'orthodoxie naissante. Mahomet, à l'école des Juifs et des Judéo-chrétiens, fonde l'Islam, dont le dogme est le dogme juif, tombé dans une intelligence plus étroite, et dont la mythologie est essentiellement rabbinique et judéo-chrétienne.

Ainsi, à partir du septième siècle de notre ère, deux colonies du Judaïsme couvrent le domaine de la pensée humaine, colonies en lutte avec leur métropole, qui la maudissent, et qui la renient, non point seulement par le mépris dont elles la poursuivent, mais, chose plus grave et plus funeste pour elles, en déformant, chacune à sa façon, les principes qu'elles en ont reçus : l'Occident chrétien, en gardant de son passé l'esprit mythique, qu'il rend plus fatal qu'il ne fut au temps des dieux, parce qu'en le portant dans le dogme, il accule la science au silence ou au blasphème; l'Orient arabe, en faisant de son Dieu la volonté suprême, au lieu d'en faire la raison suprême, ce qui l'amènera bientôt à sacrifier gratuitement la science et la pensée, sans l'excuse de dogme du Christianisme. Pendant un siècle ou deux, l'élément de raison qui est dans le Coran triomphe et amène l'éclosion d'une civilisation brillante qui fait que l'esprit humain dans le moyen âge ne subit pas une éclipse absolue. Les Juifs prennent part à ce mouvement à double titre, et par leur action personnelle, et en le faisant pénétrer parmi les Chrétiens. Éteint chez les Arabes, il amène en Europe la première Renaissance, celle de la fin de la Scolastique, qui préparera l'autre.

Littérature, philosophie, science se rajeunissent ou naissent. La littérature s'enrichit d'une veine nouvelle par la création de la poésie néo-hébraïque qui emprunte ses moules à la poésie arabe, et qui en Espagne arrive à l'originalité. Les derniers Gaons des écoles d'où est jadis sorti le Talmud fondent la théologie rationnelle, et chassent le surnaturel de la religion, qui n'est plus que l'expression abrégée des vérités démontrables et reconnaît la raison pour le critérium suprême, tandis que la Cabale ouvre au rêve ses grandes et belles avenues mystiques où errera souvent dans sa jeunesse la pensée de Spinoza. À la cour d'Almamoun, les Juifs, unis aux Nestoriens exilés, jettent dans le courant de la pensée arabe les débris de la philosophie grecque, qui de là reviendront en Europe. Enfin, sous la main de Juifs parlant arabe, la grammaire comparée naît dans le monde sémitique, huit siècles avant Bopp.

Seuls intermédiaires entre les Arabes et les Chrétiens, parce que seuls ils parlent la langue des uns et des autres, et parce que le commerce ou la persécution les porte ou les jette sans cesse de pays en pays, ils sont trois siècles durant les rouliers de la pensée entre l'Orient et l'Occident.

Le moyen âge, emprisonné dans le dogme, ne pouvant avoir d'originalité que dans l'art et la politique, reçoit d'Orient sa science et sa philosophie, et c'est au Ghetto qu'il les cherche. Toute la philosophie arabe et une partie d'Aristote pénètrent dans la Scolastique par des traductions latines, faites par des Juifs, d'après des traductions hébraïques faites elles-mêmes sur l'original ou sur la traduction arabe.

La science, comme la philosophie, vient de là ; Roger Bacon étudie sous les rabbins ; la médecine est en leurs mains ; Richard d'Angleterre chasse les Juifs et, malade, appelle Maïmonide. Enfin toute une branche de la littérature sort du Ghetto : celle du conte et de la nouvelle : c'est de la main des traducteurs juifs que la France reçoit ces vieilles fables indiennes, nées au temps de Bouddha sur les bords du Gange, et qui vont avoir une si merveilleuse fortune aux bords de la Seine et de là dans toute l'Europe.

Par dessous ces actions visibles, une action sourde et invisible, inconsciente chez ceux qui l'exercent et ceux qui la subissent, et qui justifie après coup les haines de l'Église : c'est la polémique religieuse, qui ronge obscurément le Christianisme. La politique de l'Église à l'égard des Juifs eut toujours quelque chose d'incertain et de trouble qu'elle n'eut point devant les autres religions et devant les hérétiques. La haine du peuple contre le Juif est l'œuvre de l'Église [1], et c'est pourtant elle seule qui le protège contre les fureurs qu'elle a déchaînées. C'est qu'elle a à la fois besoin du Juif et peur de lui ; besoin de lui, parce que c'est sur son livre que le Christianisme est édifié ; peur de lui, parce qu'étant le seul vraiment qui ait

---

1. Voir plus bas, page 273.

le secret du livre, il peut juger la foi de ses juges, et parfois, à un sourire, à un mot qui lui échappe, on voit qu'il la condamne et se fait fort, au fond de lui-même, d'en manifester les déceptions et l'erreur : c'est le démon qui a la clef du sanctuaire.

De là le grand rêve du prêtre : non de brûler le Juif, mais de le convertir; on ne le brûle, sauf accident, qu'en désespoir de cause. Convertir des milliers de Sarrasins ou d'idolâtres n'est rien, ne prouve rien : mais convertir un Juif, faire reconnaître la légitimité de la foi nouvelle par l'héritier de la foi préparatoire, voilà le vrai triomphe, la vraie preuve, le témoignage suprême et irrécusable : tant qu'il reste un membre de l'ancienne Église qui nie, l'Église nouvelle se sent mal à l'aise et troublée dans sa quiétude d'héritière. De là toutes ces controverses solennelles provoquées par l'Église, toujours terminées en apparence par sa victoire, — abjuration, expulsion ou bûcher, — mais dont elle sort ébranlée sans le savoir, car la réponse, humble et accablante des accusés, trouve çà et là, parfois dans l'enceinte d'un couvent, une oreille qui la recueille, une âme inquiète où elle descend et travaille.

C'est pis encore avec des laïques : saint Louis, effrayé, veut que le laïque ne discute avec le Juif qu'à coups d'épée[1]. Mais plus d'un, entré dans quelque maison sordide du Ghetto, où il va porter son gage ou chercher son horoscope,

---

1. « (Grande folie avait-il fait) d'assembler telle desputoison; car avant que la desputoison fust menée à fin, avoit-il ceans grant foison de bons crestiens, qui s'en fussent parti tuit mescreant, parce que il n'eussent mie bien entendu les Juis. Aussi vous di-je, fist li roys, que nulz, se il n'est très bon clers, ne doit desputer à aus; mais li hom lays, quant il ot mesdire de la loy crestienne, ne doit pas defendre la loy crestienne, ne mais de l'espée, de quoy il doit donner parmi le ventre dedens, tant comme elle y peut entrer » (Joinville, 53).

s'attardant sur le soir à causer des choses de mystère, sort de là troublé et bon pour le bûcher. Le Juif s'entend à dévoiler les points vulnérables de l'Église, et il a à son service, pour les découvrir, outre l'intelligence des livres saints, la sagacité redoutable de l'opprimé. Il est le docteur de l'incrédule; tous les révoltés de l'esprit viennent à lui, dans l'ombre ou à ciel ouvert. Il est à l'œuvre dans l'immense atelier de blasphème du grand empereur Frédéric et des princes de Souabe ou d'Aragon : c'est lui qui forge tout cet arsenal meurtrier de raisonnement et d'ironie qu'il léguera aux sceptiques de la Renaissance, aux libertins du grand siècle, et tel sarcasme de Voltaire n'est que le dernier et retentissant écho d'un mot murmuré, six siècles auparavant, dans l'ombre du Ghetto, et plus tôt encore, au temps de Celse et d'Origène, au berceau même de la religion du Christ [1].

Par deux fois, l'Église effrayée s'aperçoit du péril, et, pour couper court, ne voit qu'un moyen, brûler les livres juifs : une première fois, sous saint Louis, elle réussit et du même coup étouffe les écoles juives de France et arrête l'éclosion de l'exégèse biblique qui venait d'y naître, cinq siècles avant Richard Simon; la seconde fois, c'est au seuil du seizième siècle : mais Reuchlin se lève, et l'Europe derrière lui; le grand souffle de la Renaissance étouffe la torche Dominicaine et la Réforme éclate. L'Espagne seule a échappé au péril, par la proscription en masse, et elle entre superbement dans son agonie.

La Réforme a pour les Juifs deux conséquences. D'une part, sans être émancipés, ils retrouvent une paix dont ils étaient déshabitués depuis des siècles : la furie d'extermination se tourne sur d'autres victimes, le fleuve de sang

---

[1]. Dans les *Contre-Évangiles* du premier siècle.

coule dans un autre lit. D'autre part, la Renaissance et la Réforme mettent l'étude de l'hébreu et de la science juive à l'ordre du jour. Les rabbins enseignent l'hébreu à l'Europe et à leurs convertisseurs catholiques ou protestants; la Bible de Luther sort des commentaires de Raschi. La Cabale sort de ses mystères et s'empare des ardents qu'elle enivre de ses fumées, mais émancipe pour toutes les audaces, « car les Juifs seuls ont connu le nom véritable de Dieu [1]. » Une renaissance de l'esprit prophétique élève l'âme de l'Europe à une hauteur qu'elle n'avait point connue jusqu'alors; l'Ancien Testament supplante le Nouveau chez les plus fermes et les plus purs; il donne à la France Coligny, d'Aubigné, Duplessis-Mornay, et son admirable phalange de martyrs et de héros; il donne à l'Angleterre les puritains et la République et y installe la tradition démocratique : Cromwel, reconnaissant, rouvre aux Juifs les portes de l'Angleterre.

Vient enfin le grand siècle de la pensée libre : le voltairianisme, né avec Celse et les auteurs des Contre-Évangiles juifs, réfugié au moyen âge dans l'enceinte du Ghetto, d'où il sort timidement parmi quelques moines ou quelques conteurs, triomphant par instant à quelque cour semi-païenne, marche de front avec la Réforme, serpente sous la religion officielle du grand règne et éclate enfin avec Voltaire et les philosophes. La Révolution française, exécutant les décrets des philosophes, donne aux Juifs droit de patrie pleine et entière en France, et à sa suite, dans tous les pays de civilisation, en Italie, en Angleterre, en Hollande, en Danemark, en Serbie, en Grèce, en Suisse, en Autriche.

La Révolution française ouvre au Judaïsme, dans tous

1. Reuchlin.

les pays où elle pénètre, et en France, avant tout, une ère nouvelle, dans un double sens, matériel et moral.

D'une part, en brisant la barrière de séparation entre le Juif et le Chrétien, elle met un terme à l'histoire du peuple juif. A partir du 28 septembre 1791, il n'y a plus place à une histoire des Juifs en France; il n'y a plus qu'une histoire du Judaïsme français, comme il y a une histoire du Calvinisme, ou du Luthérianisme français, rien d'autre et rien de plus. La rapidité merveilleuse avec laquelle le Juif est devenu un membre de la grande patrie française, non seulement de droit et de nom, mais de fait, tient d'ailleurs à des causes plus anciennes et peut-être plus profondes encore que l'enthousiasme soudain de la justice chez les uns et de la reconnaissance chez les autres. La France, pour le Juif, n'est pas une patrie improvisée dans la fièvre d'une heure généreuse, c'est une patrie retrouvée. Là, en effet, la barrière élevée entre Juifs et Chrétiens fut artificielle, factice et tardive : la haine du peuple ne fut pas une vieille tradition populaire, et les premiers siècles de notre histoire nous montrent les hommes des deux confessions vivant ensemble sur un pied d'égalité et dans des sentiments de mutuelle tolérance et de mutuelle estime qui révoltent les évêques du temps et contre lesquels ils se sentent longtemps impuissants [1]. C'est le triomphe de la féodalité qui, en ne laissant debout d'autorité respectée que celle de l'Église, livre les Juifs à une haine raisonnée et intéressée, qui, du haut de la chaire, s'infiltre lentement dans les masses : ainsi naissent et fermentent, dans le peuple ignorant et souffrant du moyen âge, des sentiments obscurs de répulsion et de haine, qui se sentent sanctifiés par la religion, et sur les-

---

1. Agobard.

quels les croisades viennent souffler la flamme : la grande épopée religieuse du moyen âge s'ouvre par le massacre en masse des Déicides. A la religion qui sanctifie la haine vient s'ajouter une autre cause qui la légitime : le Juif, chassé tour à tour de la vie politique, de toutes les charges, de toutes les professions libérales, de la propriété immobilière, de tout ce qui attache, en traits visibles, au sol et à l'âme de la patrie, est refoulé dans le commerce et l'usure par les canons de l'Église et par la politique financière des rois qui sauront ainsi où mettre la main quand le Trésor est vide : dès lors, le peuple ne voit plus dans le Juif que l'homme d'affaires de son seigneur et de son roi, le symbole vivant et exécré de sa misère, et c'est ainsi que les deux grands opprimés du moyen âge, le peuple et le Juif, sont mis face à face, l'un jeté en proie à l'autre. Et pourtant, aux heures les plus désespérées, dans ces Ghettos où le parquent la loi, le mépris et la haine, l'opprimé vit par la pensée de la vie de ses oppresseurs : il aspire à franchir le mur de sa prison, à venir respirer l'air de France : la langue maternelle de ce paria, ce n'est pas un patois hébreu, c'est le français de la France, et la plus ancienne élégie française, la plus belle peut-être qui ait été composée en notre langue, a été écrite dans un Ghetto, à la lueur d'un bûcher[1]. La Renaissance et la Réforme, en détournant ailleurs les haines, et en introduisant un esprit plus large, accélèrent la fusion morale; le préjugé est affaibli déjà bien avant le xviiie siècle qui lui porte le dernier coup, et la Révolution, par la voix de Mirabeau et de l'abbé Grégoire, n'a plus d'autres convictions à vaincre que celles de l'abbé Maury. L'émancipation même a ses précédents avant 89; des Juifs de Bordeaux

---

1. Élégies du Vatican sur l'auto-da-fé de Troyes.

et du Comtat sont citoyens dès 1776 : mais la Révolution française, en posant le principe général de l'égalité religieuse, en faisant passer les mœurs dans la loi d'une façon irrévocable et avec une hauteur et un éclat qui ont fait de l'exemple donné par elle la loi du monde civilisé, devient la date suprême et fatidique dans les fastes de la destinée juive.

Cette date, qui met fin à l'histoire matérielle du peuple juif, ouvre une ère nouvelle et étrange dans l'histoire de sa pensée. Pour la première fois, cette pensée se trouve en accord, et non plus en lutte, avec la conscience de l'humanité. Le Judaïsme qui, dès sa première heure, a toujours été en guerre avec la religion dominante, que ce fût celle de Baal, de Jupiter ou du Christ, est enfin arrivé en présence d'un état de pensée qu'il n'a pas à combattre, parce qu'il y reconnaît ses instincts et ses traditions. La Révolution n'est, en effet, que le retentissement dans le monde politique d'un mouvement bien plus vaste et plus profond, qui transforme la pensée tout entière et qui aboutit, dans l'ordre spéculatif, à la conception scientifique du monde substituée à la conception mythique, et, dans l'ordre pratique, à la notion de justice et de progrès. Dans ce grand écroulement de la religion mythique dont le bruit emplit notre âge, le Judaïsme, tel que les siècles l'ont fait, est la religion qui a eu le moins à souffrir et le moins à craindre, parce que ses miracles et ses pratiques ne font pas partie intégrante et essentielle, et que par suite il ne croule pas avec eux. Il n'a pas mis le prodige à la base du dogme, ni installé le surnaturel en permanence dans le cours des choses. Ses miracles, dès le moyen âge, ne sont plus qu'un détail poétique, récit légendaire, pittoresque de décor; et sa cosmogonie, empruntée à la hâte à Babylone par le dernier rédacteur de la Bible, et les histoires de la pomme et du serpent, sur lesquelles tant de générations chrétiennes ont pâli, n'ont jamais bien inquiété l'imagination de ses docteurs ni pesé d'un poids bien lourd sur la pensée de ses philosophes. Ses pratiques n'ont jamais été « un moyen de croire, » un expédient pour « abêtir » à la foi une pensée rebelle : ce n'est qu'une habitude chère, un signe de famille, de valeur passagère, et destiné à disparaître quand il n'y aura plus qu'une famille dans le monde converti à la vérité une. Supprimez tous ces miracles et toutes ces pratiques : derrière toutes ces suppressions et toutes ces ruines, subsistent les deux grands dogmes qui depuis les prophètes font le Judaïsme tout entier : Unité divine et Messianisme, c'est-à-dire unité de loi dans le monde et triomphe terrestre de la justice dans l'humanité. Ce sont les deux dogmes qui, à l'heure présente, éclairent l'humanité en marche, dans l'ordre de la science et dans l'ordre social, et qui s'appellent dans la langue moderne, l'un *unité des forces*, l'autre *croyance au progrès*.

C'est pour cela que le Judaïsme, seul de toutes les religions, n'a jamais été et ne peut jamais entrer en lutte ni avec la science ni avec le progrès social et qu'il a vu et voit sans crainte toutes leurs conquêtes. Ce ne sont pas des forces hostiles qu'il accepte ou subit par tolérance ou politique, pour sauver par un compromis les débris de sa force ; ce sont de vieilles voix amies qu'il reconnaît et salue avec joie, car il les a, bien des siècles déjà, entendu retentir dans les axiomes de sa raison libre et dans le cri de son cœur souffrant. C'est pour cela que, dans tous les pays qui se sont lancés dans la voie nouvelle, les Juifs ont pris leur part, et non médiocre, plus vite que ne le font des affranchis de la veille, à toutes les grandes œuvres de la civilisation, dans le triple champ de la science, de l'art et de l'action.

Est-ce à dire que le Judaïsme ait à nourrir des rêves d'ambition, et doive songer à réaliser un jour cette « Église invisible de l'avenir » que quelques-uns appellent de leurs vœux? Ce serait une illusion de sectaire ou d'illuminé. Ce qui est vrai seulement, c'est que l'esprit juif peut agir encore dans le monde pour la science suprême et le progrès sans fin, et que le rôle de la Bible n'est pas achevé. La Bible n'est pas responsable du demi-avortement du Christianisme, dû aux compromis de ses organisateurs, trop pressés de vaincre et de convertir le paganisme en se convertissant à lui : mais tout ce qui dans le Christianisme vient en droite ligne du Judaïsme vit et vivra, et c'est le Judaïsme qui par lui a jeté dans le vieux monde polythéiste, pour y fermenter jusqu'au bout des siècles, le sentiment de la grande unité et une inquiétude de charité et de justice. Le règne de la Bible, et des Évangiles en tant qu'ils s'inspirent d'elle, ne pourra que s'affermir à mesure que les religions positives qui s'y rattachent perdront de leur empire. Les grandes religions survivent à leurs autels et à leurs prêtres : l'hellénisme aboli a moins d'incrédules aujourd'hui qu'aux jours de Socrate et d'Anaxagore; les dieux d'Homère se mouraient quand Phidias les taillait dans le Paros : c'est à présent qu'ils trônent vraiment dans l'immortalité, dans la pensée et le cœur de l'Europe. La croix a beau tomber en poussière : il est quelques paroles, prononcées à son ombre en Galilée, dont l'écho vibrera à toute éternité dans la conscience humaine. Et quand le peuple qui a fait la Bible s'évanouirait, race et culte, sans laisser de trace visible de son passage sur la terre, son empreinte serait au plus profond du cœur des générations qui n'en sauront rien, peut-être, mais qui vivront de ce qu'il a mis en elles. L'humanité, telle que la rêvent ceux qui voudraient qu'on les appelât des libres-penseurs, pourra renier des lèvres la Bible et son œuvre : elle ne pourra la renier de cœur sans arracher d'elle-même ce qu'elle a de meilleur en elle, la foi en l'unité et l'espérance en la justice, sans reculer dans la mythologie et le droit de la force de trente siècles en arrière.

TABLE DES MATIÈRES

I. — De la part de la France dans les grandes découvertes de l'orientalisme moderne.................... 1
    Chapitre Ier. — Perse................................ 6
    Chapitre II. — Inde................................. 21
    Chapitre III. — Égypte.............................. 43
    Chapitre IV. — Assyrie............................. 70
    Chapitre V. — Cambodge........................... 87
    Chapitre VI. — Conclusion.......................... 99

II. — Le Dieu suprême dans la mythologie aryenne.
    Chapitre Ier. — Le Dieu suprême.................. 105
    Chapitre II. — Le Dieu suprême, Dieu du Ciel........ 110
    Chapitre III. — Origines............................. 122
    Chapitre IV. — Conclusion.......................... 128

III. — Les Cosmogonies aryennes.
    Chapitre Ier. — Introduction...................... 135
    Chapitre II. — Principes cosmologiques de l'Inde..... 142
    Chapitre III. — Principes cosmologiques de la Grèce.. 150
    Chapitre IV. — Cosmologies de Perse et de Scandinavie. 171
    Chapitre V. — Couples cosmogoniques............... 181

IV. — A. Réville. — Prolégomènes de l'histoire des religions. 209

V. — M. Bréal. — Mélanges de mythologie et de linguistique. 215

VI. — La Légende d'Alexandre chez les Parses............. 227

VII. — Coup d'œil sur l'histoire du peuple juif.............. 251

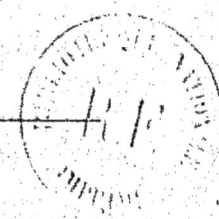

MACON, IMPRIMERIE TYP. ET LITH. PROTAT FRÈRES.

www.ingramcontent.com/pod-product-compliance
Lightning Source LLC
Chambersburg PA
CBHW050630170426
43200CB00008B/951